한국교육 미래 비전

한국교육개발원 미래교육기획위원회 편

학지사

머 • 리 • 말

21세기 세계는 창의적 인재가 주역이 되는 융·복합의 시대로 나아가고 있습니다. 이에 선진국들은 미래사회가 요구하는 능력을 갖춘 인재를 양성하기 위한 교육혁신에 전력투구하고 있습니다. 우리나라 또한 창의성과 혁신에 의한 선진사회로 나아가기 위해서는 창의적인 인재 양성을 위한 미래 비전을 분명히 하고, 이에 대한 국민적 공감과 지지를 확대해 나가야 합니다.

한국교육개발원의 '미래교육기획위원회'는 기관 경영목표에도 제시하였지만, 창의적 인재 양성을 위한 미래 한국교육의 비전 및 중·장기 교육정책 연구의 방향을 제시하기 위해 설립되었습니다. 특히 교육이 우리 사회 미래의 명운을 가를 정도로 중차대한 만큼 각 분야 전문가의 고견을 폭넓게 구해 미래 비전을 세우고, 그것을 국민에게 널리 알리는 데 목적이 있습니다. 한국교육개발원 미래교육기획위원회가 이러한 역할을 수행할 수 있도록 하기 위해, 교육뿐만 아니라 과학·기술, 인문·사회, 문화·예술, 산업 분야의 국내외 훌륭한 석학 및 전문가 분들을 위원님으로 위촉하였습니다. 한동대학교의 김영길

총장님을 위원장으로 모시고 2010년 4월 첫 회의를 시작할 때만 해도 열한 분이었는데, 모임을 거듭하면서 스물한 분으로 늘어났습니다.

한국교육개발원 미래교육기획위원회는 가장 중요한 활동으로, 창의적 인재 양성과 관련하여 교육의 역할과 방향에 대한 위원님들의 원고를 모아 책을 발간하기로 하였습니다. 이를 위해 위원님들께서 바쁘신 중에도 양평 계곡에 모여 밤을 밝히며 토론을 하고, 여러 차례 집담회를 개최하였습니다. 그 과정에서 집담회를 교육개발원의 계간지인 『교육개발』을 통해 지(紙)상 중계하기도 하였습니다. 또한 여러 위원님들께서 저희 기관에 오셔서 '창의적 인재 양성' 등을 주제로 월례특강을 해 주셨는데, 이는 EBS에서 동영상으로 촬영해 교육개발원 홈페이지에 실어 누구나 시청할 수 있도록 하였습니다.

지난 1년 6개월간의 노고를 통해 드디어 이 책이 빛을 보게 되었습니다. 무엇보다 한국교육의 발전에 대한 깊은 관심과 열정으로 시간을 아껴 원고를 작성해 주신 위원장님과 위원님들께 진심으로 감사드립니다. 그리고 조장희 교수님께서 노벨 화학상 수상자인 Richard Ernst 교수님이 이 책의 저자로 참여할 수 있도록 도와주셨는데, 이 기회를 빌려 두 분께 감사의 뜻을 전합니다.

또한 출판을 맡아 주신 학지사 김진환 사장님께도 감사드리며, 마지막으로 한국교육개발원 미래교육기획위원회의 운영과 저서 발간을 위해 애써 준 우리 교육개발원 가족들에게 고마운 마음을 전합니다.

2011년 12월

한국교육개발원 원장

김태완

발•간•사

한국전쟁 후 우리나라는 경제 발전을 위한 토대가 폐허로 무너져 버린 경험을 하였지만, 50년도 채 되지 않아 선진국의 대열에 올라 경제협력개발기구(OECD)에 가입하는 수준에까지 이르렀습니다. 나아가, 세계경제의 선두로서 G20 의장국 역할도 수행하였습니다. 지난 밴쿠버 동계올림픽에서는 5위의 선전을 보였으며, 아랍에미리트(UAE) 원전사업을 수주하면서 세계에서 다섯 번째 원전 수출국이라는 기록도 세웠습니다. 대한민국의 역사를 되돌아보면, 잿더미의 폐허에서 이제는 경제 강국, 기술 강국, 스포츠 강국이라는 수식어를 얻으며 세계의 주목을 받고 있습니다. 이렇게 되기까지는 우리 민족의 교육에 대한 열정과 노력이 가장 큰 몫을 했다고 볼 수 있습니다.

대한민국은 세계적으로 교육열이 높은 교육 강국으로 유명합니다. 얼마 전, 프랑스의 유력 신문 〈르 몽드(Le Monde)〉는 성공적인 교육 시스템을 소개하는 기사에서 한국 교육의 우수성을 깊이 있게 다루었습니다. 그렇지만 학생들 간 경쟁이 지나쳐서 과도한 교육 시스템이 될 수도 있다는 우려도 덧붙였습니다. 이제 대한민국의 교육은 양적 측면의 성장을 초월하여 질적 측면에서도 교육 선진국이라는 평가를 받을 수 있어야 합니다. 21세기 지구촌 시대에 들어오면서 지식과 정보의 교류가 활발해지고 다양화되었기에 지성을 넘어 인성과 창의성을 두루 갖춘 인재가 필요한 시대가 되었습니다.

대한민국에는 유능한 인적 자원인 인재(talents)가 많습니다. 진정한 교육 선진국으로 지속적인 성장을 하기 위해서는 인적 소프트웨어를 잘 배양할 수 있는 하드웨어 또한 잘 정비하고 갖추어져야 합니다. 한국교육개발원의 미래교육기획위원회를 중심으로 이에 대한 건전한 담론이 형성되고 그 걸음이 시작된 것은 긍정적인 시도라고 생각합니다. 미래교육기획위원회의 위원들이 함께 펴낸 이 책이 21세기 인재 교육에 대한 심도 깊은 논의의 장을 형성하는 데 도움이 될 수 있기를 바랍니다. 이제 우리나라가 창의와 인성을 갖춘 인재를 양성할 수 있는 교육 시스템과 노하우를 체계적으로 마련하여 교육을 통해 21세기 지구촌 국제사회에 진 빚을 갚을 수 있기를 바랍니다. 이 책이 대한민국 교육의 미래를 비추는 등불이 되기를 바라는 모든 위원의 마음을 담아 감사의 말씀을 올립니다.

2011년 12월

미래교육기획위원회 위원장

김영길

차 • 례

1

21세기 대학교육의 새로운 방향

-분리에서 통합적 · 총체적 국제화 교육으로

1

21세기 대학교육의 새로운 방향

-분리에서 통합적 · 총체적 국제화 교육으로

김영길

1. 시대 변화에 따른 대학교육의 도전

현재 우리는 전례 없는 시대에 살고 있다. 그 어느 때보다 서로에게 쉽게 접근할 수 있는 세상이 되었다. 세계 곳곳에서 빈곤, 테러, 전쟁, 혁명, 절망, 파괴, 환경문제 등이 발생하고 있다. 이에 21세기의 대학들은 패러다임을 전환해야 하고 혁신적이고 참신한 접근방식이 필요하다. 우리는 학생들이 갈수록 복잡해지고 역동적인 세계에서 살아가고 일하도록 준비시켜야 한다. 21세기 대학은 초복잡성(super-complexity, Barnett, 1999)에 직면해 있으며 우리의 이해, 행동, 자아 정체성의 틀은 계속해서 도전받고 있다. 대학은 이처럼 혼란스러운 세상에서 불확실성을 감수해야 한다.

"대학교육은 엄청난 도전에 직면해 있으며 그 어느 때보다 과감한 변화와 쇄신을 추구해야 한다는 요구가 있다. 현재 심각한 가치관의 위기를 겪고 있는 우리 사회는 대학교육의 변혁을 통해 단순한 경제적 고려를 넘어서 더 깊은 차원의 도덕성과 영성 교육을 구체화해야 한다."(UNESCO Reforming Higher Education, 2009) 1997년 1월 23일 미 연두교서에서 빌 클린턴 전 대통령은 "모든 학교가 인성교육을 실시하고 올바른 가치와 시민의식을 가르쳐야 한다."라고 역설했으며, 마이클 데이비스(Davis, 2003)는 인성교육의 문제점과 인성 및 덕목의 특정 개념이 잘못된 것에 대한 글을 발표했다.

성공적인 21세기 교육 패러다임은 20세기의 그것과는 큰 차이를 보인다. 현재 대학 신입생이 배우는 지식은 졸업 이전에 무용지물이 되어 버리기 쉽다. 따라서 단순한 지식 암기나 훈련보다는 지식 검색 및 접근 능력, 문제 해결에 지식을 적용하는 능력을 기르는 학습과정이 필요하다. 새로운 패러다임에서는 정보를 새로운 지식으로 전환하고 새로운 지식을 적용하는 방법을 학습하는 것이 지식 자체보다 중요하다. 즉, 정보 탐색, 분석, 추론능력, 문제해결 능력이 더 우선시되는 것이다. 또한 팀워크, 창의성, 풍부한 자원활용 능력, 변화 적응력 등은 지식사회에서 고용주들이 중요시하는 새로운 기술이다.

정보경제의 발전 속에서 우리는 1950년대 초반 데이터 시대, 1980년대 정보화 시대, 1990년대 지식시대를 거쳐 21세기 지혜의 시대에 이르렀다. 최근 몇 년간 가장 중요한 발전은 사람의 힘이나 기계보다는 지식을 기반으로 부를 창출하는 새로운 시스템의 등장으로 가능하게 되었다. 선진국에서 노동은 더 이상 '물건'에 대한 작업이 아니라 정보에 영향을 주는 사람과 사람에게 영향을 주는 정보로 구성된다. 1960년대 산업화 시대는 [그림 1-1]에서 보듯이 기술, 경영, 법률 분야가 분리되었고 각 분야 간 연관성도 적었다. 1980년대 들어

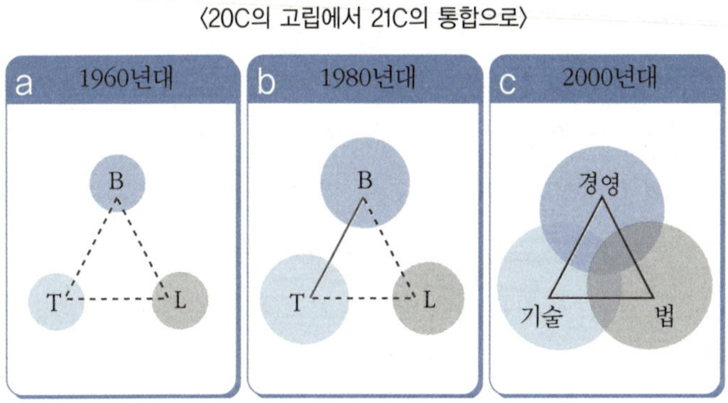

[그림 1-1] 시대에 따른 기술, 경영, 법률의 영역 변화

기술이 발달하면서 기술 영역과 관련 기업들의 영역이 성장했지만 기술과 법률의 교차점은 여전히 제한적이며 간헐적이었다. 그러나 지식정보를 기반으로 한 21세기 국제화 시대에는 기술, 법률의 세 영역이 확장되어 대부분 교차한다.

21세기 정보화 시대에서 국가의 실질적인 힘은 지식 용량으로 결정된다. 그것은 국민이 소유한 지식, 예를 들면 이해력, 창의성, 독창성, 지혜의 수준에 따라 결정된다. 지식은 부와 힘을 배가시킨다(Toffler, 2001). 정보기반사회에서 국가의 지식역량을 측정하는 기준은 국가의 경제 및 사회 발전의 근간인 국민들의 교육 수준이다. 현대 지식정보화 사회에서는 국가의 힘이 국민들의 교육 수준과 직결되기 때문에 교육의 중요성은 아무리 강조해도 지나치지 않다.

인류문명과 과학의 변화는 교육의 혁신적 변화를 요구하고 있다. 그러나 정작 필요한 새로운 혁신적 교육은 이루어지지 않고 있다. 오늘날 지식의 변화가 가속화되고 새로운 정보 및 지식의 생명주기는 점점 짧아지고 있다. 교육은 더 이상 20세기의 단순 암기가 아니라 학생들이 미지의 세계를 탐구하고 불가능에 도전하며 창의력을 개발하도록 하는 것에 중점을 둔다. 따라서 암기 위주의 기계적인 교육에서 탈피해야 한다.

[그림 1-2]는 20세기의 거시적인 뉴턴의 세계관에서 21세기의 아인슈타인의 상대성이론/양자물리학 세계관을 거쳐 이후 미래의 통합적/총체적 세계관으로의 전환을 보여 준다. 뉴턴 물리학 시대에서 우주의 시간, 공간, 물질은 각각 개별적이고 독립적이며 절대적인 개체로 간주되었다(Newton, 1687). 뉴턴 물리학은 결정론적이며 인과추론에 토대를 두고 있다. 21세기로 진입한 지금도 우리의 교육제도는 여전히 20세기 뉴턴 물리학에 기반을 두고 있다. 뉴턴의 운동법칙들은 거시적 세계에서 느린 속도로 움직이는 물체의 작용은 설명할 수 있지만 양자물리학의 세계에는 적용할 수 없다. 산업화 시대에 인간은 경제발전을 위한 도구였으며 생산자와 소비자는 거대하고 비인격적이며 결정론적인 대량생산 구조에서 기계적 역할만 했다.

아인슈타인의 특수상대성이론은 빛의 속도에 가깝게 움직일 때의 시간과 공간의 관계를 설명하였다(Einstein, 1905). 아인슈타인의 상대성 물리계/양자물리계에서 우주의 시간, 공간, 물질/에너지는 상호 연결되고 상호 작용하며 상호 보완적이고 전환 가능했다. 1905년 아인슈타인이 중요한 논문을 대거 발표할 때까지 물질과 에너지는 개별 개체로 간주되었다. 그러나 특수상대성이론에서 아인슈타인은 물질과 에너지의 등가원리를 예측했다. 다시 말해, 시간과 우주는 하나의 '시공간'으로 통합되며 시간과 공간이 하나의 단위로 간주된다는 것이다.

양자역학에서 하이젠베르크(Heisenberg, 1927)의 불확정성 원리에 따르면 위치와 운동량 같은 특정 물리적 특성을 모두 정확하게 알 수는 없다. 한 특성이 정확히 알려질수록 또 다른 특성은 그만큼 덜 정확히 알려지게 된다. 또한 모든 양자 개체는 파동성과 입자성의 두 가지 성질을 갖고 있다. 광자, 원자, 전자 같은 미시물질은 물결처럼 진동하

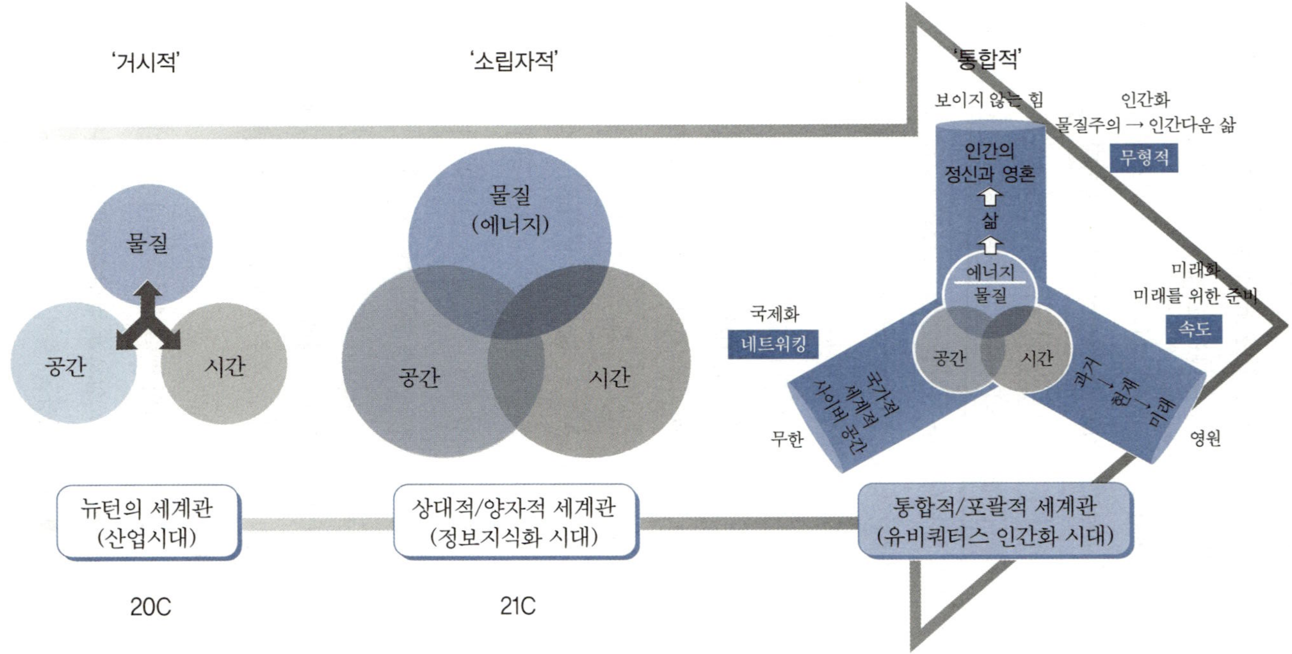

[그림 1-2] 뉴턴의 세계관에서 양자역학 세계관으로의 전환

다가도 단독 입자처럼 움직인다. 두 성질은 해당 물질을 완벽히 설명하는 데 상호 보완적이다. 빛은 연속파장으로 매개물 없이 공간으로 퍼져 나가며 질량 없이 우주를 통과하고 입자처럼 행동한다.

이 불확정성 원리는 닐스 보어(Bohr, 1928)의 상보성 원리로 확증되었다. 보어에 따르면 파장과 입자는 상호 보완적이다. 실험 배치에 따라 파장처럼 보이다가 입자 같은 모습을 보임으로써 파장과 입자의 이중성을 보여 준다. 파장과 입자의 성질을 동시에 관찰하기란 불가능한 것 같지만, 상보성은 두 성질을 개별적으로 보았을 때보다 더 충분한 설명을 제공한다. 존 휠러(Wheeler, 1963)는 "보어의 상보성이론은 금세기 최고의 혁신적인 과학개념이며 완전한 양자의 개념 정립을 위한 보어의 50년 연구의 정수"라고 했다.

파장과 입자라는 빛의 이중성은 0과 1의 이진수를 바탕으로 하는 양자택일적 사고의 배타적 이진논리로는 이해할 수 없다. 전자를 파장이나 입자 중 하나로 생각할 수는 있지만 동시에 두 가지로 생각할 수는 없다는 편견을 버린 파장과 입자라는 빛의 이중성은 '두 가지 모두'라는 포용적 논리다. "이진논리는 모든 디지털 형태의 커뮤니케이션의 핵심이다. 이진논리가 없었다면 컴퓨터나 현대과학의 수많은 혜택을 누리지 못했을 것이다. 그러나 이진논리를 우리 사고와 행동의 지배적인 철학 방향으로, 특히 교육의 기본으로 채택한다면 오도될 수 있다. 양자택일적 사고는 우리에게 컴퓨터 세계의 혜택을 주었으나 동시에 생명의 전체성과 경이를 파괴하는 분절된 현실감각을 주었다."(Schreiner, 2005)

1928년 보어는 상보성 원리의 맥락에서 이렇게 말했다. "참명제의 반대는 거짓명제이다. 그러나 심오한 진실의 반대는 또 다른 심오한 진실일 수 있다." 이 말은 세상을 총체적으로 생각하는 데 필수적인 역설의 개념을 나타낸다. 본질적인 것을 알고 싶으면 세상을 여러 조각으로 나누지 말고 상호 연관된 총체로 생각해야 한다. 즉, 세계를 총체적으로 생각하는 것이 중요하다는 말이다. 전체론(holism)은 종합과 통합을 향한 노력으로 간주된다(Miller, 2007). 이 총체적 세계관은 연결하고 관계를 형성하며 폭넓은 맥락에서 의미를 찾아낸다. 이 세계관은 우리에게 사고방식과 실생활의 문제해결 방식을 바꿀 것을 요구한다. 현행 교육제도는 오로지 개인과 경제적 성공에만 초점이 맞춰져 있다. 보르도냐 등(Bordogna, Fromm, & Ernst, 1995)은 미국의 대학교육에서 전체론적으로 연결된 지적 구성요소들을 분류하는 새로운 구조적 변화체계를 제안했다. 또한 "인류에게 더 공헌하기 위해서 공학자들은 인간의 복잡한 상황을 이해하려는 최소한의 노력을 기울여야 한다."라는 내용의 기사가 '전체론적 공학(Holistic Engineering)'이라는 제목으로 『크로니클스 리뷰(Chronicles Review)』(2007년 3월 16일자)에 실렸다(Grasso & Martinelli, 2007). 전체론적 교육은 정신적, 물리적 자아를 아우르는 총체적 자아를 포함한 세계관과 관련이 있다. 우리에게는 세상을 보는 새로운 방법, 즉 21세기에 맞는 혁신적인 대학교육 패러다임이 필요하다.

[그림 1-3]은 우주의 세 가지 요소인 시간, 공간, 물질/에너지와 통합적/총체적 대학교육의 차원, 즉 국제화, 인간화, 미래화 간의 관계를 설명하고 있다. 시간, 공간, 물질/에너지가 겹치는 부분은 우주의 시작을 나타낸다. 많은 사람들이 우주 탄생의 순간을 설명하려 했지만 이는 아직 미제로 남아 있다. 우주의 기원을 빅뱅이론으로 설명하려는 시도도 있었다(Hoyle, 1948). 이에 따르면 우주는 130~200억년 전에 시간, 공간, 물질/에너지를 사방으로 흩어 버린 초고밀도 원시원자의 불규칙적인 우주 폭발/팽창으로 탄생했다. 이 관점에서는 모든 것, 즉 전 우주가 '특이점(singularity)'이라고 알려진 무한밀도의 최초의 한 점에서 시작되었다(Hawking, 1968)고 가정한다.

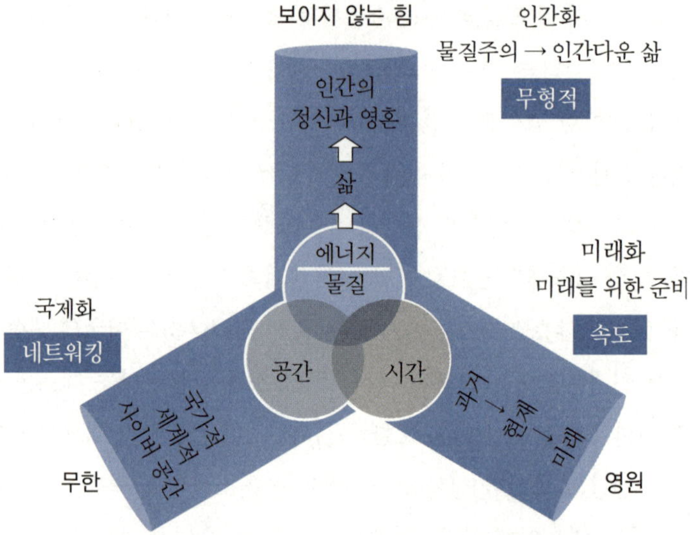

[그림 1-3] 통합적이고 포괄적인 세계관

교육 통합의 중요성은 우주의 시간, 공간, 물질/에너지가 상호 연계, 상호작용, 상호 보완 및 교환이 가능하다는 아인슈타인의 아원자적 상대성/양자 물질계의 중요성과 비견될 만하다. 확산되는 우주적 세계관에서 우주는 무한히 팽창하고 시간은 영원하며 가시적인 물질/에너지 세계는 비가시적인 정신적/형이상학적 영역에 도달한다. 이렇듯 상호 연결된 오늘날의 우주에서 21세기가 요구하는 통합적/총체적 교육의 세 가지 특성은 국제화, 인간화, 미래화라고 할 수 있겠다.

2. 국제화: 유한한 국경에서 무한한 국경 없는 시대로

21세기는 국제화 및 급격한 과학기술 발전의 시대이다. 국제화는 세계의 통합을 가속화하고 가중시키고 있다(Berg, 2007). 21세기에 우리는 또한 '시공간의 압축'을 경험하고 있다(Havey, 1990). 이는 통신기술, 교통, 경제활동을 아울러 시간적, 공간적 거리를 가속화하거나 축소시키는 기술로 인해 가능해졌다. 시간 단축으로 공간의 장벽이 무너지고 과학과 기술의 급속한 발전으로 세계는 좁아졌으며, 개별 시장이 연결되면서 글로벌 생산자와 소비자가 존재하는 세계시장이 탄생했다. 세계는 인터넷으로 연결되고, 우리는 점차 작아지는 지구촌에서 살고 있다. 국제화는 차츰 통합되어 가는 세계경제, 새로운 정보통신 기술(ICT), 국제적인 지식 네트워크의 출현, 영어의 중요한 역할 등으로 특징지을 수 있다(Altbach et al., 2009). 경제의 국제화로 상품과 서비스, 자본, 노동력의 흐름이 늘어나면서 국가 간 밀접한 경제적 통합이 일어나고 있다(Stigliz, 2007).

첨단 과학기술의 발전은 국제화를 가속시켰다. 토머스 프리드먼(Friedman, 2005)은 "세계는 평평하다."라는 유명한 말을 남겼다. 여기서 '평평함'의 의미는 '연결됨'이다. 무역 및 정치 장벽의 축소, 디지털 혁명에 따른 급격한 기술발전으로 우리는 지구 전역의 수십억 명과 사업은 물론 많은 일을 즉각적으로 할 수 있게 되었다. 국제화는 물리적 국경으로 제한되었던 공간의 개념도 확대시켰다. 21세기 이전의 공간 개념은 우리가 접근할 수 있는 경계를 제한하는 지리적 국경으로 제한되었다. 공간의 개념은 지역에서 국가로, 국가에서 세계로 확대되었지만 그러한 확대는 가시적 현실로 여전히 제한되어 있었다. 하지만 21세기는 물리적 공간의 영역을 무한한 가상적·비물리적 사이버 공간으로 확장시킨 의미 있는 신기원이 되었다(Gibson, 2004). 사이버 공간은 가시적 현실에 국한되지 않고 가상현실로 향하는 문을 열었다. 사이버 공간의 탄생으로 과거 물리적 국경으로 제한되던 공간의 개념이 무한히 확장되어 경계가 사라졌다.

과학과 기술의 발전으로 사람들이 일하고 사는 공간의 영역이 무한히 확대됨에 따라 교육도 학생들이 가시적 현실과 가상현실에서 일할 수 있도록 시선을 넓혀야 한다. 21세기 번영의 열쇠는 열린 공간에서 열린 마음으로 사고하는 능력이다. 기술로 마련된 공간을 탐구하고 이용할 수 있는 마음은 교육을 통해 열린다.

세계은행(World Bank)의 자밀 살미(Jamil Salmi) 연구원은 다음과 같이 밝혔다. "각국 정부는 우수한 성과를 거둔 세계의 일류 대학들이 글로벌 경쟁력과 경제성장에 상당한 기여를 한다는 사실을 인식하고 있다. 대학교육은 숙련된 기술과 높은 생산성, 유연성을 지닌 노동력을 육성하고 새로운 아이디어와 기술을 창조하며 적용하고 전파함으로써 각국 경제가 세계적인 경쟁력을 갖추는 데 일조한다. 세계적인 연구기관 설립에 박차를 가하고 있는 각국은 대학교육이 충족시킬 수 있는 광범위한 교육과 훈련을 감안하여 훌륭한 대안적 기관 설립도 고려할 필요가 있다."(Salmi, 2009)

과거 교육은 현실 세계에서 이미 발견된 자료와 정보를 통해 지식을 축적하는 데 초점을 맞췄다. 과거에는 그것으로 충분했지만 국제화 시대에는 더 많은 것을 요구한다. 교육은 학생이 모르는 문제에 직면하고 여러 문제와 어려움을 해결하는 능력을 갖추도록 도와야 한다. 가상현실에는 한계가 없으며 아무도 가 보지 못한 영역까지 포함하기 때문에, 21세기의 교육은 모르는 것을 탐구하고 끊임없이 변하는 세계경제의 필요성에 대응할 수 있는 능력을 길러 주어야 한다. 결국 교육은 지식 축적의 기회 제공에 국한되어서는 안 되며 국제화 현상이 통합시킨 가시적 현실과 가상현실을 자유롭게 넘나들 수 있는 지혜를 전수해야 하는 것이다.

3. 인간화: 물질주의에서 전인적 인간으로

인간은 육체, 정신, 영혼으로 구성되어 있다. "우리는 논리와 감정 · 마음, 육체 및 영혼을 동시에 가진 존재이다."(Riley-Taylor, 2002) 삶이란 정신과 영혼의 오감을 통한 물리적 육체와 지상의 환경 간의 상호작용이다. 통합적/총체적 교육은 정신(지성, 감정, 의지), 영혼(지혜, 직관, 양심), 육체(상호 연결된 우주 안에서 상호 연결된 공간–시간–물질)라는 인간의 모든 영역을 포괄해야 한다. 과학은 물리적 세계에만 관심을 둔다. 분석적이고 경험적인 과학적 사고방식으로는 생명체의 본질, 생명의 목적과 의미를 적절히 설명할 수 없기 때문에 과학에는 한계가 있다. 과학으로는 정신과 영혼의 존재를 증명할 수 없다. 예를 들면, 과학은 사랑의 존재를 입증할 수 없지만 사랑은 분명히 존재한다. 산업화 시대의 경제번영의 원동력은 기계와 자본, 즉 자원이나 물건이었다. 유물론은 인간을 단순한 물질적 존재로 인식하였다. 그러나 사실 인간은 물리적 육체, 정신적 지능, 마음과 감정, 영혼과 같은 측면을 지닌 존재이다.

산업경제에서는 맡겨진 일을 효율적으로 수행하는 노동자를 훈련시키는 것이 필요했다. 그러나 지식정보기반 경제에서는 노동자를 로봇처럼 생각할 수 없으며 창의성과 상상력을 지니고 평생 의미를 추구하는 완전한 인격체로 대해야 한다. 한정된 역할을 수행하도록 훈련시키기 위한 교육은 사람이 지닌 모든 능력을 키워 주기 위한 교육과는 확연히 다르다. 그러므로 진정한 인간교육은 지식을 전하고 보급하는 것뿐 아니라 지성적, 도덕적, 영성적 영역까지 육성해야 한다. 특히 초고속 정보화 시대인 21세기에는 도덕 및 영성 개발과 학문이 융합된 전인교육이 무엇보다 필요하다.

교육은 학생에게 지식내용을 전달하는 것 이상을 의미한다. 교육은 개인의 인성과 삶을 형성하는 것이다(Dockery, 2007). 사람에게 가장 중요한 문제는 삶의 의미이다. 그러나 오늘날 대학들은 이 문제를 다루지 않고 있다(Bok, 2007). 대신에 더 많은 지식과 더 높은 실력에만 관심을 가진다. 하버드 대학의 전 학장 해리 루이스(Lewis, 2007) 교수는 "우리는 인간다움의 의미가 무엇인지에 대해 학생들이 이해할 수 있도록 인문학을 가르치는 것을 잊었다."라고 했다. 그리고 예일 법과대학의 전 학장인 앤서니 크론먼(Kronman, 2008)은 "삶의 의미라는 질문은 대학교수들에게 무시되었다."라고 했다. 크론먼은 문학적/철학적 상상력을 지닌 작품들을 신중하게 비판적으로 읽음으로써 삶의 의미를 탐구하는 인문학의 잃어버린 전통을 되살려야 한다고 주장했다.

4. 미래화: 현재에서 미래/영원으로

21세기의 교육은 현재와 미래의 요구를 충족시키기 위해 학생들이 학문, 도덕, 영성을 함양하도록 고안되어야 한다. "교육자는 학생들이 현재와 매우 다른 미래 세계를 준비하도록 미래 지향적이어야 한다. 과거, 현재, 미래는 언제나 연결되어 있다. 역사적 이해, 과거의 문제와 갈등에 대한 이해는 미래의 동향을 예측하고 실현 가능한 미래를 준비하는 최고의 토대를 제공한다."(Pulliam, 1995) "미래화는 미래의 현실화, 즉 미래를 현실로 가져온다는 의미이다. 비유적으로 표현하면, 그것은 미래라는 보이지 않는 캔버스에 그림을 그린 후에 그림을 현실화하는 것이다."(Massuda, 1980)

과거의 교육법을 고수하는 것은 학생들을 예측 불가능하고 복잡하며 국제적인 현실에 대비시키는 데 있어 불충분하다. 그러므로 우리가 가르치고 학습하는 내용과 방법은 완전히 바뀌어야 한다. 새로운 시대의 요구를 충족시키는 청사진이 지금의 청사진과 매우 다르다는 점은 분명하다. 현 세기 교육의 중심 요소는 미래화이다. 미래화를 통해 학생들은 현재 필요한 것에 초점을 맞추고 미래를 내다보며 현재 밟고 있는 단계의 원인과 결과를 생각하는 능력을 갖게 된다. 미래화는 미래에 해로운 영향을 미칠 수 있는 결정을 서둘러 내리지 않도록 학생들을 훈련시킨다.

미래는 현재와 공존한다. 현재와 미래는 분리될 수 없으므로 모든 결정과 조치는 현재와 미래 모두에 유익해야 한다. "미래는 현재가 제공하는 대안 중에 선택한 것의 결과가 아니라 먼저 마음과 의지로, 그다음에는 행동으로 만들어지는 장소이다. 미래는 우리가 갈 곳이 아니고 우리가 창조하는 곳이다. 길은 발견되는 것이 아니라 만들어지며, 길을 만드는 행동은 길을 만드는 사람과 목적지 모두를 바꾼다." (Schaar)

5. 교육 패러다임의 전환: 장인 공(工) 모델과 지속 가능한 발전을 위한 교육의 다섯 가지 기둥

그리하여 21세기 대학은 패러다임의 전환이 절실하며, 진정한 국제화 · 인간화 · 미래화의 실현을 위해 [그림 1-4]와 같은 교육에 대한 새롭고 혁신적인 접근방식이 요구된다. 그림에서 보듯이 현대교육이 가야 할 길은 한자 '장인 공(工)'으로 설명할 수 있다. 공(工) 자에서 아래 바탕 획은 교육의 기반을 형성하는 교육의 모든 도덕적 측면에 해당한다. 그리고 세로 기둥은 학문적 지식을 의미하며, 위의 지

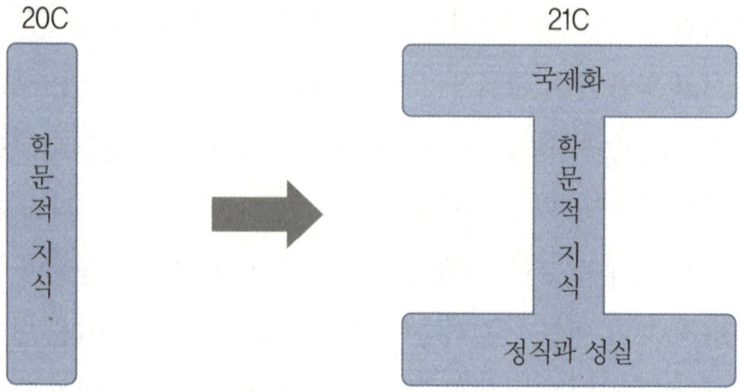

–1994년: 인터넷(WWW, 월드와이드웹) 상업화
–1995년: 글로벌 경제 출범(관세와 무역에 관한 일반협정[GATT]에서 세계무역기구[WTO] 체제로의 전환

[그림 1-4] 교육 패러다임의 전환–장인 工(공) 자형 교육철학

붕 선은 교육의 국제화 측면을 의미한다. 전체 구조의 안정성은 기초의 강도에 좌우된다. 확고한 기초 없이 축적된 지식은 교육구조 전체를 약화시키거나 붕괴시키며 사회에 도움을 주기보다는 오히려 해를 끼친다. 21세기 글로벌 세계에서는 국제적인 관점의 학문적, 도덕적, 영성적 개발을 추구하는 전인교육이 그 어느 때보다 중요하다. 이는 UN이 1987년 지속 가능한 개발을 위한 교육의 개념을 주창하고 이를 다섯 가지 주요 요소로 정리한 '유네스코 지속가능발전교육 10년을 위한 다섯 가지 기둥(5 Pillars of UNESCO DESD)'의 내용과도 일맥상통한다.

유엔 지속가능발전교육 10년(Decade of Education for Sustainable Development: DESD) 유네스코 사업예산의 30% 이상이 투입되는 교육 부문은 유네스코 설립 이래로 모든 사업에서 주요한 역할을 담당하면서 유네스코의 가치와 비전의 핵심을 이뤘다. 1960년 이후 교육–발전 연계성이 강조되는 상황에서 유네스코 교육사업은 좀티엔 교육회의(1990년), 다카르 세계교육포럼(2000년) 등을 거치면서 '모든 사람을 위한 교육(Education For All: EFA)'으로 응집되는 양상을 보인다. 2002년 유엔총회에서 지속가능발전교육 10년(DESD, 2005~2014년)이 제정되고 유네스코가 DESD 선도기구로 지정되면서 지속가능발전교육(ESD)이 새롭게 부상하게 되었고, EFA를 기반한 유네스코 교육사업에 활력을 불어넣는 계기가 되었다. EFA가 유엔 새천년개발목표(MDGs)와 유네스코를 잇는 구체적인 '양적' 목표라면, ESD는 지속가능발전을 위한 교육을 지향하면서 교육의 사회적 책임을 확장하는 '질적' 목표로 자리 매김하고 있다. 2009년 독일 ESD 세계회의와 이탈리아 G8 정상회의는 다시 한 번 ESD에 대한 강력한 정치적 지지를 표명하면서 단호한 실행을 요청하였으며, 유네스코 차기 회기(2010~2011년) 교육사업에서도 ESD의 위상은 크게 높아질 것으로 전망되었다.

지속가능발전의 개념이 처음 제시된 1987년부터 유엔은 교육 분야에서 지속 가능한 발전을 지원할 수 있는 개념을 연구해 왔다. 교육과 지속 가능성의 문제는 유엔 환경개발회의(1992년)가 채택한 '의제 21'의 제36장 '교육, 대중인식 제고 및 훈련'에서 본격적으로 제시되었다. 이후 인구개발 국제회의(1992년), 사회개발 세계정상회의(1995년), 제4차 여성회의(1995년), 제2차 인간정주회의(1996년), 세계식량회의(1996년), 세계교육포럼(2000년) 등 유엔의 주요 회의에서 교육을 각 분야 전략 수행의 핵심 요소로 인식하기 시작했다. 유네스코의 맥락에서 보면 ESD는 양질의 교육에 대한 오랜 관심으로 가능한 것이었다. 유네스코는 들로르(Delors) 보고서로 알려진 '21세기 국제교육위원회 보고서'(1996년)에서 "어떤 교육을 선택하느냐가 곧 어떤 사회에서 살아갈지를 결정하는 것이다."라고 명시하면서 알기 위한 교육, 행동하기 위한 교육, 존재하기 위한 교육, 함께 살기 위한 교육 등을 강조했다. 또한 ESD는 유네스코 세계교육위원회에서 제시한 학습의 네 기둥에 하나를 더 추가하였는데 그것이 바로 인식전환을 위한 교육이다.

이와 같이 유네스코 세계교육위원회에서는 지속 가능한 발전을 위한 교육을 실현하기 위해 알기 위한 교육(Learning to know), 존재하기 위한 교육(Learning to be), 함께 살기 위한 교육(Learning to live together), 행동하기 위한 교육(Learning to do), 인식전환을 위한 교육(Learning to transform oneself and society)을 교육의 다섯 가지 기둥으로 삼았다.

먼저 존재하기 위한 교육과 인식전환을 위한 교육은 교육의 기반을 형성하는 장인 공(工) 자의 아래 획에 해당한다. 즉, 이는 자신을 긍정적인 미래를 실현하기 위한 주역으로 보고 덕목으로 여겨지는 가치와 도덕성 및 인성을 함양하며 정직과 성실을 학습하기 위한 교육(존재하기 위한 교육)이다. 또한 자신뿐만 아니라 타인에게 도움이 되

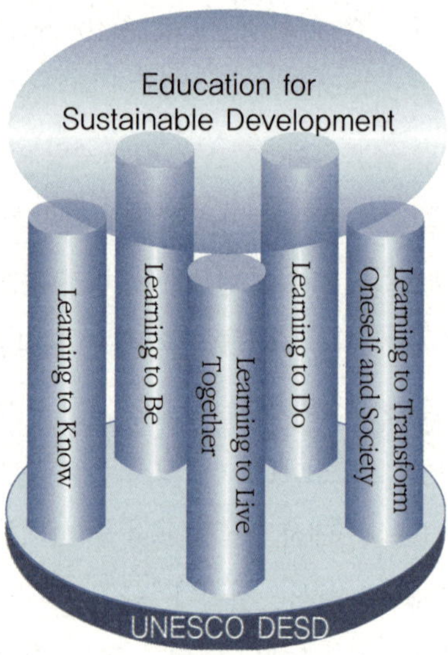

[그림 1-5] 지속 가능한 발전을 위한 교육의 다섯 가지 기둥

는 역량과 의지를 계발하기 위한 의지와 지구환경을 생각하며 생물의 다양성을 존중하는 자세의 영역까지도 포함한다. 지속 가능한 발전을 위한 내재적 가치, 존중과 책임감을 함양하기 위한 교육(인식전환을 위한 교육)이 필요한 것이다.

다음으로, 알기 위한 교육은 장인 공(工) 자의 중간 기둥에 해당한다. 이는 비판적인 사고 및 해석력, 통찰력을 키우고 세계를 무대로 일어나는 일들에 대한 이해를 위한 지식적 도구를 갖추기 위한 교육이다. 우리는 지속 가능한 발전에 대한 개념과 관련 이슈를 이해하고 증가하는 사회적 요구와 필요에 대응하는 방법을 연구하며 대안을 마련하는 데 필요한 지식과 정보를 갖춰야 한다. 정직과 성실의 인성으로 확고히 다져진 기초 위에 참된 지식과 필수적이며 정확한 정보를 쌓아 나가야 하는 것이다. 또한 이를 적절히 사용하고 응용할 줄 아는 능력을 학습과 교육을 통해 키워야 한다. 수준 높은 비판적 사고력, 분석적 추론능력, 글쓰기 능력, 문제해결 능력이 요구되는 21세기에 교육과 훈련을 통해 이를 갖춰 나가야 할 것이다.

끝으로, 함께 살기 위한 교육과 행동하기 위한 교육은 공(工) 자의 지붕에 해당한다. 배워서 남 주는 교육과 세상을 변화시키기 위한 교육을 제공해야 한다. 이웃과 온 세계를 위해 지식을 나누어 줄 때 진정한 글로벌 비전이 실현될 수 있다는 것이 바로 공(工) 자형 교육의 핵심이다. 인류 공동체의 평화와 공존을 위해 국제적인 감각을 익히고 지식을 갖추어야 한다. 국제 정세의 긴장과 갈등 속에서 상황을 잘 대처해 나가고 해결해 나갈 수 있는 자세와 이에 부응하는 통찰력과 지혜가 필요하다(함께 살기 위한 교육). 또한 알고 생각하기만 하는 이론가(thinker)에서 벗어나 적극적으로 자신의 역할을 감당하는 행동가(actor)가 되어야 한다. 아울러 습득한 지식을 일상의 다양한 경우에 적용하고 실천함으로써 창의적이고 책임감 있게 자신이 처한 상황

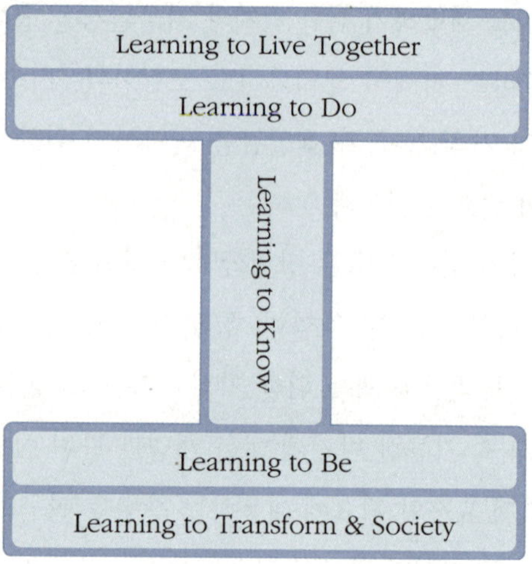

[그림 1-6] 장인 공(工) 자형 교육 패러다임에 적용한 교육의 다섯 가지 기둥

을 이겨 나가는 능력을 키워야 한다. 우리의 일상적인 결정과 행동은 바로 구체적인 현실로 나타나기 때문이다(행동하기 위한 교육).

지난 10월 하버드 대학의 파우스트(Drew Faust) 총장은 하버드 경영대학원 창립 100주년 기념식에서 "최근의 세계적인 금융위기를 보면서 사람들이 단지 물질적 보상만을 삶의 목적과 성공의 척도로 생각하는 것이 얼마나 위험한 일인지 알게 되었다."라고 했다. 뿐만 아니라 세계 최고의 명문 경영대학원들도 대학이 배출한 최고경영자들의 과도한 외형 성장 추구와 도덕적 해이 같은 윤리적 문제로부터 세계 경제위기가 시작되었다는 점에 커다란 충격을 받았다. 하버드 경영대학원의 킴 클라크(Kim Clark) 전 학장도 "모든 경영자들에게는 최고 수준의 정직이 요구되며, 하버드와 같은 대학들이 지식뿐 아니라 윤리관과 정직성을 학생들에게 가르쳐야 할 책임이 있다."라고 강력히 피력한 바 있다.

최근 미국발 금융위기가 전 세계로 확산됨에 따라 세계경제는 공

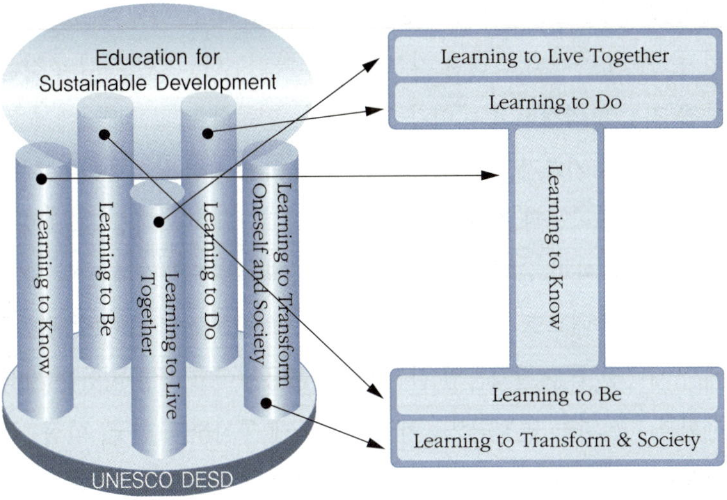

[그림 1-7] 장인 공(工) 자형 교육 패러다임과 지속 가능한 발전을 위한 교육의 다섯 가지 기둥의 접목

황에 처할 위기에 놓여 있다. 이러한 경제위기의 근본 원인은 어디에 있으며 그 해결책은 무엇일까? 세계 주요 경제국 정상들이 세계경제의 동반 침체를 막기 위한 대안을 모색하기 시작했고, 이에 세계경제를 이끌 새로운 시스템의 출현이 예측되고 있다. 그러나 근본적 문제가 해결되지 않는다면 이 같은 위기는 언제든지 다시 반복될 수 있다. 경제위기의 원인이 정책이나 제도 · 시스템의 문제이기도 하겠지만, 그간 학교들이 정직성과 윤리 교육과 같은 전인교육을 제대로 하지 못한 것에서 기인한 바가 크다고 본다. 인터넷을 기반으로 정보 교환 및 거래가 활발한 글로벌 경제시대와 개인의 창의성이 곧 생산성이 되는 지식정보화 사회에서 인성교육의 중요성은 더욱 강조된다.

교황 바오로 2세는 대학이 기술보다 윤리를 우선시하고 물질보다 사람을 중시해야 한다고 했다. 과학과 기술로는 우리의 모든 문제를 해결할 수 없다. 기술사회에도 인문학에 대한 광범위한 이해와 지혜가 필요하다. 인문학 교육을 통해 세대 간, 문화 간 이해와 효과적인 의사소통이 촉진되고 열린 지식의 장이 마련된다. 이런 지식의 장을 통해 지평이 확장되고 이해가 깊어진다. 인문학은 교육과정에서 직업과 기업의 기초가 되는 전수 가능한 실력과 지식을 제공하기 때문에 전문적인 학문과 직업에 대한 탁월한 준비가 된다. 다음은 2009년 7월 5~8일 파리 유네스코 본부에서 150개국의 1천 명 이상의 참가자가 모인 유네스코 세계고등교육회의(UNESCO 2009 WCHE) 폐막식에서 채택된 최종 결의문의 일부이다. "포용적이고 다양성 있는 지식사회를 건설하는 원동력으로서 대학교육에 투자하고 연구, 혁신, 창의성을 발전시키는 것이 지금처럼 중요했던 적은 없었다."

우리는 상호 연결되고 복잡하며 역동적이고 국제적인 세계에 살고 있다. 21세기 대학에게는 패러다임 전환이 절실하다. 새로운 패러다임은 새로운 시대에 맞는 참신하고 혁신적인 교육방법을 요구한다. 오늘날의 다양한 국제문제를 처리하려면, 대학과 학생들은 점진적인 변화가 아니라 전형적이고 혁신적인 변화를 이행해야 한다. 대학은 학생과 사회의 요구를 충족시키는 교육을 실현해야 한다. 또한 대학은 미래의 지도자를 준비시킬 역할과 임무를 지녔다. 대학교수가 그 역할을 다하려면 최신 지식의 첨단에 서고 새로운 교육방식을 실천함으로써 새로운 지식을 실험하고 습득하고자 노력해야 한다. 교육자에게는 다른 어느 직업보다도 이런 노력이 요구된다. 교육자는 끊임없이 과거를 고찰하고, 현재를 평가하며, 미래를 예견해야 한다. 우리 교육자들이 진정으로 임무를 완수하려면 미래 지도자를 육성하고 그들에게 영향력을 발휘하며 미래 세대에게 더 나은 삶의 질을 보장하기 위해 노력해야 한다.

참고문헌

Altbach, P., Reisberg, L., & Rumbley, L. (2009). Trends in global higher education: Tracking an academic revolution. UNESCO 2009 World Conference on Higher Education, Paris July 5-8. http://www. unesco.org/tools/fileretrieve/2844977e.pdf

Barnett, R. (2000). *Realizing the University in an Age of Supercomplexity*. UK open University Press.

Berg, M. (2007). From globalization to global history. *Hist. Workshop J. 64*, 335-340.

Bohr, N. (1928). *Atomic Physics and Human Knowledge*. New York: John Wiley & Sons (1958).

Bok, D. (2007). *Our Underachieving Colleges: A Candid Look at How Much Student Learn and Why They Should be Learning More*. Princeton University Press.

Bordogna, J., Fromme, E., & Ernst, E. (1995). An integrative and holistic engineering education. *J. Sci. Educ. Technol. 4*(3), 191-198.

Davis, M. (2003). What's wrong with character education. *Am. J. Educ. 110*(1), 32-57.

Dockety, D. (2007). *RENEWING MINDS*. Nashville, Tenn.: B&H Publishing Group.

Einstein, A. (1905). On the electrodynamics of moving bodies. *Annalen der Physik, 17*, 891-921.

Friedman, T. (2005). *The World Is Flat*. New York: Farrar, Strauss & Giroux.

Gibson, W. (2004). *Neuromancer: 20th anniversary edition*. New York: Ace Books.

Grasso, D., & Martinelli, D. (2007). Holistic engineering. *The Chronicle Review, 53*(28), B8.

Harvey, D. (1990). *The Condition of Post Modernity: An Enquiry into the Origins of Cultural Change*. Cambridge, MA: Balckwell.

Hawking, S., & Ellis, G. (1968). The cosmic black-body radiation and the existence of singularities in our universe. *Astrophys. J. 152*, 25-36.

Heisenberg, W. (1927). *The Physical Principles of Quantum Theory*. University of Chicago Press.

Hoyle, F. (1948). A new model for the expanding universe. *Monthly Notices of the Royal Astron. Soc. 108*, 372-382.

Kronman, A. (2008). *Education's End: Why Our Colleges and Universities Have Given Up on the Meaning of Life*. Yale University Press.

Lewis, H. (2007). *Excellence without Soul: How a Great University Forgot Education*. New York: Public Affairs.

Massuda, Y. (1981). *The Information Society as Post-industrial Society*. Transaction Publishers.

Miller, R. (2007). A new culture needs a new education. www.educationrevolution.org/ronmiller.html

Newton, I. (1687). *The Principia: Mathematical Principles of Natural Philosophy, 1*. Cambridge, MA: Havard University Press (1972).

Pulliam, J., & Van, P. J. (1995). *HISTORY of EDUCATION IN AMERICA*. New Jergey: Prentice-Hall.

Riley-Taylor, J. (2002). Ecology, spirituality & education. *Curriculum for Relational Knowing*, V. 201. New York, NY: Peter Lang Publishing.

Salmi, J. (2009). *The Challenge of Establishing World-Class Universities*. World Bank Publication.

Schaar, John. http://www.quotationspage.com/quate/4633.html

Schreiner, P. (2005). *Towards Holistic Education: A Challenge for Education Philosophy*.

Stigliz, J. (2006). *Making Globalization Work* (p. 4). New York:

Norton.

Toffler, A. (1991). *Power Shift: Knowledge, Wealth, and Power at the Edge of the 21st Century*. New York: Bantam Books.

UNESCO Reforming Higer Education (2009). www.unesco.org/en/higher-education/reform/

Wheeler, J. (1963). Fugitive and cloistered virtue: A tribute to niels. *Physics Today*.

2

한국의 사회적 과제와 창의적인 글로벌 인재 양성

2

한국의 사회적 과제와 창의적인 글로벌 인재 양성

김태완

세계가 거대한 하나의 시장이 되는 세계화의 시대를 맞이하여 개별 국가들은 나름대로 생존과 번영을 위해 경쟁력을 키워 나가려고 노력하고 있다.

역사적으로 시대와 사회가 발전해 온 과정을 살펴보면 우리 사회가 어떤 사회로 나아가고 있는지, 어떤 준비가 필요한지 이해할 수 있다(〈표 2-1〉 참조). 초기 농업경제시대에는 사람이 동물이나 사람을 활용하여 생산하였다. 이 시대는 가정이나 교회 등에서 부모와 성직자들이 주로 교육하였다.

산업경제시대에는 사람이 다른 사람이나 기계를 사용하여 생산한다. 이 시대는 기계를 사용하여 대량생산의 양적 혁명을 이룬 시기이며, 주로 학교에서 교사들이 교육한다. 이 시대는 학문이 분화되어 발전하는 소위 분할과 점령(divide and conquer)의 접근이 사용된다.

지식경제시대에는 사람이 기계를 사용하여 생산한다. 많은 양의 지식과 정보가 컴퓨터를 이용하여 종합적으로 분석될 수 있으므로 질적 혁명을 이루는 시대이다. 다양한 학문의 통합(converged and holistic)이 자연스럽게 이루어지며, 이 시대는 학교교육도 중요하지만 사회 전체가 교육에 참여하고, 평생 교육을 받는 시대이다.

이어 다가올 퀀텀경제시대에는 사람의 지능을 능가하는 인공지능을 가진 기계가 다른 기계를 사용하여 생산하는 시대이다. 과학자들은 2020년경이 되면 사람의 지능을 능가하는 인공지능을 가진 로봇이 개발된다고 전망하고 있다.

이 퀀텀경제시대에는 동시에 일어날 수 없는 일이 동시에 일어나는 패러독스가 가능해진다고 과학자들은 생각한다. 예를 들어, 골프를 치면 공이 홀컵 안으로도 들어가고 홀컵 밖에도 있는 패러독스가 일어날 수 있다. 학문의 융합(melted and dissolved)이 이루어지며, 이 시대는 사이버교육이 주를 이룰 것이다. 현재 우리는 산업경제와 지식경제가 혼합된 시대에 살고 있다.

〈표 2-1〉 **시대 발전에 따른 생산양식과 교육의 변화**

시대 구분	생산방법	지식	교육방법
농업경제	사람이 동물/사람을 활용하여 생산	사적 재화	가정/교회교육
산업경제	사람이 사람/기계를 사용하여 생산	사적/공적 재화	학교교육 (학문의 분화)
지식경제	사람이 기계를 사용하여 생산	사적/공적 재화	사회/평생교육 (학문의 통합)
퀀텀경제	기계가 기계를 사용하여 생산	사적/공적 재화	사이버/평생교육 (학문의 융합)

출처: Tissen, Andriessen, & Lekanne (1998)를 수정 및 보완.

한 국가의 경쟁력을 키우기 위해 개방과 국제화는 기본이므로 더 이상 설명이 필요없다. 최근에는 하나의 도시가 세계를 상대로 경쟁력을 갖추는 것이 중요하다는 판단하에 도시의 경쟁력을 키우기 위해 노력하고 있다. 또한 하나의 지역 단위가 경쟁력을 갖추어 대응하도록 하는 지역화, 몇 개의 인근 국가가 연합하는 권역화(국가 연합) 등으로 대응하고 있다.

하나의 도시, 지역 또는 국가 연합 등이 경쟁력을 갖추는 데 있어 기본적인 것은 바로 생산재인 경제와 가장 중요한 소비재인 교육과 의료 서비스 능력 또는 수준이라고 할 수 있다. 그래서 경제가 잘 돌아가고 고급 교육과 의료 서비스를 받을 수 있는 도시와 지역은 경쟁력이 있기 때문에 사람들이 모여 들지만 그렇지 못한 도시와 지역은 사람들이 빠져나간다. 먼저 현대 사회와 시대의 특성을 살펴보자.

1. 현대사회의 특성

현대 사회와 시대의 특성을 여러 가지로 설명할 수 있지만, 여기에서는 수확체증의 법칙이 작동하는 지식경제시대, 허브를 가진 네트워크 사회, 복잡계 시스템이 작동하는 사회로 요약하고자 한다.

1) 수확체증의 법칙이 작동하는 지식경제시대

산업경제시대는 수확체감의 법칙이 작동하기 때문에 뒤처진 사회가 앞서가는 사회를 따라잡을 수 있지만, 수확체증의 법칙이 작동하는 지식경제시대는 뒤처진 사회가 앞서가는 사회를 따라잡기 어렵고 격차가 점점 커져서 결과적으로 사회 양극화를 초래하게 된다. 수확체증이 극대화되면 승자독식(The winner takes it all)의 현상이 나타날 수 있다. 따라서 어느 국가를 막론하고 세계화를 추진하는 세력과 이를 반대하는 세력이 형성되어 대립하게 된다.

우리나라는 다행히 따라잡기에 성공한 국가이다. 하지만 국내에서의 사회 양극화는 심화되고 있으며, 통일과 안보 문제 등으로 인해 아직 단단한 기반을 구축하지 못한 상태이기 때문에 매우 조심스럽게 사회경제적인 기반을 다져 나가야 한다.

2) 허브를 가진 네트워크 사회

사회의 복잡성이 증가하면서 네트워크의 중요성이 증가하고 있다. 이 과정에서 자연스럽게 중심 역할을 하는 허브의 중요성이 부각되고 있다. 사회의 모든 부문에서 허브 부분은 점점 커지고, 허브가 아닌 부분은 상대적으로 작아지기 때문에 사회 양극화가 심화될 수밖에 없다. 한 사회가 허브가 되기 위해서는 개방과 공개가 기본이라고 할 수 있으며, 이를 위해 국제화는 우리 사회가 취해야 할 당연한 정책 방향이다.

최근에는 하나의 도시가 국제적으로 허브 역할을 하고 있기 때문에 한 도시가 허브 기능을 할 수 있도록 도시화가 구상되어야 한다. 예를 들어, 서울이 국제적인 경쟁력을 갖도록 하기 위해서는 더 키워야 하지만, 동시에 국내사회의 도시 간 격차를 좁히기 위해서는 팽창을 억제해야 하는 측면이 존재한다. 현재 우리 사회에는 수도권에 대한 여러 가지 제한정책이 존재하고 있다.

어떤 사회가 허브가 되기 어렵다면 허브 사이를 매개하는 역할을 하는 존재가 되는 것도 매우 좋은 전략이라는 주장이 있다(정하웅 KAIST 교수). 그러므로 우리 사회가 동아시아, 아시아, 나아가 세계의 허브가 되면 좋지만 그렇지 못할 경우에는 이러한 허브들을 매개하는 존재가 될 수 있도록 하는 전략이 필요하다.

3) 복잡계 시스템이 작동하는 사회

현대사회의 특징 중의 하나는 모든 정보가 인터넷상에 공개되고 노출된다는 것이다. 공개된 정보는 사회 불만 세력에 의해 증폭되어 나비효과와 같이 폭풍으로 변해서 사회의 여기저기를 강타하게 된다. 조그만 하나의 정보가 불씨가 되어 큰 태풍이 되고 어디를 칠지 모르는 상황이 전개되고 있다. 이러한 상황은 사회의 불안정을 초래하고 사회 변화의 방향을 예측하기 어렵게 한다. 모든 정보가 공개되는 상황에서 가장 좋은 전략은 기관과 사회를 정직하고 투명하게 경영하는 것이라고 할 수 있다.

이상과 같은 수확체증의 법칙이 작동하는 지식경제시대, 허브를 가진 네트워크 사회, 복잡계 시스템(complex system)이 작동하는 사회는 결과적으로 사회 양극화를 초래하게 된다. 따라서 정부는 분야별로 이를 극복할 수 있는 정책을 개발하고 실천해야 한다. 사회의 여러 분야 가운데 교육은 사회 양극화 완화와 사회통합에 매우 중요한 역할을 하며, 따라서 교육정책을 제대로 만들고 집행하는 일이 점점 더 중요해진다.

2. 사회 양극화 문제 완화

사회 양극화의 심화로 인해 공정사회를 구현해 나가야 한다는 사회적인 요청이 매우 높다. 우리나라의 지난해 지니계수는 가처분소득

(시장소득+공적 이전소득-조세·사회보장기여금)을 기준으로 0.310이었다. 2006년 0.306이었던 지니계수는 2007년 0.312, 2008년 0.314, 2009년 0.314로 계속 악화되고 있다. 이것은 국가 원수로 하여금 "공정사회의 실현을 위해 노력해야 한다."(2010년 광복절 기념사 중에서)는 메시지로 나타나고 있다.

공정사회를 실현하기 위해 우리 사회는 수평적 공정성(equal treatment of equals)과 수직적 공정성(unequal treatment of unequals)을 확보해야 한다. 수평적 공정성은 동등한 경제적 수준에 있는 사람을 동등하게 대하고, 수직적 공정성은 동등하지 않은 경제적 수준에 있는 사람을 동등하지 않게 대하는 것이다. 우리 사회는 수평적 공정성은 비교적 잘 지켜지고 있으나 수직적 공정성은 잘 지켜지지 않고 있다.

수직적 공정성이 잘 지켜지지 않는 경우가 많은 이유는 수직적 공정성에 대한 이해가 부족하기 때문이다. 예를 들어, '무상급식'과 '일률적인 반값 등록금'은 경제적인 수준이 다른 사람을 동등하게 대하는 것이다.

경제적으로 동등하지 않은 사람을 동등하게 지원하는 것은 보편적 복지이고, 경제적으로 동등하지 않은 사람을 동등하지 않게 지원하는 것은 선별적 복지이다. 그러므로 학교급식이나 대학 등록금의 수혜 대상이 모두 보편적 복지 대상인지 또는 선별적 수혜 대상인지 판단할 필요가 있다.

'무상급식' '일률적인 반값 등록금', 그리고 좋은 학군을 선택할 수 있는 경제력을 가진 사람에게 유리한 제도인 학군 내 무시험진학 제도, 즉 '평준화제도' 등은 제한된 정부의 재원을 모든 사람에게 똑같이 나누어 주는 정책이다. 당연히 사회적 약자에게 돌아오는 몫은 작아지게 되고, 따라서 사회적 약자에게 불리한 제도이다.

그러나 '무상' '반값' '평준화'라는 단어로 인해 일반인은 사회적 약자에게 유리한 제도로 착각하고 있으며, 정치권은 이 착각을 이용하고 있다. 이와 같은 일반인의 착각은 우리 사회가 포퓰리즘으로 쉽게 빠질 수 있는 함정으로 작용하고 있다.

사회적 약자를 가장 잘 지원할 수 있는 정책은 이론적으로 최저수준 보장정책이다(minimum foundation policy). 예를 들어, 시간당 최저임금보장제도나 기초생활비보장제도 등이 해당된다. 현재 정부가 시·도에 교육비를 지원할 때 적용하고 있는 학생당, 학급당, 학교당 교육비 등을 고려한 포뮬러 펀딩은 교육비의 최저 수준 보장을 위한 정책의 하나라고 할 수 있다.

미국의 경우 1인당 교육비가 주에서 정한 수준에 미치지 못하는 교육구는 재정 여건이 허용하는 일정한 수준까지 보전해 주고 있다. 1인당 교육비가 일정한 수준보다 많은 교육구에 대해서는 지원하지 않고, 대신 자유롭게 운영할 수 있는 권한을 준다. [그림 2-1]에서 보면, 주정부는 A, B, C, D 교육구에 대해 1인당 교육비가 5,000달러가 될 수 있도록 지원해 주고, E, F, G 교육구에 대해서는 지원해 주지 않고 자유를 주어 마음대로 운영할 수 있도록 해 준다. 즉, 제한된 재원을 사회적 약자에게만 지원해 주고 있는 것이다.

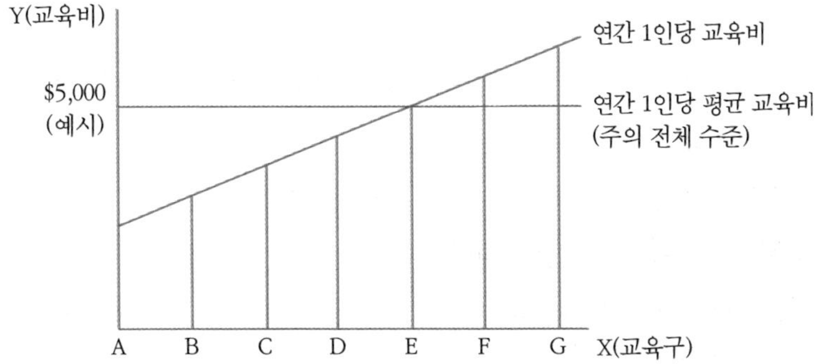

[그림 2-1] **최저수준 보장 프로그램 예시**

3. 저출산 문제 해소

우리 사회가 안고 있는 이러한 사회 양극화의 문제 외에도 가장 심각하게 고민해야 할 문제로서 저출산의 문제가 있다. 우리나라는 현재 선진국 가운데 가장 낮은 출산율을 보이고 있다([그림 2-2] 참조). 그동안 정부는 산아제한 정책을 성공적으로 실천하였지만 인구 변화를 면밀하게 관찰하는 데 실패하여 출산정책을 바꾸어야 할 시기를 놓쳤으며, 이후 출산율을 높일 수 있는 정책을 제대로 만들어 실행하지 못하고 있어 출산율 감소 추세가 지속되고 있다.

현재 젊은 부부들은 힘든 취업을 유지하기 위해, 또한 영유아를 위한 보육과 교육에 필요한 많은 사교육비의 부담으로 인해 출산을 매우 신중하게 생각하고 있다. 이것은 낮은 출산율로 연결되고 있으며, 결과적으로 지속적인 경제성장의 걸림돌로 작용하고 있다. 따라서 정부는 젊은 부부들이 마음 놓고 출산할 수 있도록 높은 보육과 교육비 부담을 완화시켜 주어야 한다.

일반적으로 생애발달 주기에 의하면 0세부터 4세 또는 5세까지를 결정적인 시기 또는 민감한 시기라고 한다. 왜냐하면 [그림 2-3]에서 보는 바와 같이 0세부터 4~5세 사이에 보기, 듣기, 습관적 반응, 감정 통제, 언어, 상징, 사회적 기술, 수 등 모든 중요한 기능이 발달하기 때문이다.

영유아 시기에 적절한 보육과 교육을 제공하는 정책은 사회 양극화를 완화하는 데 절대적으로 필요하다. 〈표 2-2〉는 영유아 시기에 적절한 보육과 교육을 경험한 사람과 그렇지 못한 사람 간에 일생에 걸쳐 차이가 있음을 보여 주고 있다. 이 연구(Highscope Perry Preschool Study by David P. Weikart and Larry Schweinhart)는 1962년 미국 미

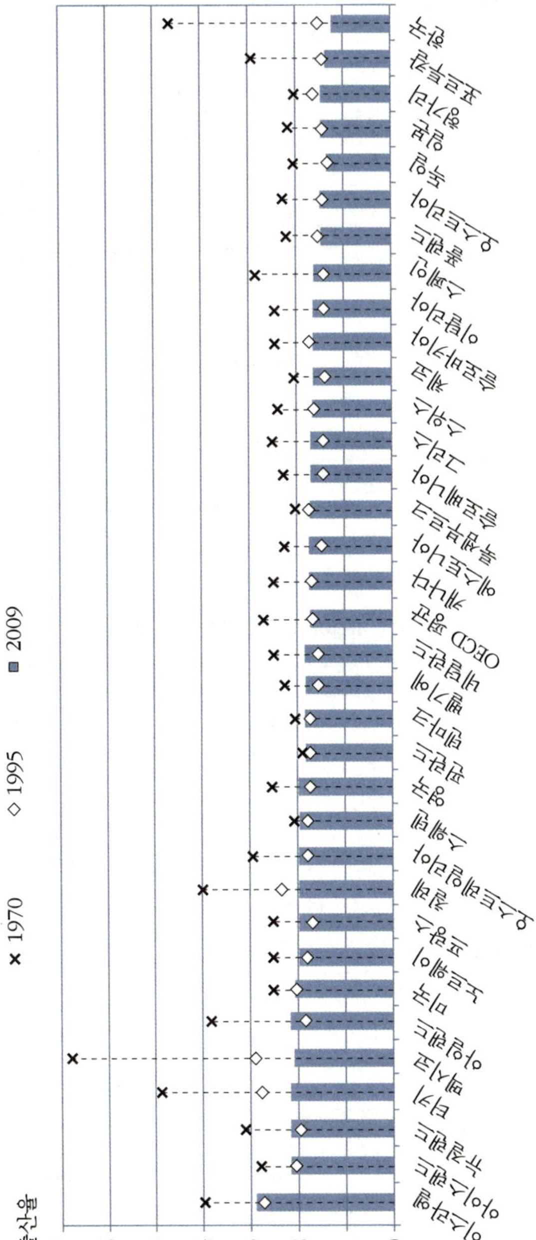

[그림 2-2] 출산율 국제 비교

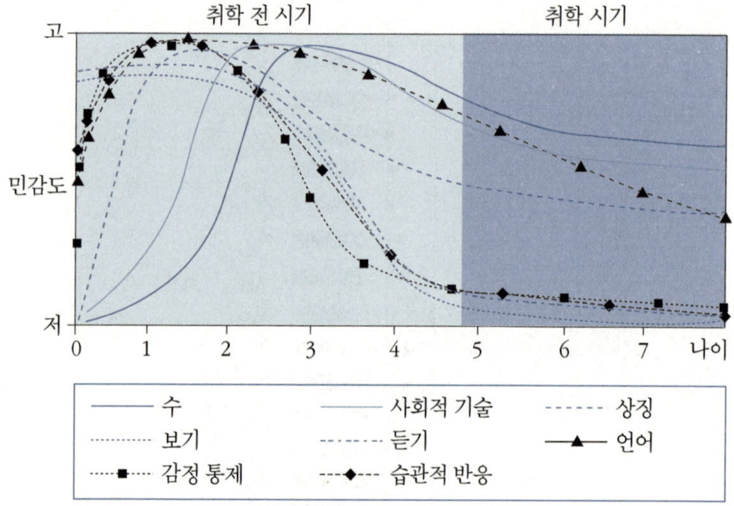

[그림 2-3] 초기 뇌발달의 결정적인 시기

〈표 2-2〉 **취학 전 교육 참여 혹은 비참여 아동의 경제, 사회적인 생활 비교 예시**

		취학 전 교육 참여 아동	취학 전 교육 비참여 아동
고등학교 졸업률(여학생)		65%(84%)	45%(32%)
정신장애 치료 경험		8%	36%
유급률		21%	41%
학업성취 검사(9세, 14세)		상대적으로 더 좋은 결과	상대적으로 좋지 않은 결과
성인문해 검사(19세, 27세)			
40세 때	취업상태	76%	62%
	평균 연수입	$20,800	$15,300
	주택 소유	36%	13%
	저축계좌 소유	76%	50%
40세까지 5회 이상 체포 경험		36%	55%
흉악 범죄 연루		32%	48%
재산 범죄 연루		36%	58%
마약 범죄 연루		14%	34%

시간 주 디트로이트 시 외곽의 작고 가난한 입실란티 지역에 거주하는 흑인 영유아를 대상으로 이루어졌다.

연구에 참여한 123명의 3세와 4세 아동 중 58명에게는 양질의 취학 전 교육이 제공되었고, 나머지는 제공되지 않았다. 아동이 3세부터 11세까지는 매년, 그리고 14세, 15세, 19세, 27세 및 40세가 되는 해에 각각 그들의 학교와 사회생활상의 변화를 확인하였다(〈표 2-2〉 참조). 이 연구는 이러한 조기교육의 효과를 근거로 하여 3세 때 쓴 1달러는 성인이 되었을 때 16달러의 사회적 투자수익률로 나타난다고 보고하고 있다. 2000년도 노벨 경제학상 수상자인 시카고 대학의 제임스 헤크먼(James Heckman)도 이 연구의 결과를 인용하여 조기교육의 중요성을 강조하고 있다(Cunha, Heckman, Lochner, & Masterov, 2006). 현재 영유아 보육과 교육을 성공적으로 수행하고 있는 사례로는 할렘 어린이존(Harlem Children's Zone)과 시카고 어린이-부모센터(Chicago Child-Parent Centers)를 들 수 있다.

〈표 2-2〉에서 보는 바와 같이 영유아교육은 저출산 문제 해소뿐만 아니라 사회 양극화 완화에 결정적으로 필요한 정책이다. 영유아 시기에 적절하고 충분한 보육과 교육이 제공되지 못하면 발달장애가 일어날 수 있으며, 이후에는 감정 통제, 사회적 기술 등의 능력을 제대로 충분히 키우기가 어렵다. 그러므로 경제학자들은 나이에 따른 투자수익률을 [그림 2-4]와 같이 제시하고 있다(Cunha et al. 2006). 즉, 인적자본 투자수익률은 나이가 어릴수록 현저히 높고, 나이가 많을수록 낮아진다는 것이다.

정부는 영유아에 대해 적절하고 충분한 보육과 교육을 제공하는 데 필요한 모든 비용을 부담하고, 출산이 취업 유지에 방해가 되지 않도록 해 줌으로써 젊은 부부들이 마음 놓고 출산할 수 있도록 해 주어야 한다. 그리고 영유아 보육과 교육에 대해 국가가 책임지는 것을

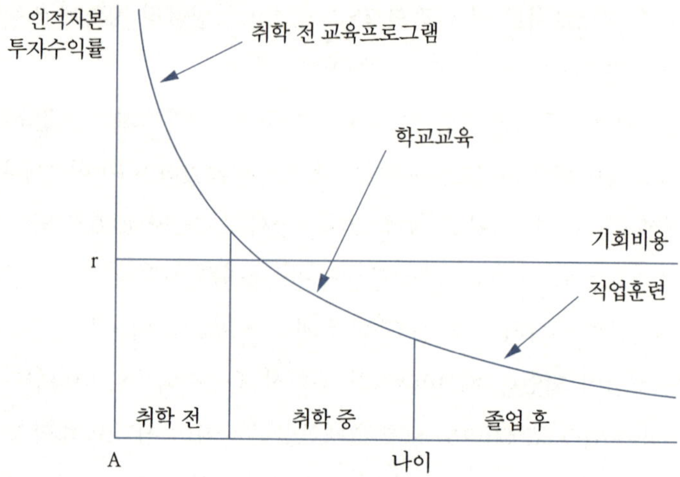

[그림 2-4] 나이와 인적자본 투자수익률

'복지의 확대'라는 개념으로 접근하기보다 '미래에 대한 투자'라는 개념으로 접근해야 한다. 왜냐하면 '복지' 프레임은 소비적인 입장을 넘어서기 어렵고, 따라서 생산적인 접근을 어렵게 하기 때문이다.

4. 도시화, 지역화 및 국제화

앞서 미국 주정부의 교육구 지원 사례에서 설명한 바와 같이, 수직적 공정성의 측면에서 정부의 지원을 받지 않아도 운영할 수 있는 교육기관은 자유를 허용하는 것이 바람직하다. 일반적으로 정부는 대부분의 교육기관을 정부의 통제하에 두고 있다. 사회 일각에서는 자유를 주는 것을 마치 귀족학교를 허용하는 것으로 생각하고 반대하는 경향이 있다. 그러나 무한경쟁의 국제사회에서 국제적인 경쟁력을 갖추기 위해서는 일부 교육기관의 경우 자유를 허용하여 국제

사회에서 경쟁할 수 있는 능력을 갖출 수 있도록 해야 한다. 자생하는 기관과 지역은 자유를 주고, 자생하지 못하는 기관과 지역은 정부가 자생할 수 있도록 지원하는 방향으로 나아가야 한다.

양질의 교육 서비스를 받기 위해 국경을 넘는 것은 이미 보편적인 일이다. 외국의 우수 학생을 유치하기 위해서는 국제적으로 최고 수준의 교육기관이 필요하다. 『부의 역사』(권홍우, 2008)를 보면 자본주의는 고대 로마로부터 스페인, 네덜란드, 영국 그리고 미국을 거치면서 발전해 왔다. 글로벌 인재는 자유가 많이 주어지는 지역으로 이동하여 왔으며, 인재가 모이는 곳에 국제자본이 도입되어 자본주의가 발전해 왔다. 현재 자유가 최대한 보장되고 있는 뉴욕, 런던, 홍콩, 싱가포르 등에 글로벌 인재와 국제자본이 모여 국제적인 경쟁력이 높은 것만 보아도 이러한 주장은 설득력이 있다.

정부는 도시와 지역이 경쟁력을 가질 수 있는 정책을 써야 한다. 그러기 위해서는 지역의 역사, 지리, 문화, 규범을 콘텐츠로 만들어 국제화에 대비해야 한다. 국내에서 권역화가 이루어지고 있으며, 국외에서도 국가 연합 등 권역화가 자연스럽게 이루어지고 있는데, 이것은 지역별로 더 나은 경쟁력을 갖추기 위한 것이다.

5. 창의력(고차원의 사고력) 신장

지식경제시대에는 창의적인 인재가 요구된다. [그림 2-5]에서 보는 바와 같이 시대가 발전함에 따라 비일상적 분석 또는 상호작용 능력이 점점 더 많이 요구되고 있다. 여기서 비일상적이라 함은 새롭고 창의적인 것을 의미한다.

반복적인 일과 창의적인 일을 개발도상국과 선진국의 입장에서 보

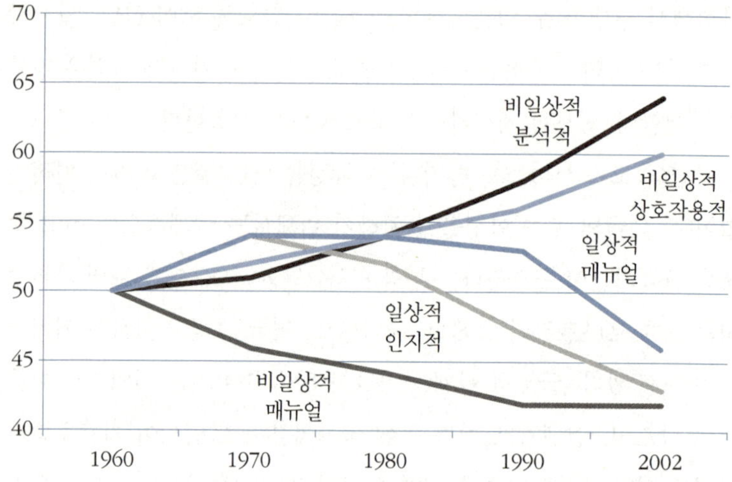

[그림 2-5] 과업 수행을 위해 필요한 기술(능력) 유형의 변화(미국의 경우)

출처: Levy & Murnane (2005)에서 재인용.

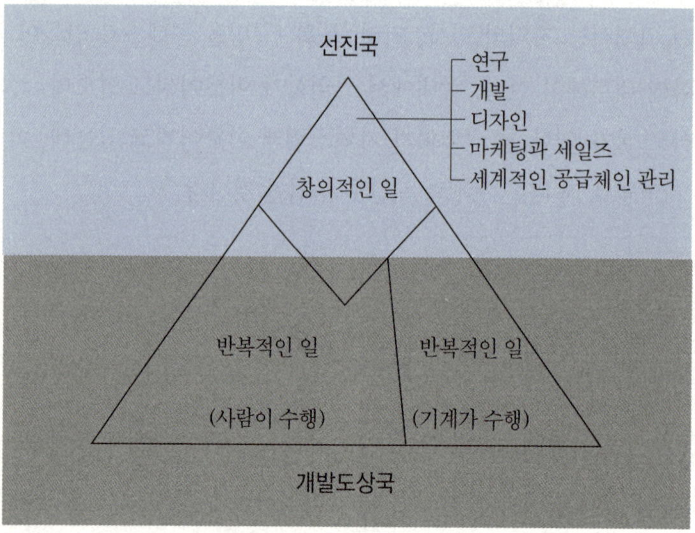

[그림 2-6] 선진국과 개발도상국에서 수행하는 일의 성격

면 [그림 2-6]과 같다. 그림에서 보는 바와 같이 개발도상국에서는 사람이나 기계가 반복적인 일을 많이 하지만 선진국에서는 창의적인 일을 많이 해야 한다. 그러므로 우리는 특히 창의적인 능력을 키워 줄 수 있는 교육을 더 많이 해야 한다.

앞으로 학생들이 창의적인 능력을 키워 나갈 수 있도록 하기 위해 OECD는 [그림 2-7]과 같이 핵심 역량으로 지적인 도구를 자유자재로 사용할 수 있는 능력, 이질적인 혼성집단에서 소통할 수 있는 능력, 자율적으로 행동할 수 있는 능력을 제시하고 있다. 그리고 이러한 능력들이 고차원의 사고력을 통해 창의적으로 수행되어야 한다고 주장하고 있다(OCED, 2003).

우리 학생들은 PISA 등에서 좋은 결과를 보이는 것과 같이 지적인 도구를 자유자재로 사용할 수 있는 능력은 우수한 편이다. 그렇지만 이질적인 혼성집단에서 소통할 수 있는 능력과 자율적으로 행동할 수 있는 능력, 그리고 이를 창의적으로 해 나갈 수 있는 능력은 앞으로 더 많은 발전이 필요하다. 그러므로 학교교육은 이러한 능력을 발전시키기 위해 노력해 나가야 한다.

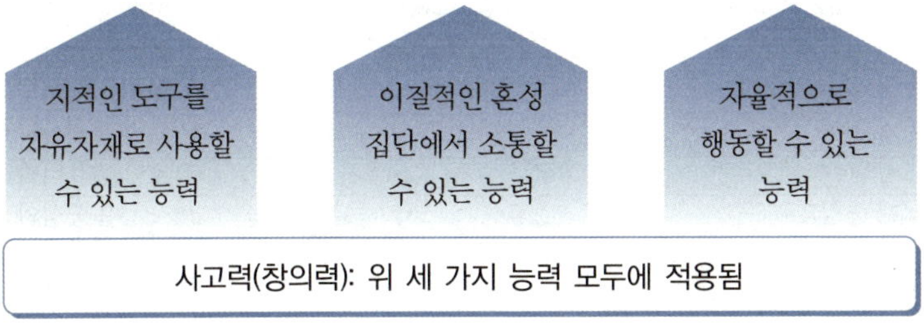

[그림 2-7] OECD가 제시한 미래 핵심 역량

6. 21세기에 필요한 교육과정, 교수-학습 방법, 평가방식의 재구성

21세기에 필요한 이러한 능력을 갖추기 위해 트릴링과 페이들(Trilling & Fadel, 2009)은 현재 교사 중심의 교육이 학생 중심의 학습과 조화를 이루는 방향으로 발전해 나가야 한다고 주장하고 있다([그림 2-8] 참조).

새로운 시대와 사회적인 요구를 수용할 수 있는 새로운 교육을 하기 위해서는 교육과정, 교수-학습 방법, 그리고 평가방식이 변화해야 한다.

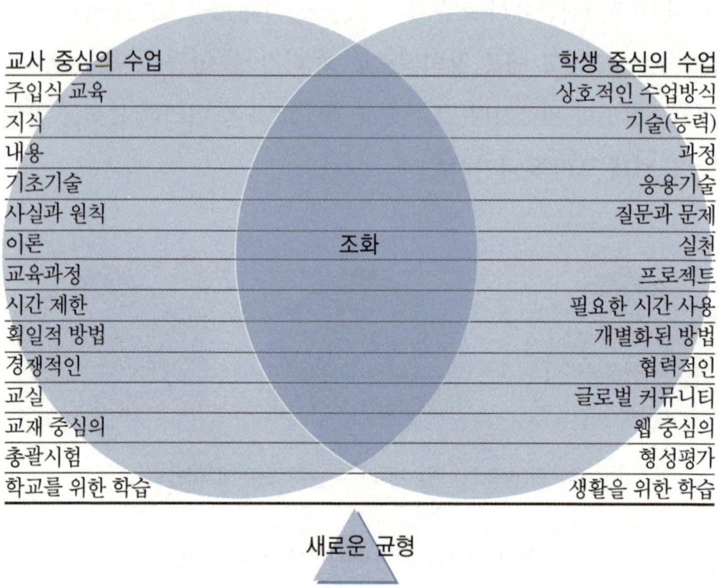

[그림 2-8] 21세기 학습의 균형

1) 교육과정의 재구성

복잡계 시스템이 작동하는 현대사회는 통합의 필요성이 매우 강조되고 있다. 교육과정에서도 통합적인 접근이 이루어져야 한다. 예를 들어, 문과와 이과의 구분을 폐지하고, 사탐과 과탐 등 통합교과목을 확대하고, STEAM 교육 등으로 교과목을 더욱 통합적으로 운영할 필요가 있다.

2) 교수-학습 방법의 변화

교수-학습 방법의 변화가 요구된다. 수업방식에서는 학생들에게 공동 과제를 주고 공동으로 보고서를 쓰게 함으로써 협력하는 능력을 키워 주어야 한다. 또한 체험학습, 연구수업, 토론식 수업 등을 강화해 나가야 한다. 다른 학생과 다른 자신의 생각, 감정, 느낌 등을 솔직하고 정직하게 표현하도록 유도하고 칭찬해 주는 방식도 바람직하다. 서로 다른 생각을 존중하고, 도전과 진취적인 행동이 존중받는 수업 분위기를 조성하는 것 또한 중요하다.

3) 평가방식의 변화

평가에서는 내용을 알고 있는지보다 어떻게 생각하고 있는지, 왜 그렇게 생각하는지를 물음으로써 학생의 사고력을 향상시켜 주어야 한다. 또한 상황 예시를 주고 그 해결책을 묻는 것이 아니라 해결해야 할 문제가 무엇인지를 서술하도록 하는 문제 등을 경험하게 하는 것이 좋다. 이러한 맥락에서 미국에서는 2014년부터 객관식 문제를 완전히 없애는 계획을 가지고 실천해 나가고 있다.

전체적으로 학교교육은 다음과 같이 바뀌는 것이 바람직하다. 예를 들어, ① 학생의 질문을 존중하여 지적 호기심이 살아 있도록 교육하며, ② 내용을 암기하는 교육에서 생각을 발전시키는 교육으로 나아가며, ③ 스토리가 있는 독서를 장려하고, ④ 학교는 학생, 교사, 교장이 함께 학습하는 학습공동체로 발전시키고, ⑤ 학교는 행정업무 우위에서 교육업무 우위로 바꾸어 나가야 한다.

7. 지식경제시대에 부응하는 창의적인 글로벌 인재의 양성

교육을 새롭게 혁신해야 할 교육지도자는 물론 정치, 경제 등 우리 사회의 모든 지도자는 새로운 시대에 맞게 새로운 생각으로 무장해야 한다. '한 아이를 기르는 데 사회 전체가 동원된다.'는 통합적인 입장의 새로운 사고방식에서 보면 교육에서 다루는 여러 가지 문제는 교육적인 문제일 뿐만 아니라 정치적 · 경제적 · 사회적 문제이므로, 교육학자뿐만 아니라 정치학자, 경제학자, 사회학자, 심리학자, 과학자 등이 함께 참여하여 교육정책을 개발해 나갈 필요가 있다.

현재 우리는 산업경제시대에서 지식경제시대로 발전하는 과정 중에 살고 있으며, 지식경제시대에는 산업경제시대와 다른 사고방식이 요구된다. 예를 들어, 〈표 2-3〉에서 보는 바와 같이, 첫째, 산업경제시대에는 대학은 고등학교 졸업생 중 우수한 학생 1/3 정도가 들어가서 공부하는 곳으로 생각한다. 그러나 지식경제시대는 모든 학생은 인종과 경제력에 관계없이 배울 수 있고 가르칠 가치가 있기 때문에 모두 고등교육을 받도록 해야 한다는 사고방식을 가질 필요가 있다.

둘째, 산업경제시대에는 공부는 학교에서 교과서 중심으로 한다.

〈표 2-3〉 **시대 변화에 따른 새로운 사고방식 예시**

산업사회적 사고방식	지식사회적 사고방식
대학은 고등학교 졸업생 중 우수한 학생 1/3 정도가 들어가서 공부하는 곳	모든 학생은 인종과 경제력에 관계없이 배울 수 있는 능력이 있고 가르칠 가치가 있으므로 모두 2년 이상의 고등교육을 받을 수 있도록 해야 함(빌 게이츠)
공부는 학교에서 교과서 중심으로 함	사회 전체가 웹상에서 동원할 수 있는 모든 지식과 정보를 활용하여 교육함
학교교육의 목표는 SKY 대학 입학	창의적인 글로벌 인재 양성

그러나 지식경제시대는 학교는 물론 사회 전체가 교과서뿐만 아니라 웹상에서 동원할 수 있는 모든 지식과 정보를 이용하여 교육한다.

셋째, 산업경제시대의 학교교육의 목표는 소위 SKY라 불리는 우수한 대학 입학이라고 생각한다. 그러나 지식경제시대는 창의적인 글로벌 인재 양성이라고 생각할 필요가 있다. 이와 같이 우리는 새로운 시대에 맞는 새로운 사고방식을 가져야 한다.

우리 국민이 가지고 있는 여러 가지 성향을 고려하여 앞으로 다음과 같은 창의적인 글로벌 인재를 양성해 나가도록 한다.

첫째, 정직하고 따뜻한 인성(honest, contributing mind)을 가진 인재를 키워야 한다. 정직하지 않으면 신뢰할 수 있는 사회를 만들 수 없기 때문에 정직한 인성이 가장 중요하다. 그리고 자신만 생각하는 이기적인 사람은 다른 사람을 힘들게 하고, 결과적으로 자신도 힘들어진다. 다른 사람을 배려하는 따뜻한 마음은 소통의 기본이다. 함께 더불어 살아가는 사회를 만들어야 지속적인 성장과 발전을 이룰 수 있다.

둘째, 모국어와 외국어 등 개방적인 국제사회에서 필요로 하는 기본적인 소통능력, 수를 계산할 수 있는 능력, 그리고 컴퓨터 등 기계를 사용할 줄 아는 기초능력(basic skills like languages, numbers, computers, etc.) 등을 갖추어야 한다. 이것은 현재 학교에서 주로 교육하고 있다.

셋째, 자신을 관리할 줄 아는 능력(self managing skills)이다. 자신의 시간과 돈, 가족이나 친구 등과 같이 가까운 사람에 대한 관리 능력이 있어야 자율적으로 일을 할 수 있다.

마지막으로, 이러한 일들을 창의적으로 할 수 있는 높은 수준의 사고능력(creative thinking skills)을 갖추도록 교육해야 한다.

그동안 우리 교육은 훈련을 소홀히 하였다. 시험에 도움이 되지 않기 때문이다. 결과적으로 자신과 우리 사회에 좋고 맞는 일이 무엇인지 알지만 실천하지 못하는 인재를 키워 왔다. 교육보다 더 중요한 것이 훈련이다. 서양에서는 교육과 훈련(education and training)을 한 단어와 같이 항상 붙여 쓰고 있다. 동양에서도 학습(學習)은 머리로 배우고 몸에 익히는 것을 의미한다. 앞으로는 훈련을 더욱 강조하여 체화된 교육을 해 나가야 한다. 학교는 물론 가정과 사회에서 우리의 청소년이 창의적인 글로벌 인재로 자라날 수 있도록 다함께 노력해 나가기를 기대한다.

참고문헌

권홍우(2008). 부의 역사—대항해 시대에서 석유전쟁까지. 서울: 인물과 사상사.

Council for Early Childhood Development (2010). *Investing in Young Children, an Early Childhood Development Guide for Policy Dialogue and Project Preparation.*

Cunha, F., Heckman, J. J., Lochner, L., & Masterov, D. (2006).

Interpreting the evidence on life cycle skill formation. In E. A. Hanushek & F. Welch (Eds.), *Handbook of Economics of Education,* ch.12. Amsterdam: North-Holland.

Levy, F., & Murnane, R. J. (2005). *The New Division of Labor: How Computers are Creating the Next Job Market.*

National Center on Education and the Economy (2007). *The Future of 21st Century Work.*

National Statistical Offices & Eurostat Demographic Statistics (2011). OECD Family Database, January 2011.

OECD (2003). *Definition and Selection of Key Competencies.*

Tissen, R., Andriessen, D., & Lekanne, D. F. (1998). *Value-Based Knowledge Management.*

Trilling, B., & Fadel, C. (2009). *21st Century Skills-Learning for Life in Our Times.* John Wiley & Sons, Inc.

3
혁신에서 창조로

3
혁신에서 창조로

김창경

1. 창의력의 시대가 도래하다

얼마 전 미국의 인기 TV 퀴즈쇼 〈제퍼디!(Jeopardy!)〉 무대에서 인간과 슈퍼컴퓨터(super computer) 간의 역사적인 대결이 펼쳐졌다. 전설적인 퀴즈왕 출신들과의 대결 결과, 세계 최고의 지능을 가져 사람처럼 언어를 이해하는 IBM의 슈퍼컴퓨터 왓슨(Watson)은 완승을 거두었다. 그런가 하면 지난 2월 개최된 제61회 베를린영화제 단편영화 부문의 그랑프리인 금곰상 수상작은 박찬욱, 박찬경 형제 감독의 〈파란만장〉이었다. 한국인이 수상했다는 것 이외에 주목을 받은 것은 이 영화가 아이폰으로 촬영되었다는 사실인데, 기존의 사고와 방식을 뛰어넘는 실험적 발상이 주류 영화계에서도 인정받은 것이다.

복잡하고 거대한 장비가 필요했던 수중 촬영도 한결 간편해졌다. 스마트폰에 방수팩을 씌우거나 심지어 지퍼백에 담아 물속에 넣어도 부착된 카메라를 통해 바로 촬영이 가능하기 때문이다.

이 같은 사례가 말해 주는 것은 무엇일까? 이제 문제는 '규모'나 '도구'가 아닌 '창의력'이라는 것이다. 우리가 학창시절 열심히 배우고 암기했던 모든 지식은 몇 기가바이트(gigabyte)의 텍스트에 지나지 않는 것이며, 이는 4세대 휴대전화를 사용하면 단 1초 만에 전송될 수 있는 양이다. 정보나 장비의 부재가 불가능의 이유가 되는 시대는 지났다. 창의력으로 승부하는 시대가 도래한 것이다.

과학기술 분야도 마찬가지다. 익스트림 엔지니어링(extreme engineering)을 토대로 한 최첨단 기술의 진보에 따라 더 이상의 하드웨어적 발전보다는 창의적 혁신이 성장의 핵심 요소로 자리하고 있다. 익스트림 엔지니어링은 극한의 기술과 노하우가 집적된 공학을 의미하는데, 우리가 매일 사용하는 컴퓨터 하드디스크가 그 좋은 예이다. 하드디스크는 하드웨어 분야에서 가장 복잡한 기술의 결정체로, 하드디스크에서 정보를 읽는 기술은 보잉 747기를 지면에서 2.7mm 높이로 띄운 뒤 1분에 1만 5,000번 돌리는 것과 같은 작업량이라고 한다. 컴퓨터 하드디스크의 기술 수준이 이정도 일진대, 하드웨어 분야에서는 더 이상 기술개발의 여지가 별로 없는 것이 사실이다. 소프트웨어도 마찬가지다. 과거에는 새로운 컴퓨터를 구입하면 부수적인 소프트웨어를 따로 설치하는 번거로움이 있었는데, 윈도우(Windows) 2000부터는 바로 실행이 가능하게 되었다.

이에 따라 과학기술 분야의 가치 창출은 기술혁신(technology innovation)보다는 가치혁신(value innovation), 개방형 혁신(open innovation), 위키노베이션(Wikinovation: 개방형 · 참여형 혁신)을 통해 이루어질 것으로 전망된다. 즉, 콘텐츠, 디자인 등을 아우르는 소프트 파워(soft power)가 부가가치를 창출하는 주요 원동력이 되는 것이다. 그렇다면 소프트 파워의 근간은 무엇인가? 바로 창의력(creativity)이다. 과거에는 휴대전화가 새로 출시될 때마다 외양이 각기 달랐는데, 현재 애플, 삼성, 노키아 등 여러 회사에서 출시되고 있는 스마트폰의 외양은 거의 비슷한 것을 볼 수 있다. 이는 하드웨어적으로 더 이상 개발할 수 있는 여지가 없으며, 기종별 콘텐츠(contents)로 차별화를 도모한다는 것을 의미한다. 2007년 애플의 앱스토어(App Store)가 처음 나왔을 당시 등록된 앱(app)은 11개에 불과했으나 지금은 20만 개가 넘게 올라와 있으며, 2011년 1월 기준 다운로드 횟수는 100억 회를 돌파했다고 한다. 소프트파워를 대표하는 앱은 곧 아이폰 가치의 핵심으로, 아이폰이 스마트폰 세계시장의 넘버원으로 입지를 굳히는 원동력이 되고 있는 것이다.

이처럼 창의력을 토대로 한 소프트파워가 크게 영향을 미치는 것은 거의 대부분의 비즈니스에서 동일하게 발생하는 현상이다. 예를 들어, 자동차 분야에서는 요즘 유행하고 있는 전기자동차의 경우 아랫부분에 배터리가 있기 때문에 상단에는 특별히 필요한 장치가 없다. 그렇기에 전기자동차의 사용이 본격화되면 사진에서 확인할 수 있듯이 스케이트보드 구조의 자동차가 등장하여 본체 1개에 컨버터블, SUV 등 다양한 종류의 커버를 장착할 수 있게 될 것이다. 다시 말해, 자동차 산업은 기능보다 '디자인'이 더 중시되는 비즈니스로 가고 있다. 머지않은 미래에 레고로 만든 자동차 커버를 씌우고 다닐 날 또한 도래할 것

스케이트 보드형 전기자동차 구조

자동차 비즈니스는 곧 디자인 비즈니스

이다. 그리고 이와 같이 창의적 소프트 파워가 변화와 혁신의 해법이 되는 오늘날을 이른바 스마트 시대라고 부를 수 있을 것이다.

아날로그에서 디지털로, 디지털에서 스마트로 패러다임이 전환하면서 시대가 필요로 하는 인재상도 함께 변하고 있다. 오늘날 스마트 시대는 과거의 발명가(inventor), 개발자(developer)와 혁신가(innovator)를 넘어 '창조자(Creator)'를 필요로 한다. 인류 문명사에 큰 획을 그은 에디슨과 같이 축음기를 발명한 발명가(inventor)가 있었고, 이를 발전시켜 턴테이블을 개발한 개발자(developer)가 있었으며, 여기에 새로운 공학기술을 적용하여 CD 플레이어를 만든 혁신가(innovator)가 출현했다. 그러나 현재는 혁신가에 머무르지 않고, 아이팟(iPod)과 같이 누구도 흉내낼 수 없는 독창적 제품을 만들어 내는 창조자(creator)가 각광받고 부가가치를 창출하는 시대이다. 창의력이 경제적 이익과 직

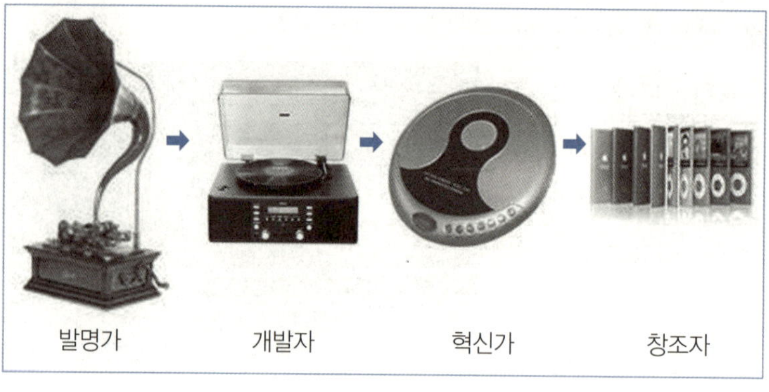

결된다는 것은 아이팟, 아이폰 신제품이 출시되는 시기에 애플의 주가가 폭등한 현상에서도 쉽게 확인할 수 있다. 애플은 이미 지난해 5월 세계 최대 소프트웨어 회사인 마이크로소프트(MS)사의 시가 총액을 넘어섰고, 현재는 마이크로소프트와 인텔을 합한 총액도 능가하는 것으로 발표된 바 있다.

이와 같은 변화는 지난 26년간 휴대전화가 진화한 과정을 통해서도 쉽게 확인할 수 있다. 1980년대 벽돌 크기만한 휴대전화가 출현한 이후, 기술 집약을 통해 크기는 작고 기능은 업그레이드된 새로운 기종이 속속 나오기 시작했다. 그러다 2009년 발매된 아이폰을 필두로 스마트폰 시대가 본격화되면서 전 세계 휴대폰 시장은 순식간에 재편되었고, 2011년 10월에는 국내도 스마트폰 사용자 2천만 시대에 돌입했다. 이 같은 흐름은 소비자들이 휴대폰을 구매하고 사용하는 목적을 변화시켰을 뿐 아니라 우리 사회의 소통방식에 있어 가히 혁명적 변화를 이끌어 냈다. 우리는 여기서 혁신적 기술이 상품으로, 사회적 변화로, 문화발전으로 이어지는 일련의 흐름 속에 '창의력'이 핵심 키워드로 자리한다는 사실을 확인할 수 있다.

휴대전화의 진화

2. 집단 지성을 통한 창의력의 발현

그렇다면 창의력을 보다 빠른 경로(fast track)로 이끌어 낼 수 있는 방법은 무엇일까? 애플의 CEO였던 스티브 잡스(Steve Jobs)는 신제품 발표장에서 다음과 같이 말했다. "애플은 언제나 기술과 인문학의 교차점에서 있어 왔다(Apple has been always existed between technology and liberal arts)." 이는 애플이 타 회사와는 다른 방식의 관리혁신 DNA를 가지고 있음을 보여 주는 단적인 예로, 애플은 좌뇌를 활용한 이성적 · 논리적 업무를 강조하기보다 우뇌가 관장하는 창의적 · 예술적 감각이 더 중요하다고 보는 분위기가 잘 갖추어져 있다. 즉, 개인이 인문학적 소양을 키워 창의력을 키우고 이를 통해 더욱 혁신적인 창의력이 발현될 수 있는 분위기를 조직 내에 형성한 것이다.

우리는 주변에서 창의력이 적용된 예를 쉽게 찾아볼 수 있다. 흔히 사용하는 주름빨대를 비롯하여 두 사람이 가까이 마주 앉아 함께 음료를 마실 수 있는 커플 빨대, 겉모양이 바나나를 연상시켜 내용물을 쉽게 짐작하게 해 주는 우유팩, 휴지 심을 각지게 만들어 자연스럽게 물자절약을 유도하는 두루마리 휴지 등이 그것이다. 이 같은 경우는 해당 제품을 사용하던 개개인이 새로운 아이디어를 적용하여 상품화한 것으로, 개별적 창의력(individual creativity)이 드러난 것이라 볼 수 있다.

개별적 창의력이 계속해서 더해질 경우, 개인이 보유한 아이디어와는 비교도 되지 않을 정도로 강력한 창의력이 발휘될 것임은 자명한 사실이다. 이를 집단 지성(collective intelligence) 또는 집단적 창의력(collective creativity)이라 할 수 있는데, 이러한 힘이 인류가 풀 수 없

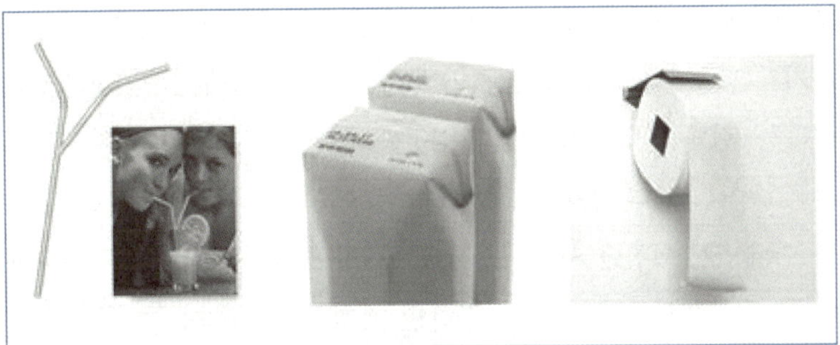
개별적 창의력이 나타난 사례

었던 난제를 해결하는 방법을 제공해 줄 것으로 보는 사람이 많다.

과학기술 분야에는 학자들이 아직까지 밝히지 못한 두 가지 대표적 난제가 있다. 하나는 우주 생성의 비밀로, 빅뱅(big bang)이 일어난 뒤 100만 분의 1초 동안 무슨 일이 일어났는가에 관한 것이다. 다른 하나는 인간의 두뇌가 어떻게 작동하는지에 관한 것이다. 태초에 우주가 형성된 100만 분의 1초 이후부터 현재까지 무슨 일이 있었는지에 대해서는 과학자들이 오랜 연구 끝에 밝혀낸 바 있지만, 우주가 형성되는 동안인 빅뱅 이후 100만 분의 1초 사이에 무슨 일이 발생했는지에 대해서는 알려진 바가 없다. 이를 알아내기 위해 과학자들은 유럽 핵입자물리연구소(European Organization for Nuclear Research: CERN)의 입자가속기를 활용하여 양성자를 빛의 속도로 돌리고, 또 다른 반대 방향으로 돌려 충돌시킴으로써 우주의 초기 에너지 상태를 만들고 있다. 스위스의

CERN의 입자가속기 검출기

제네바 국경 근처에 있는, 무게만 6천 톤에 이르는 최대 규모 입자가속기와 검출기는 인간이 만든 기계 중 가장 복잡한 구조로 평가받고 있다. 그런데 그 입자가속기는 어떤 한 사람이 만든 것이 아니라 세계 각국 수천 명의 과학자, 수많은 최첨단 엔지니어(extreme engineers)가 모여 만든 최첨단 과학기술의 총체이자 집단적 창의력의 성과물이다. CERN에서 핵물리를 연구하던 과학자 중 팀 버너스-리(Tim Berners-Lee)는 현재 MIT 대학의 스타타 센터(Stata Center)에서 세계 각지의 저명한 학자들과 함께 두뇌과학을 연구하고 있다. 즉, 인류의 두 번째 난제를 주제로 하는 심도 있는 연구가 진행되고 있는 것이다. 이런 사실을 종합해 볼 때, 세계 각국에서 진행되고 있는 과학자들의 끊임없는 연구와 시도들은 아무리 어려운 문제도 집단적 창의력을 통해 그 해법을 도출할 수 있을 것이라는 기대에서 비롯되는 것이 아닐까?

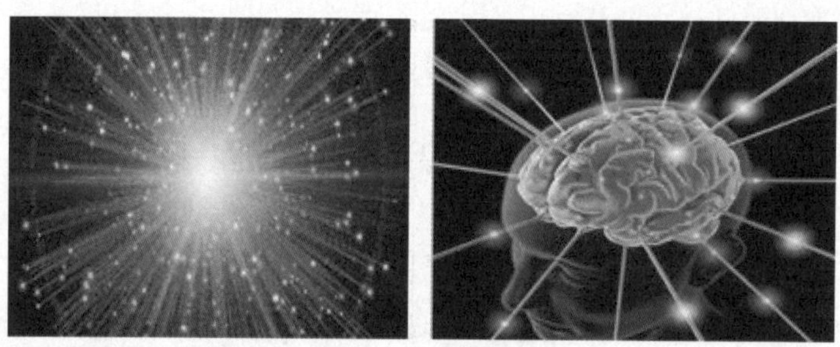

아직 인류가 풀지 못한 두 가지 난제

3. 집단 지성을 촉진하는 지식 플랫폼의 등장

집단 지성의 형성을 촉진하는 도구와 장치도 점점 더 다양해지고 있다. 인터넷에 슈퍼 하이웨이(super highway)가 생기면서 유선망뿐 아니라 무선으로 활용 가능한 장치들이 생겨나게 되었고, 이러한 장치를 활용하여 정보를 생성 · 유통하는 개개인은 자신도 모르는 사이에 지적화(知的化, collective intelligence)의 과정을 거친다. 최근에는 블로그, 페이스북, 트위터, 위키, 미투데이와 같은 소셜 네트워킹(social networking)을 통해 작은 정보도 엄청나게 빠른 속도로 전파되고 있다. 그중 일부는 창의적 지식과 정보로 전환되기도 하는데, 소셜라이징(socializing)이라는 초기 목적에서 나아가 지식 플랫폼(knowledge platform) 구축의 핵심 수단으로 기능하는 모습을 볼 수 있다.

필자는 사용자들이 직접 참여해 자신의 의견과 경험 및 각종 정보를 나누는 소셜 네트워킹이 오늘날 집단적 창의력을 발휘하는 데 중추적인 역할을 담당한다고 본다. 짐짓 무질서하게 보이는 개인 또는 커뮤니티의 생각은 소셜 네트워킹을 통해 특정 지점부터 일정한 방향으로 진행되며, 그러다가 순식간에 방향을 바꾸기도 한다. 하나의 뉴스가 순식간에 정보, 지식을 거쳐 집단 지성으로 발전되는 경우는 어렵지 않게 생길 수 있다. 메트칼프의 법칙(Metcalfe's Law)에 의하면

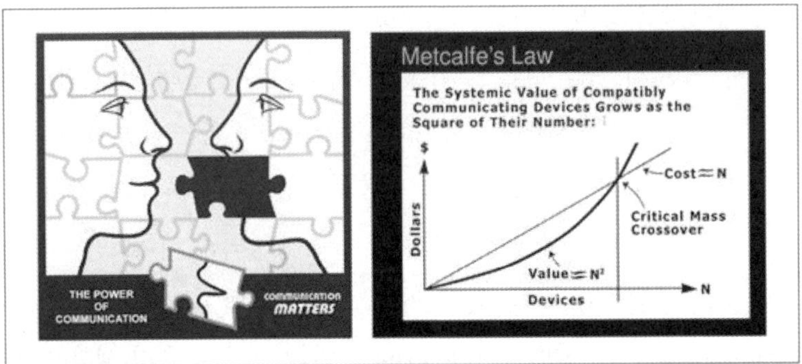

네트워킹의 효과

스마트 장치에서 창출되는 가치는 소위 참여자 수의 제곱에 비례해 증가하는 반면, 가격은 그에 비례하여 직선적으로 증가한다. 설사 지금이 그 교차하는 지점에 불과하다고 해도, 조만간 스마트폰과 같은 장치 자체의 가격보다는 그것을 통해 얻을 수 있는 가치가 훨씬 더 커질 시대가 올 것이다.

다양한 스마트 기기의 출현과 더불어 웹(web)도 점점 더 스마트해지고 있다. 가령 인터넷에 'cook'이라는 검색어를 입력하면 10만 건이 넘는 결과가 나온다. 원래 찾고자 했던 정보는 'Wendy Cook'이라는 사람에 관한 것임에도 불구하고, 검색 결과 도출된 수많은 정보 중에는 요리사를 지칭하는 'cook'에 관한 정보도, 'Thomas Cook'이라는 사람에 관한 정보도 있다. 너무나 많은 아이디어와 검증되지 않은 정보가 혼재되어 있어 단순한 검색을 통해 한 번에 원하는 정보를 찾기는 어렵다. 이는 현재 사용 중인 2세대 웹(Web 2.0) 시스템에서 나타나는 현상으로, 임대주택 목록 사이트와 구글(Google)의 지도 검색 기능을 연결하여 임대주택의 위치를 자동적으로 알려 주는 수준에 불과하다. 그에 비해 현재 개발 중인 3세대 웹(Web 3.0)은 훨씬 고도화된 시스템으로, "나는 11세의 자녀 한 명이 있는 주부인데 3천 달러의 예산 범위 내에서 따뜻한 곳에서 여름휴가를 보내려 한다."는 긴 문장을 입력하면 완벽한 여행상품 패키지만 골라 제시해 준다. 사용자가 오랜 시간 항공편, 호텔, 렌트카, 관광지 등을 일일이 검색해 가며 비교할 필요가 없어지는 것이다. 검색하고자 하는 핵심 아이디어와 관심 분야를 의미적으로 분류하여 연계하는 것이 가능해질 것이다.

연간 5 엑사바이트(exabytes)의 정보가 생성되는 시대, 인공지능 인터넷을 가능하게 하는 월드 와이드 데이터베이스(World Wide Database: WWD), 시맨틱 웹(Semantic Web) 기술이 우리 생활에 파고들 날도 얼마 남지 않았다고 본다. 인공지능 인터넷 개발을 위해 실리콘밸리의 일부 과학자는 기존 웹사이트에 새로운 구조를 보강하기도 하고, 의미 추출을 위한 새로운 컴퓨터 언어장치 개발을 시도하기도 한다. 검색을 통해 획득할 수 있는 엄청난 정보를 많은 사람이 모여 조합해서 결국 더 큰 그림을 만들어 내는 기술적 진보를 실현하려는 것이다. 집단 지성을 창출하기 위한 하드웨어와 소프트웨어, 즉 스마트한 장치(device)에 지능을 갖고 있는 스마트한 웹이 깔리기 시작하면 이전에는 볼 수 없었던 전혀 새롭고 창의적인 지식 플랫폼이 구축될 것이다.

4. 새로운 기술-개념적 도구로 인한 진보

과학기술의 진보를 이끄는 두 가지 도구가 있다. 하나는 과학적 현상을 개념화하는 '새로운 개념적 도구(new conceptual tool)'이며, 다른 하나는 자연현상에서 습득하거나 현상을 관찰할 수 있는 '새로운 기술적 도구(new technological tool)'이다. 새로운 개념적 도구 중 대표적인 것이 바로 '수학'이다. 예를 들어, 뉴턴(Newton)은 고전역학을 설명하기 위해 속도를 시간에 따른 거리의 변화량으로 보는 미분이라는 개념을 처음 생각하여 이를 수학적인 도구로 개념화하였다. 또한 가우스(Gauss), 맥스웰(Maxwell)과 같은 수학자들의 기여가 있었기 때문에 1900년대까지 전자기학의 발전이 이어질 수 있었다. 한편 네덜란드의 미생물학자 레벤후크(Leeuwenhoek)가 처음 발명한 현미경은 지식 획득을 위한 새로운 기술적 도구로서 생물학 등 다양한 분야의 발전을 이끌어 왔다. 그뿐 아니라 갈릴레이(Galilei)의 망원경이 있었기에 케플러의 법칙, 뉴턴의 만유인력 법칙도 나올 수 있었다.

그러나 이제는 기술적 도구와 개념적 도구가 합쳐진 '새로운 기

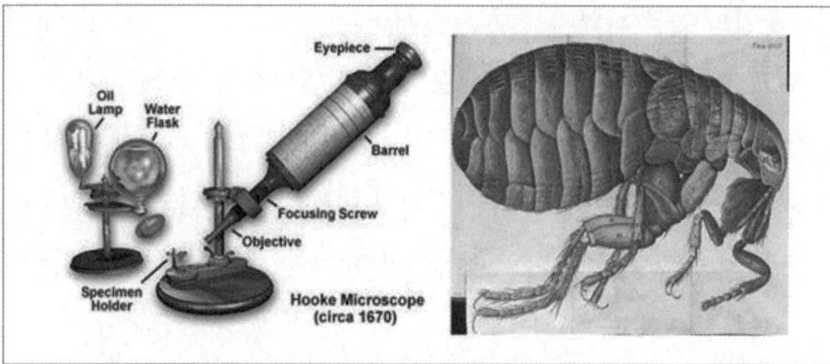

레벤후크의 현미경과 그를 활용하여 관찰한 벼룩 스케치

술-개념적 도구(new techno-conceptual tool)'가 출현하면서 과학기술뿐 아니라 사회 진보를 이끄는 시기가 되었다. 계산용 소프트웨어인 매스매티카(Mathematica)가 그 대표적인 예이다. 영국의 물리학 박사인 울프람(Wolfram)은 수학이 워낙 발달해서 풀기가 힘들기 때문에 그에 필요한 도구를 만들어야겠다고 생각했고, 그 결과 매스매티카를 만들었다. 매스매티카의 등장으로 거의 모든 수학문제를 풀 수 있게 되었고, 최근에는 소셜 네트워킹까지 결합되면서 앞으로 어떠한 일까지 가능해질 것인지에 관한 논의가 진전되고 있다. 컴퓨터도 예전의 컴퓨터가 아니다. 모니터 대신 빔(beam)을 통해 벽면을 사용할 수 있고, 키보드는 내장되어 플렉서블 디스플레이(flexible display)나 홀로그램(hologram)으로 사용 가능한 미래형 컴퓨터도 머지않아 상용될 것이다. 슈퍼컴퓨터 또한 일상생활로의 진출을 앞두고 있어 조만간 스마트한 슈퍼컴퓨터 형태의 새로운 지식획득 장치가 나타날 것으로 보인다.

5. 스마트 시대의 교육 패러다임 변화

이같이 수많은 스마트 기기와 새로운 기술-개념적 도구가 등장하는 가운데, 교육은 어떤 방향으로 나아가야 하는지 고민하지 않을 수 없다. 사실 최첨단 엔지니어를 양성하는 사회적 시스템은 비교적 잘 확립되어 있다. 전 세계적으로 과학영재학교의 수가 증가하는 현상이 이를 뒷받침해 준다. 이제는 1%의 영재를 양성하는 것보다는 99%의 일반 학생을 어떻게 시대 조류에 맞게 키울 것인가에 대한 고민이 더 필요한 시점이라고 본다.

'호모 모빌리쿠스(homo mobilicus)'라는 표현처럼 41억 명의 사람들이 휴대전화와 같은 스마트 기기를 휴대하면서 모바일 인터넷을 하는 시대이다. 구글은 이미 '도서검색 프로젝트(Google Books Library Project)를 통해 전 세계에 있는 모든 도서관의 정보를 디지털화하는 작업을 진행 중이다. 전 세계의 모든 책이 내 손 안에 들어오는 시대에 학교에서는 무엇을 가르칠 것인가?

하먼(Willis W. Harman) 박사는 팬 시나리오 기법(Fan Scenario Approach)을 통해 미래 대학의 모습을 다음과 같이 예측한다. ① 현재의 대학들은 향후 5년간 서서히 사이버대학(satellite university)으로 전환되며, ② 2015년부터 5년 동안에는 교과서를 사용하지 않는 학습이 이루어지는 대학(bookless university)으로 변화하고, ③ 2020~2024년에는 학생들이 자기주도적으로 시간계획과 학습계획을 수립하여 공부하는, 학사 일정이 없는 대학(no calendar university)으로 변화하며, ④ 2025년 이후에는 전 세계 어디에서든 지리적, 경제적 여건과 관계없이 수강할 수 있는 지구촌의 모든 인류에게 개방되는 대학(all have access university)으로 발전할 것이다.

이와 함께 웹사이트 'Education Futures'에서는 1657년부터 2045년까지 시간의 흐름에 따라 교육이 어떻게 변화해 왔으며, 앞으로는 어떤 모습으로 변모할지를 보여 준다. 이에 따르면 2012년에는 시맨틱 웹, 즉 웹 3.0이 교육현장에 도입되어 교육현장에서 실시간으로 정확한 정보 획득이 가능해지고, 2015년 미국에서는 '아동낙오방지(No Child Left Behind: NCLB)' 법안을 폐지하는 대신 새로운 소프트웨어를 사용하여 창의적 사고를 가르치는 새로운 '교육의 맨해튼 프로젝트'가 시작될 것이다. 2017년에는 학교에서 스마트 기기를 활용하여 문제를 창의적으로 해결하는 교육과정이 도입되고, 2020년에는 의료기관에서 정보지식을 24시간 공급하는 칩을 몸에 장착하는 서비스가 시작될 것이다.

또한 2023년에는 뉴욕 주 내 88%의 학교가 폐교되고, 대부분의 학생은 새로운 형태의 교육을 받기 위해 비공인 학교에 재학하게 되며, 2025년에는 기술의 지능이 드디어 인간의 지능을 능가하게 될 것이

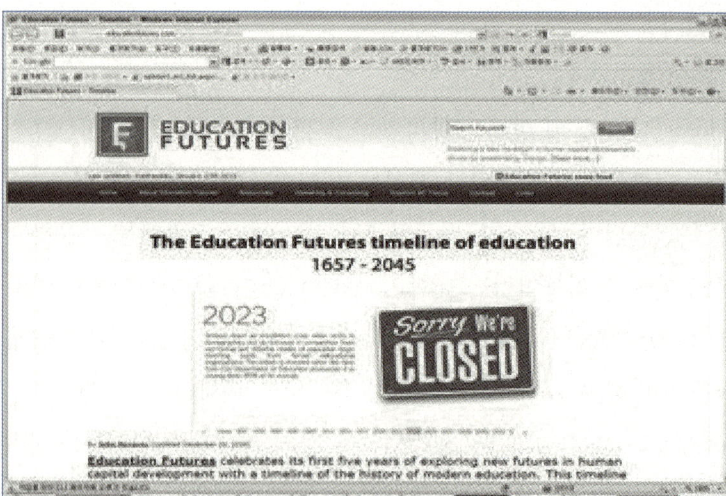

Education Futures 웹사이트

다. 2027년에는 인지능력을 강화시키는 키트를 파는데, 대부분의 학생들은 유전자 조작으로 2010년보다 IQ 평균이 40 정도 높아지게 될 것이다. 2028년에는 중국이 유전자 변형 출산을 하지 않을 경우 벌금을 부과하는 법이 제정될 것이며, 2033년에는 러다이트 운동과 같이 몇몇 보수 대학이 스마트 기기 등의 대학 내 사용을 금지하지만 그 학교 졸업생들은 기술지능 결여로 저임금 직종밖에는 취업이 불가하게 될 것이다. 2035년에는 로봇의 황금기(golden age)가 도래하여 비인간 주체들이 새로운 사회 · 문화를 만들어 내고, 2037년에는 정규교육이 소멸되며, 2045년에는 어떠한 특이성(singularity)에 도달하여 모든 것이 더 이상 예측 불가능한 상황이 될 것이다.

물론 현실적인 시기는 예측된 시기와 차이가 있겠지만, 이 같은 예상은 틀림없이 현실의 모습으로 나타날 것이다. 그렇다면 이처럼 숨가쁜 변화의 한가운데서 우리는 학생들에게 무엇을 가르쳐야 할 것인가? 어떠한 지식을 가르쳐야 하며, 창의적 지식을 창출할 수 있는 어떤 방법을 가르쳐야 하는가? 이미 우리는 지구 반대편에 사는 사람과 실시간으로 화상통화를 하며 교류할 수 있는 기술(tele-presence)을 활용하고 있다. 이미 인터넷과 스마트폰을 통해 세계 석학의 강의를 듣고 있다. 이 같은 변화는 앞으로 더욱 가속화될 것이며, 그 변화 정도는 예측 불가능할 정도로 확대될 것이다.

미래 학자들은 대부분 10, 20년 후를 예측하는데, 그 같은 예측이 들어맞을 확률은 거의 없다. 사실 언제나 현실은 예측을 앞질러 왔으며, 앞으로 펼쳐질 미래 또한 우리가 예상하는 것보다 훨씬 더 많이, 더 큰 폭으로 변화할 것이다. 그렇기에 미래를 짊어질 학생들에 대한 진지한 교육적 고민이 필요하다. 학생 개개인이 보유한 잠재력을 읽고 가능성을 발견해 주는 한편, 성장기부터 집단 지성을 통해 무한한 창의력을 발현할 수 있는 환경을 제공해 주며, 스마트 시대의 지식 플랫폼을 자유자재로 사용하며 새로운 지식을 창출하는 이른바 창조자로 성장해 나갈 수 있도록 심도 있는 교육공학적 고민과 연구가 이루어져야 할 것이다.

4

융합형 인재가 희망이다

– 지식융합, 기술융합, 산업융합의 물결이 몰려온다

4

융합형 인재가 희망이다

-지식융합, 기술융합, 산업융합의 물결이 몰려온다

이인식

학문과 기술 분야 전반에 걸쳐 융합(convergence) 바람이 거세게 불고 있다. 서로 다른 학문과 기술 영역 사이의 경계를 넘나들며 새로운 연구 주제에 도전하는 융합 학문과 융합 기술은 첨단 지식 창조의 원동력이 되고 있다.

21세기 들어 학문과 기술의 융합 현상이 시대적 흐름으로 자리 잡게 된 까닭은 상상력과 창조성을 극대화할 수 있는 지름길로 여겨지기 때문이다.

1. 창조적 융합의 시대

학문과 기술의 융합은 대학사회와 연구소의 울타리를 벗어나 산업계 등 사회 전반의 관심사로 확산되는 추세이다. 이러한 분위기를 결정적으로 촉발시킨 것은 2001년 12월 미국 과학재단(NSF)과 상무부가 융합기술(convergent technology)에 관해 공동으로 작성한 정책문서이다. 이 문서는 나노기술(NT), 생명공학기술(BT), 정보기술(IT), 인지과학(cognitive science) 등 4대 분야(NBIC)가 상호 의존적으로 결합되는 것을 융합기술이라 정의하고([그림 4-1] 참조), 기술융합으로 르네상스 정신에 다시 불을 붙일 때가 되었다고 천명하였다.

르네상스의 가장 두드러진 특징은 학문이 전문 분야별로 쪼개지지 않고 가령 예술이건 기술이건 상당 부분 동일한 지적 원리에 기반을 두었다는 점이다. 이 정책문서의 표현을 빌리면 르네상스 시대에는 여러 분야를 공부한 창의적인 개인이 '오늘은 화가, 내일은 기술자,

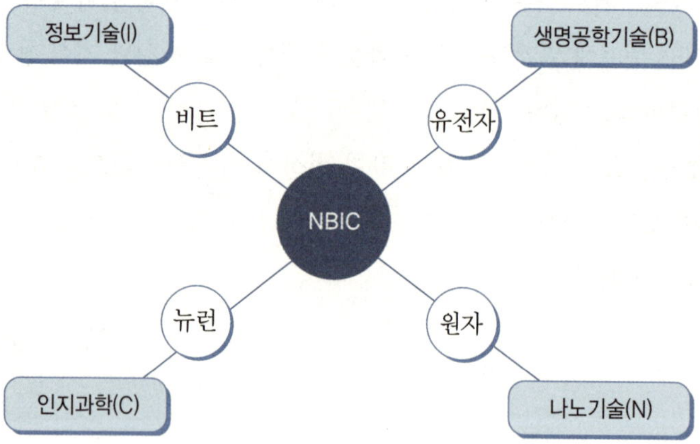

[그림 4-1] NBIC 기술융합

모레는 작가'가 될 수 있었다. 이 문서는 기술융합이 완벽하게 구현되는 2020년 전후로 인류가 새로운 르네상스를 맞게 되어 누구나 능력을 발휘하는 사회가 도래할 가능성이 높다고 장밋빛 전망을 피력했다.

한편 2006년부터 인문학의 위기가 한국사회의 쟁점이 되면서 인문학과 자연과학의 학제 간 연구가 인문학 위기 타개책의 하나로 거론되었다. 그 즈음 〈조선일보〉의 '아침논단' 필진이었던 나는 '과학으로 무장한 인문주의자를 기다리며'라는 제목의 칼럼(2006. 10. 2)에서 "과학기술을 인문학적 상상력 속에 녹여 현실 적합성이 높은 연구활동을 전개하는 인문주의자들이 나타나서 인문학 위기 타개에 일조하게 될 것임에 틀림없다."라고 주장한 바 있다. 같은 해 10월 서울대 개교 60주년 기념 학술대회에서 발표된 논문인 「미래의 학문, 대학의 미래」는 대학의 미래가 융합 학문에 달려 있다고 강조했다.

2008년부터 이명박 정부가 추진 중인 '세계 수준의 연구중심 대학(World Class University)' 육성 프로젝트는 해외 저명 학자들을 초빙하여 국가의 성장 동력이 될 수 있는 융합 학문과 융합 기술의 육성에 막대한 예산을 투입하고 있다. 2009년 3월에는 서울대에 융합과학기술 대학원이 문을 열고, 융합기술 중심 대학인 울산과학기술대가 설립되었다. 카이스트는 2010년 인문사회과학부와 영재기업인 교육원에 각각 '지식융합' 과목을 신설하였다. 2010년 11월 국가교육과학기술자문회의는 대통령에게 '세계중심 국가를 향한 인재 육성방안'을 보고하면서 창의적 인재를 길러내기 위해서는 고등학교에서 문과와 이과의 장벽을 제거하는 '융합 교육'이 강화되어야 한다고 건의했다. 바야흐로 교육현장에서 본격적인 지식 대융합 시대의 막이 오르게 된 것이다.

또한 정부에서는 2008년 11월 '국가융합기술 발전 기본계획

(2009~2013)'을 수립하고 이 5개년 계획에 따라 2009년 12월 융합기술 지도를 완성하였다. 지식경제부는 2011년 4월 '산업융합 촉진법'을 제정하고 2012년 '인문기술융합연구원'을 발족시킬 것으로 알려졌다. 이러한 상황에서 인문학과 과학기술이 어떻게 만나고 섞여서 어떠한 연구 분야를 만들어 내고 있는지 파악하여 융합시대의 세 흐름인 지식융합, 기술융합, 산업융합의 본질과 발전 방향을 살펴볼 필요가 있다고 여겨진다.

2. 마음의 연구와 지식융합

물질과 생명의 본질에 관한 비밀은 20세기 중반에 과학의 발전으로 대부분 밝혀졌으나 세 번째 비밀은 확실한 해결의 열쇠가 나타나지 않고 있었다. 그것은 인간의 마음에 관한 수수께끼이다. 인간의 마음이 하는 일은 매우 다양하지만 크게 인지(cognition)와 정서(emotion)로 요약될 수 있다. 사람이 생각하고 느끼는 까닭은 마음의 작용 때문이다. 인지의 개념은 그 다양성 때문에 정의하기가 쉽지 않지만 일반적으로 지식, 사고, 추리, 문제 해결과 같은 지적인 정신과정을 비롯하여 지각, 언어, 기억, 학습까지 인지기능에 포함된다. 요컨대 인간이 자극과 정보를 지각하고, 여러 가지 형식으로 부호화하여, 기억에 저장하고, 뒤에 이용할 때 상기해 내는 정신과정이 인지이다.

인지기능이 다양하기 때문에 마음을 연구하는 과학자들은 두 가지의 중요한 사실을 깨닫게 되었다. 하나는 마음에 관하여 우리가 모르고 있는 것이 너무 많다는 것이며, 다른 하나는 어느 학문도 다른 학문과의 협조 없이 독자적으로 연구를 해서는 결코 마음의 작용에 관한 수수께끼를 성공적으로 풀어낼 수 없다는 것이었다.

이러한 상황에서 1950년대에 미국을 중심으로 형성된 학문이 인지과학이다. 인지과학은 심리학, 철학, 언어학, 인류학, 신경과학, 인공지능 등 여섯 개 학문으로 구성되어 있다. 인지과학은 그 역사가 매우 짧은 과학인 동시에 여섯 개의 학문에 깊은 뿌리를 두고 있으므로 어느 의미에서는 가장 긴 역사를 가진 과학의 하나라고 할 수 있다.

인지과학의 기본 전제는 기호체계(symbol system) 가설이다. 기호체계 가설은 다음과 같이 요약된다.

① 인간의 마음은 정보 처리(information processing) 시스템이다.
② 정보 처리는 계산(computation), 곧 기호를 조작하는 과정이다. 계산은 특정 정보를 처리하거나 다른 정보로 전환시키는 과정을 의미한다.
③ 컴퓨터의 프로그램은 기호를 조작하는 체계이다.
④ 따라서 인간의 마음은 컴퓨터의 프로그램으로 모형화할 수 있다.

요컨대 기호체계 가설은 컴퓨터의 하드웨어는 사람의 뇌, 소프트웨어는 사람의 마음에 해당되는 것으로 간주한다.

인지과학은 정신현상이 마음의 표상인 기호에 의해 설명될 수 있을 것으로 전제하기 때문에 마음이 기호체계를 구성할 수 있으며, 사고, 지각, 기억과 같은 다양한 인지과정에서 기호를 조작할 수 있다고 보는 것이다. 따라서 마음이 기호를 조작하는 과정을 계산이라 한다. 계산은 인지과학에서 가장 중요한 개념이다. 정신과정을 계산으로 간주하고 마음의 작용을 설명해 주는 계산이론(computation theory)을 밝혀내는 것이 인지과학의 지상 목표이다. 요컨대 인지과학은 마음을 기호체계로 보고 마음이 컴퓨터처럼 표상(기호)과 계산(기호 조작)에 의하여 설명될 수 있을 것으로 기대한다.

물론 일부에서는 인지과학이 마음을 설명하는 계산이론을 제대로 내놓지 못함에 따라 비판적인 견해가 끊임없이 제기되고 있다. 비판론자들은 심지어 인지과학이란 존재하지 않는 허구의 학문일 뿐만 아니라 고상하고 허황된 지적 유희라고 몰아붙였다.

하지만 인지과학의 방법론과 연구 성과를 활용하는 융합 학문은 갈수록 늘어나고 있다. 거의 모든 인문학에서 인지과학과 융합된 새로운 연구 분야가 나타나고 있다([그림 4-2] 참조). 심리철학, 인지심리학, 인지언어학, 계산언어학, 인지인류학, 인지고고학, 인지종교학, 행동경제학, 인지경제학 등 철학에서 경제학에 이르기까지 인지과학이 여러 학문에 미친 영향은 갈수록 증대되는 추세이다.

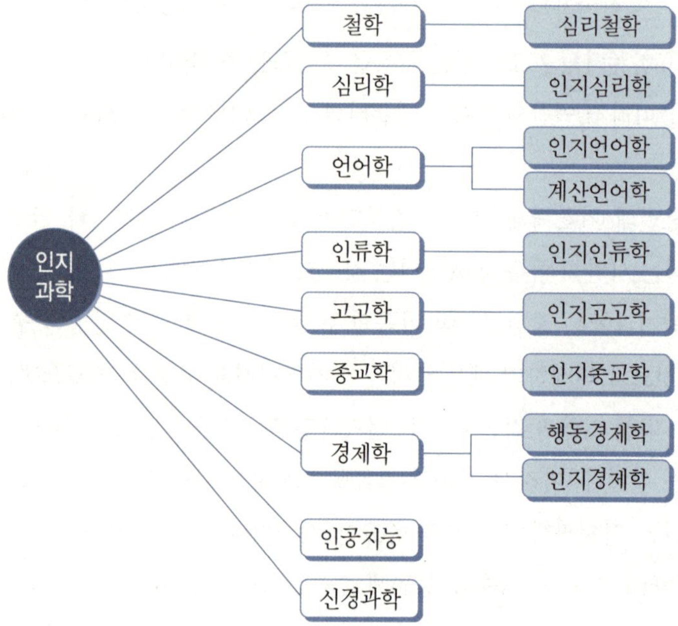

[그림 4-2] 인지과학과 융합학문

3. 뇌과학과 신생 학문

뇌는 신경계의 정점이다. 신경계는 외부 환경의 정보를 탐지한 감각기관으로부터 전달된 정보를 체내에서 소통시키고 처리하는 신체 기관이다. 신경계는 신체의 각 부분으로부터 정보를 모으는 감각체계와 운동을 통제하는 운동체계를 총칭한다. 신경계를 과학적으로 연구하는 분야는 신경과학(neuroscience)이다. 신경과학은 인지신경과학과 정서신경과학으로 나눌 수 있다.

인지신경과학은 마음의 기능 중에서 인지의 생물학적 기초를 탐구하는 분야이다. 이를테면 지각, 언어, 기억, 학습과 같은 인지기능이 뇌의 신경회로에서 발생하는 메커니즘을 밝히는 것이 인지신경과학의 궁극적인 목표이다.

한편 정서신경과학은 마음의 기능 중에서 정서의 생물학적 기초를 연구한다. 정서는 지극히 주관적이고 추상적인 마음의 상태이기 때문에 정의하기가 쉽지 않다. 우리는 일상적으로 어떤 상황을 지각하고, 그에 대한 정서를 갖게 되며, 그 다음에 신체적 변화를 체험하는 것으로 여겨진다. 요컨대 정서는 개인의 감정이 표정, 태도 또는 행동으로 나타는 것이라 할 수 있다. 여기에서 정서에 대한 최소한 두 가지의 의미를 파악할 수 있다. 하나는 사사로운 주관적인 감정으로서의 정서이다. 다른 하나는 독특한 신체적 반응의 표현으로서의 정서이다.

정서는 너무 주관적이고 애매한데다가, 인간만이 갖고 있는 능력인 이성의 반대로 간주되었기 때문에 인지과학과 신경과학 모두 정서를 연구 대상으로 여기지 않았다. 1985년 미국 심리학자인 하워드 가드너(Howard Gardner)가 인지과학의 초창기 역사를 정리해서 펴낸

『마음의 새로운 과학(The Mind's New Science)』의 색인에 '정서(emotion)'라는 단어가 나오지 않는 것이 그 좋은 증거이다. 그러나 1994년 미국 신경과학자인 안토니오 다마지오(Antonio Damasio)가 펴낸 『데카르트의 오류(Descartes' Error)』에 의해 정서는 이성과 반대이며, 이성적 판단이 감정적 판단을 앞선다는 고정관념이 오류인 것으로 밝혀졌다. 다마지오의 연구로 이성과 정서가 함께 긴밀하게 작용하지 않으면 의사 결정을 내릴 수 없는 것으로 결론이 났으며, 정서는 신경과학 연구의 핵심적인 주제로 부각되었다.

한편 신경과학이 풀지 못한 최대 수수께끼의 하나로 의식(consciousness)이 손꼽힌다. 의식은 무엇이며, 의식은 왜 존재하는가를 완벽하게 설명해 낸 이론은 아직까지 없다.

의식은 주관적인 현상이므로 오랫동안 객관성에 의존하는 과학의 연구대상으로 인정받지 못했다. 그러나 신경과학의 발달에 따라 과학자들은 의식이 과학적으로 설명될 수 없다는 고정관념을 거부하고 의식의 수수께끼에 도전했다. 1994년 미국 신경과학회는 의식에 관한 최초의 심포지엄을 갖기에 이르렀다. 신경과학자들은 뇌 안에서 의식과 가장 관련이 많은 신경세포들, 이른바 NCC(neural correlates of consciousness)를 찾아내서 그 기능을 밝혀내면 의식을 이해할 수 있을 것으로 기대하고 있다.

뇌 연구에 의해 마음의 물리적 기초가 밝혀지기 시작함에 따라 여러 분야에서 융합 학문([그림 4-3] 참조)이 태동하였다. 먼저 뇌 연구와 인문학의 융합으로 사회신경과학, 신경경제학, 신경마케팅, 신경신학, 신경윤리학이 출현하였다. 사회신경과학은 인간의 사회적 인지 및 행동의 기초가 되는 생물학적 메커니즘을 탐구하기 위하여, 사회심리학과 신경과학이 융합한 학제 간 연구이다. 신경경제학은 경제학에 신경과학과 심리학을 융합하여 인간의 선택과 의사결정을 연

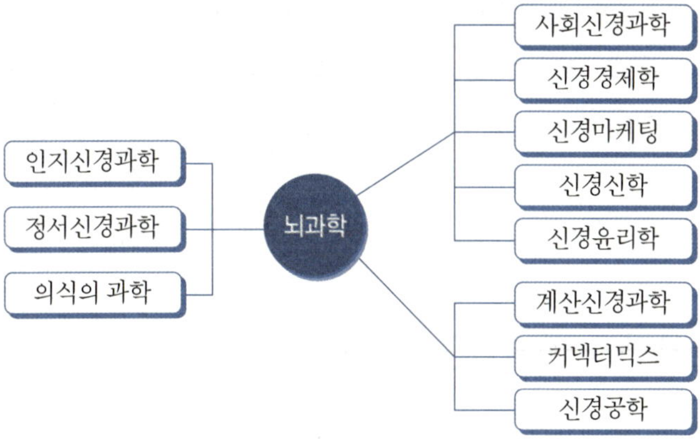

-사회신경과학 social neuroscience
-신경경제학 neuroeconmics
-신경신학 neurotheology
-신경윤리학 neuroethics
-계산신경과학 computational neuroscience
-커넥터믹스 connectomics
-신경신학 neurotheology

[그림 4-3] 뇌 연구와 융합학문

구하는 분야이다. 신경마케팅은 기능성 자기공명영상(fMRI) 장치를 사용하여 소비자의 구매 동기에 영향을 미치는 뇌의 구조와 기능을 연구한다. 신경신학은 인간이 영성을 주관적으로 체험할 때 뇌 안에서 발생하는 현상을 연구하여, 영성과 뇌 사이의 관계를 밝히려는 학문이다. 신경윤리학은 신경과학의 발전에 따라 필연적으로 야기되는 윤리적 문제를 성찰하려는 시도이다.

뇌 연구와 과학기술의 융합으로 새로운 연구 분야가 형성되었다. 대표적인 것은 계산신경과학과 신경공학이다. 계산신경과학은 뇌의 기능을 신경계를 구성하는 물질이 정보를 처리하는 과정, 곧 계산에 의하여 설명하기 위하여 컴퓨터 과학과 신경과학이 융합하여 출현한 학제 간 연구이다. 신경공학은 사람의 뇌를 조작하는 기술이다. 신경공학은 뇌의 질환을 치유하는 것이 주요 목적이지만, 결국에는 뇌의 기능을 향상시키는 쪽으로 활용 범위가 확대될 것임에 틀림없다. 신경공학의 대표적인 기술은 뇌-기계 인터페이스(brain-machine interface)이다. 이는 뇌의 활동 상태에 따라 주파수가 다르게 발생하는 뇌파의 특성을 이용하여 생각만으로 컴퓨터 등 기계를 제어하는 기술이다.

4. 진화론과 지식융합

1859년 찰스 다윈(Charles Darwin)이 펴낸 『종의 기원(On the Origin of Species)』은 진화생물학이라고 불리는 새로운 생명과학 분야를 창시하였다. 미국 진화생물학자인 에른스트 마이어(Ernst Mayr)에 따르면, 다윈의 진화 이론은 다음과 같은 다섯 가지 이론이 하나로 통일된 것으로 볼 수 있다.

① 종의 가변성: 현대의 진화 개념 그 자체인 이 이론은 세계가 항상 일정하거나, 최근에 만들어졌거나, 영원히 순환하는 것이 아니라, 꾸준히 변화하고 있으며, 생물들 역시 시간에 따라 변화한다는 이론이다.

② 공동 후손: 지구상의 모든 종이 하나의 공동 조상에서 기원했으며 동물 · 식물 · 미생물 등 모든 생물이 궁극적으로는 지구상에 단 한 번 나타났던 생명체에서 유래했다는 이론이다.

③ 종의 증가: 생물 다양성에 관한 이 이론은 한 종에서 다른 종으로 진화가 일어나 새로운 종의 수가 증가한다고 설명한다.

④ 단계주의: 진화는 단절 또는 불연속성이 없이 점진적으로 일어난다는 개념이다.

⑤ 자연선택: 다윈의 진화이론, 곧 다윈주의의 핵심 개념으로서 진

화의 메커니즘에 관한 이론이다.

자연선택은 다윈과 같은 시대의 철학자인 허버트 스펜서(Herbert Spencer)가 만들어 낸 용어인 적자생존으로 규정된다. 적자는 냉혹한 생존경쟁에서 살아남아 그들의 유리한 형질을 자신의 집단 속으로 퍼뜨리고 부적자는 도태되는 것이 자연선택이다.

생물이 자신의 집단 안에서 경쟁하는 다른 개체보다 생존 가능성이 높은 자손을 더 많이 생산하기 위해서는 변화하는 환경에 적응(adaptation)하는 능력을 갖지 않으면 안 된다. 생물학에서 적응이란 자연선택이 오랜 세월 지속적으로 작용하여 생물의 기능 중에서 효과적인 부분만을 선택하여 단계적으로 진화시키는 것을 의미한다.

사람의 마음을 이러한 적응의 산물로 간주하는 학문이 진화심리학이다. 진화심리학을 간단히 정의하면 진화생물학과 인지심리학이 융합된 것이다. 따라서 진화심리학은 생물학에서 도출된 다섯 가지 원리를 적용하여 마음의 구조를 연구한다.

① 뇌는 컴퓨터이다. 뇌를 구성하는 신경회로망은 환경에 적절한 행동을 일으키도록 설계되어 있다.
② 뇌의 신경회로망은 석기시대에 수렵채집 생활을 하던 인류의 조상들이 진화의 과정에서 직면했던 문제를 해결하기 위해 자연선택에 의해 설계되었다.
③ 우리가 쉽게 해결한다고 느껴지는 문제들은 대부분 의외로 복잡한 신경회로망을 필요로 한다.
④ 상이한 문제 해결을 위해 제각기 전문화된 상이한 신경회로망이 존재한다.
⑤ 현대인의 두개골 안에는 석기시대 조상들의 마음이 들어 있다.

진화심리학은 모든 인류가 공유한 것으로 간주한 행동 특성들, 이를테면 언어, 폭력성, 기만 행위, 이타주의 등이 자연선택에 의한 적응의 산물임을 밝히기 위해 노력하고 있다.

한편 자연선택 이론은 경제학과 의학에도 영향을 미치고 있다. 진화생물학, 곧 진화이론의 관점에서 경제현상을 분석하려는 시도는 진화경제학이라 이른다. 한편 진화의 관점에서 자연선택이 왜 인체를 좀 더 잘 설계하지 못했으며, 왜 인체를 질병에 취약하게 만들었는지를 연구하여 의학문제를 해결하려고 시도하는 학문이 출현하였다. 진화생물학을 의학에 융합한 것으로 진화의학 또는 다윈의 이름을 따서 다윈의학이라 불린다.

1871년 다윈은 남자의 수염처럼 한쪽 성에만 나타나는 2차 성징은 생식에 필요한 것이 아니므로 자연선택과는 거리가 멀다고 생각하고, 성적 선택(sexual selection)이론을 제안한다. 2차 성징은 생존경쟁보다 성적 선택의 과정에서 진화된 형질이라는 것이다. 성적 선택은 인간의 짝짓기 행위를 분석하는 데 활용되기 시작했다. 성적 선택이론으로 성의식과 성 전략을 분석하는 데 머물지 않고 인간의 마음에서 독특한 여러 능력들, 이를테면 예술, 창의성, 도덕성 등이 우리 조상들의 짝 고르기 과정에서 진화되었다고 주장하는 학자들도 나타나기 시작했다. 인간의 짝짓기와 지능을 융합하여 연구하는 짝짓기 지능(mating intelligence)이라는 분야도 출현하였다.

5. 비선형 세계의 신생 학문

수도꼭지를 처음 열 때 나오는 둥근 모양의 층류는 규칙적이며 예측 가능한 행동을 나타내지만 수도꼭지를 좀 더 열 때 물줄기가 가닥을 이루며 발생하는 난류는 불규칙적이며 예측하기 어려운 행동을 보여 준다.

층류는 작은 입력으로 균등하게 작은 효과를 거둘 수 있는 선형적 행동을 보여 준 반면에 난류는 작은 입력으로 막대한 효과를 유발시킬 수 있는 비선형적 행동을 나타낸 것이다.

1686년 아이작 뉴턴(Isaac Newton)이 발표한 운동의 법칙에서는 기계의 반복 동작이나 포탄의 궤적 같은 다양한 자연현상이 선형 방정식으로 표현된다. 뉴턴의 방정식에서는 작은 변화로 작은 효과를 얻고, 여러 개의 작은 변화를 합쳐서 큰 효과를 거둘 수 있기 때문에 선형이라는 용어를 쓴다. 그러나 대부분의 복잡다단한 자연현상은 비선형적인 행동을 보여 준다. 날씨를 비롯해서 인간의 뇌와 심장, 생물이나 사회의 진화 현상, 세계의 경제는 모두 비선형 방정식으로 표현된다. 비선형 방정식에서는 어떤 변수의 작은 변화가 다른 변수에 비례하지 않고 파괴적인 충격을 가할 수 있다. 따라서 고전물리학에서는 비선형 방정식으로 기술되는 자연현상을 설명하는 데 한계가 있었다.

컴퓨터의 등장으로 비로소 비선형 방정식으로 기술되는 현상을 연구하는 비선형 과학이 탄생하게 되었다. 비선형 과학의 연구 목표는 입력에서 발생하는 작은 변화가 출력에서는 엄청나게 큰 변화를 야기하는 현상이다. '초기조건에 대한 민감한 의존성'이라는 용어로 표현되는 현상이다. 기상학에서는 특별히 '나비효과(butterfly effect)'라고 부른다. 오늘 북경에서 살랑거리는 나비의 날갯짓처럼 작은 변화 때문에 다음 달에 뉴욕에서 폭풍우가 몰아치는 큰 변화가 유발된다는 뜻이다.

나비효과는 다름 아닌 카오스(Chaos)이다. 카오스는 대기의 무질서, 하천의 급류, 인간의 심장에서 나타나는 불규칙적인 리듬, 주식

가격의 난데없는 폭등과 같이 우리 주변에서 불시에 나타난다. 이러한 카오스가 컴퓨터에 의해 학문적으로 발견됨에 따라 카오스 과학이 등장했다. 카오스는 비선형적 특성을 보여 주는 대표적인 현상이다. 그러나 비선형적 행동을 나타내는 자연 및 사회 현상의 광대한 영역에 비추어 볼 때 카오스의 발견은 빙산의 일각에 불과할지 모른다. 비선형계에서는 혼돈 대신 질서를 형성하는 복잡성(complexity)의 세계가 존재하기 때문이다.

복잡성은 단순한 질서와 완전한 혼돈 사이에 있는 상태를 말한다. 인간의 뇌나 생태계 같은 자연현상과 주식시장이나 세계경제 같은 사회현상은 결코 완전히 고정된 침체상태나 완전히 무질서한 혼돈상태에 빠지지 않고 혼돈과 질서가 균형을 이루는 경계면에서 항상 새로운 질서를 형성한다. 이러한 비선형계를 복잡적응계(complex adaptative system)라 일컫는다. 복잡적응계에서 질서가 자연적으로 형성되는 원리를 연구하는 분야는 복잡성 과학이다.

복잡성 과학은 새로운 융합학문을 출현시켰다([그림 4-4] 참조). 복잡성 과학의 선두에는 비선형 동역학이 자리 잡고 있다. 자연과학에서 부딪히는 복잡한 역학계의 대부분은 비선형 시스템이기 때문이다. 사람의 심폐기관, 생체의 면역반응, 생물이나 사회의 진화현상, 세계의 경제는 모두 비선형 방정식으로 기술된다. 복잡성 과학은 비선형 동역학뿐만 아니라 경제 및 사회 현상의 연구에도 막대한 영향을 미친다.

복잡성 이론을 경제에 융합한 복잡계 경제학은 전통 경제학의 대안으로 주목받고 있다. 어떠한 복잡적응계에도 네트워크는 반드시 포함되기 때문에 새로 출현한 네트워크 과학은 사회 및 자연 현상의 분석에 새로운 접근방법을 제공하고 있다. 또한 복잡적응계의 창발(emergence) 개념은 생명의 이해에 새로운 시각을 제공하여 인공생

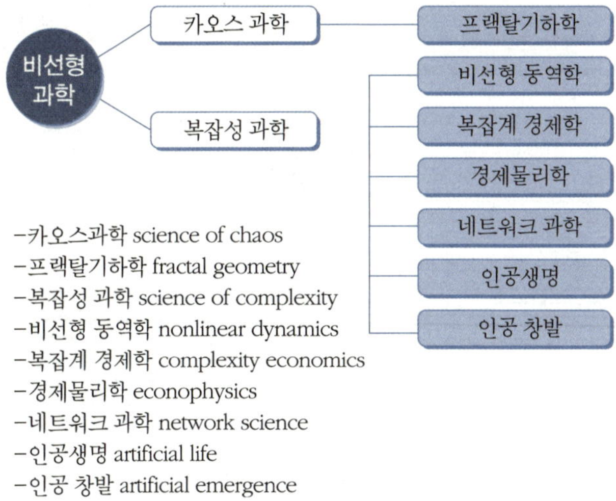

[그림 4-4] 비선형 세계의 융합학문

명(a-life)의 이론적 토대가 되었다. 인공생명은 '생명체의 특성을 나타내는 행동을 보여 주는 인공물의 연구'라고 정의된다. 말하자면 살아 있는 것 같은 행동을 보여 줄 수 있는 인공물의 개발을 겨냥하는 학문이다.

6. 기술융합과 산업융합

기술융합은 전통산업과 첨단산업, 첨단기술과 첨단기술 사이의 울타리를 넘나들면서 신기술과 신제품을 쏟아내고 있다.

기술 융합을 선도하는 분야는 정보기술이다([그림 4–5] 참조). 먼저 정보기술은 자동차, 조선, 건설, 전력 등 전통산업과 융합하여 경쟁력 향상에 일조한다. 이른바 굴뚝 산업에 접목되어 자동차 산업에서는 텔레매틱스, 조선 산업에서는 디지털선박, 건설 분야에서는 스마

[그림 4-5] 기술융합(1)-정보기술

트 빌딩, 전력 분야에서는 스마트 그리드(지능형 전력망) 등 새로운 산업을 창출한다. 또한 정보기술은 발전을 거듭하여 디지털 컨버전스, 방송통신 융합, 유무선 통신융합(FMC), 만물의 인터넷(Internet of Things) 등 다양한 형태로 진화하고 있다.

정보기술과 생명공학기술의 융합도 활발하게 진행되고 있다. 인간 게놈프로젝트를 추진하는 과정에서 출현한 생물정보학을 중심으로 시스템생물학과 합성생물학이 등장한 것이다.

생명공학기술 역시 여러 분야와 융합하여 생물의학, 생물정보학, 시스템생물학, 생체전자공학(bionics), 생체조직공학(tissue engineering), 합성생물학을 출현시켰다([그림 4-6] 참조).

생명공학기술과 나노기술이 융합된 나노바이오 기술은 궁극적으로 나노의학 시대를 열게 될 전망이다. 특히 나노기술은 재료공학이나 로봇공학과도 융합하여 생체모방학(biomimetics)의 가능성을 보여 줄 것임에 틀림없다.

융합기술로 신산업을 창출하거나 전통산업을 고도화하기 위해서

[그림 4-6] 기술융합(2)-생명공학기술

는 필연적으로 산업융합이 요구된다. 산업융합은 기술, 제품, 서비스가 서로 융합하여 새로운 부가가치를 창출하는 방향으로 전개되는 추세이다. 대표적 사례로는 제품끼리 융합된 스마트폰을 들 수 있다.

7. 2020년의 융합기술

2001년 12월 미국 과학재단이 발표한 융합기술(CT) 정책문서는 4대 핵심 기술인 나노기술, 생명공학기술, 정보기술, 인지과학이 상호 의존적으로 결합되어 10~20년 뒤에 인류사회를 바꾸어 놓을 것이라고 전망했다. 그중 몇 가지만 살펴보아도 2020년의 미래사회를 상상해 볼 수 있다.

• 인간의 뇌와 기계 사이를 직접 연결하는 인터페이스(BMI)가 산

업 · 교통 · 군사 · 예술 분야뿐만 아니라 사람들 사이의 상호작용 방식을 완전히 바꾸어 놓을 것이다.

- 옷처럼 몸에 착용하는 센서와 컴퓨터가 일상화되어 모든 사람이 자신의 일상생활, 건강상태, 잠재적 위험, 각종 관련 정보를 기록할 수 있다.
- 사람의 신체는 좀 더 잘 견디고 건강하고 활력이 넘치게 되며, 손상된 부위의 복구가 쉬워지고, 여러 종류의 스트레스, 생물학적 위협, 노화 과정에 대해 더 잘 버티게 된다.
- 주택에서 비행기까지 모든 종류의 기계와 구조물은 바람직한 특성, 예컨대 변화하는 상황에의 적응능력, 높은 에너지 효율성, 환경 친화성 등을 정확하게 보유한 물질로 만들어진다.
- 국가 안보는 정보화된 전투 시스템, 고성능 무인 전투용 차량, 안전한 데이터 네트워크, 생물 · 화학 · 방사능 · 핵 공격에 대한 효과적 방어 수단 등에 의해 크게 강화된다.
- 우주에 대한 위대한 약속이 효율적인 발사체, 로봇에 의한 외계 기지 건설, 달이나 화성 또는 지구 근처 소행성의 자원활동으로 마침내 실현된다.
- 공식적 교육은 나노 규모에서 우주 규모까지 물리적 세계의 구조를 이해하기 위한 포괄적이고 지적인 패러다임에 기반을 둔 커리큘럼으로 바뀐다.

2020년까지 인간 활동의 향상을 위해 특별히 중요한 융합기술 분야로는 다음 네 가지가 언급되었다.

- 제조 · 건설 · 교통 · 의학 · 과학 연구에서 사용되는 완전히 새로운 범주의 물질 · 장치 · 시스템.

→이를 위해서는 나노기술이 무엇보다 중요하며, 정보기술 역시 그 역할이 막중하다. 미래의 산업은 생물학적 과정을 활용하여 신소재를 생산한다. 따라서 재료과학 연구가 핵심이 된다.

- 나노 규모에서 동작하는 부품과 공정의 시스템을 가진 물질 중에서 가장 복잡한 것으로 알려진 생물 세포.
  →나노기술 · 생명공학기술 · 정보기술의 융합 연구가 중요하다. 정보기술 중에서 가상현실(VR) 기법은 세포 연구에 큰 도움이 된다.
- 유비쿼터스 및 글로벌 네트워크로 다양한 요소를 통합하는 컴퓨터 및 통신 시스템의 기본 원리.
  →나노기술이 컴퓨터 하드웨어의 신속한 향상을 위해 필요하다. 인지과학은 인간에게 가장 효과적으로 정보를 제시하는 방법을 제공한다.
- 사람 뇌의 구조와 기능
  →생명공학기술 · 나노기술 · 정보기술이 뇌 연구에 새로운 기법을 제공한다.

이 정책문서는 4대 핵심 기술의 상호관계를 다음과 같이 표현했다. "만일 인지과학자가 (무엇인가를) 생각한다면, 나노기술자가 조립하고, 생명공학기술자가 완성하며, 정보기술자가 조정 및 관리한다." 이 보고서는 2020년까지 융합기술이 생산성과 독립성을 향상시키면 "인류 전체가 하나의 분산되고 상호 연결된 뇌처럼 될 것"이라고 전망하고, 융합기술이 인류사회에 새로운 르네상스 시대를 열어 줄 것을 희망했다.

그렇다. 융합은 21세기 인류사회 발전을 이끌어 갈 새로운 패러다임으로 자리 매김하고 있다. 지식융합은 교육현장에서, 기술융합은 실험실에서, 산업융합은 기업에서 각각 새로운 아이디어, 콘텐츠, 제품, 서비스를 쏟아내기 시작했다. 이러한 융합의 물결을 지배할 사람은 물론 '깊이 생각하고 널리 대화하는' 융합형 인재일 것임에 틀림없다.

참고문헌

이인식(2008). 지식의 대융합. 고즈윈.

이인식 기획(2010). 기술의 대융합. 고즈윈.

Mihail Roco & William Sims Bainbridge (2003). *Converging Technologies for Improving Human Performance: Nanotechnology, Biotechnology, Information*. Technology and Cognitive Science, Kluwer Academic Publishers.

5

창의성 개념의 21세기적 재구성

5 창의성 개념의 21세기적 재구성

이정모

창의성에 대한 인류의 관심은 여러 분야에서 계속되어 왔다. 현재 상황을 넘어서 새로운 생각을 창출하여 더 좋은 가능성을 찾아보려는 인간의 끊임없는 노력은 일상생활, 과학을 비롯한 학문, 예술의 현장, 혹은 테크놀로지의 개발에서나 끊임없이 시도되어 왔다. 최근에는 국가 미래 발전의 목표와 맞물려서, 그리고 국가의 미래를 이끌어 갈 학생들의 교육에서 그것이 중요한 주제로 다루어져 왔고 학생들의 창의성을 육성하는 여러 가지 교육적 방안이 제안되어 왔다.

이 장에서는 이러한 창의성 개념을 다시 한 번 살펴보면서 창의성이란 과연 무엇인가, 지금까지의 창의성의 개념화는 과연 타당한가 등을 재조명하고자 한다. 조명의 초점은 그동안의 창의성 개념화, 연구, 교육이 21세기 현재 진행되고 있는 인지과학적 이론 틀의 재구성의 흐름과는 상당히 거리가 있는 형태로 진행되어 왔음을 논하자는 것이다.

창의성이란 사람의 마음 작동의 한 형태이며, 창의성의 원리는 마음 작동의 원리를 따른다. 인지심리학, 인지과학에서 논의되는 '인지'의 개념이 '인간의 이성적 사고'라는 좁은 의미가 아니라 인간, 동물, 인공지능 시스템의 지능과 마음을 모두 포괄하는 넓은 의미의 '마음'을 지칭하는 것이라는 것(이정모, 2009), 그리고 이 인지에는 좁은 의미의 '이성'과 그에 대립되는 개념으로 다루어져 온 '감성'이 모두 포함된다는 것을 다시 생각한다면, 창의성이란 기본적으로 인지의 과정에 의해 발현되는 인간의 심적 활동의 하나라고 할 수 있다. 따라서 창의성 논의는 인지심리학, 인지과학의 과학적 연구 결과와 이론에 바탕을 두고서 논의되어야 한다.

1. 과거에 우리가 생각해 온 창의성 개념

창의성에 대한 과거의 개념화와 접근의 양식을 보면 개인 특성 중심의 창의성으로 개념화되었다고 할 수 있다. 글라베노(Glăvenau, 2010) 등에 의하면, 과거의 창의성 개념은 He-창의성, I-창의성의 접근으로 간주할 수 있다.

'He-창의성'이란 창의성에 대하여 고전적으로 생각하여 온 개념이다. 창의성을 보통 사람들과는 다른 특별한 개인인 일부 천재에게서 나타나는 신비한 정신적 능력으로 접근하였던 전통적 관점이다. 심리학의 발전에 의하여 이러한 접근의 부적절함이 많이 논의되었지만, 이는 아직도 창의성을 특정 천재적 개인이 선천적·유전적으로 갖고 태어나는 별다른 속성으로 신봉하는 일반인이나 국내 창의성 전문가들의 일부가 거론하고 있는 창의성 개념이다. 또한 한국에서 노벨상 수상 후보자의 육성이나 영재교육과 같은 정부 주도 과학기술 정책이나 교육정책의 바탕에 놓여 있는 창의성 개념이기도 하다.

이러한 창의성 개념의 문제점은 마치 한 개인이 성장한 가정, 사회, 문화 등의 배경과는 독립된 어떤 창의적 특성을 개인이 지닐 수 있는 것으로, 즉 문화 맥락과 동떨어진 창의성, 천재가 존재하는 것으로 간주하는 것인데, 이는 인지의 발달과학이나 인류학, 인지심리학의 측면에서는 받아들이기 어렵다.

반면에 'I-창의성' 개념은 앞서 언급한 글라베노에 의하면 그러한 신비한 개인의 천재적 속성이 아니라 일반인도 노력과 교육을 받으면 지닐 수 있는 개인의 인지 속성으로 창의성을 본다. 한국의 초·중·고등교육 일선 현장, 학원가, 기업, 그리고 국가 교육기관 정책 등에서 당연한 것으로 전제하고 있는 창의성 개념이다. 창의성의 민주화가 이루어진 개념이다.

'He-창의성' 접근에서 'I-창의성' 접근으로 넘어오는 데에는 심리학 일반과 1970년대 이후의 인지심리학적 연구가 한몫을 하였다. 1950년대에 길퍼드(J. P. Guilford) 등의 심리학자들은 모든 사람들이 창의적일 수 있다고 보고, 개인의 창의적 속성으로 서로 먼 생각을 연결 짓는 능력, 불확실성 또는 애매함을 참아내는 능력, 복잡성을 선호하기, 강한 동기 등을 제시하였다. 여기에 프로이트(Freud) 등의 무의식적 동기, 승화 등의 개념이 연결되었다.

보통 사람들의 일상적 인지(everyday cognition)와 창의성이 동일한 연속선상에 있는 인지의 한 단면이라는 이론과 경험적 자료를 제시함으로써 'I-창의성'의 입장을 더 지지하며 창의성 개념의 민주화에 결정적 도움을 준 사람들은 1990년대의 인지심리학자들이었다. 이들은 '창의적 인지(creative cognition)'라는 개념을 제시하면서(예:

Smith, Ward, & Finke, 1995) 창의성의 일상적 속성을 강하게 주장하였다.

그러나 이런 창의성 개념은 개인의 인지적 속성과 그것이 배태된 삶의 맥락환경을 이분법화하여 단정적으로 괴리시킨 개념이었다. 그것은 과학이 형성된 이래 서구문화를 지배하여 온, 주체-개체, 정신-물질에 대한 이원론을 주장하여 온, 데카르트식 존재론, 인식론의 틀 안에서 전개된 창의성 개념의 이론이었다. 그런데 20세기 말과 현재의 21세기 초에 그 데카르트적 전통이 강한 도전을 받아 흔들리고 있다. 그리고 전통적 입장에 대한 이러한 회의와 그에 대한 대안적 틀의 형성이 인지과학의 새 움직임 중심으로 전개되었다. 그것이 바로 '공간적 연장됨이 있는 마음' 또는 '체화된 인지'라는 제3의 인지과학 패러다임의 전개이다. 인지과학 내에서의 이러한 패러다임의 전개는 인지의 한 측면에 지나지 않다고 보아 온 '창의성' 개념을 새로운 입장에서 재구성하게 하고 있다.

2. 뇌 · 몸 · 환경: 내 마음은 어디에 있는가

마음(인지)에 대한 지금까지의 심리학, 인지과학이 잘 다루지 못하고 간과한 측면이 있다는 논의가 1980년대 후반 이래로 꾸준히 제기되어 왔다. 21세기 초인 현 시점에서 그러한 관점들은 철학에서는 **공간에 확장, 연장된 마음**(extended mind) 틀로, 인지과학 일반에서는 체화된 마음 또는 **체화된 인지**(embodied cognition), 혹은 **환경에 심어져 있는 인지**(embedded cognition)라는 개념적 틀로 수렴되어 점차 그 이론적 형태를 가다듬으며 인지과학의 패러다임 전환의 새로운 대안적 틀로서 그 세를 확산해 가고 있다.[1)]

과거에는 마음, 인지, 창의성에 대한 생각이 데카르트의 이원론에 기초하여 있었다. 따라서 마음 따로 몸 따로, 또는 나(주체) 따로 세상(환경, 객체) 따로 식으로 생각하였고, 마음과 환경을 연결시켜 주는 것을 처음에는 신으로, 다음에는 인지작용으로 생각하였다. 그러나 새로 등장된 '체화된 인지'의 입장에서는 데카르트의 존재론적 관점을 버리고, 마음과 몸은 따로가 아니고, 마음(나)과 세상이 괴리되거나 따로가 아니며 하나의 통합적 단위라는 관점을 가지고, 나(마음)와 세상이 어떻게 관계되는가에 대한 근본적 물음에 대한 답변에 대하여 나와 환경은 본질적으로 하나라는 입장을 전개하고 있다.

이는 '마음 → 뇌 → 몸 → 환경'의 관계에 대하여 새로운 접근을 시도하는 것이다. 1910년대 이후 40여 년간을 심리학, 사회과학을 지배해 온 행동주의 심리학에서는 '마음'을 비객관적 개념으로 심리학에서 배제하였고, 1950년대 후반에 출발한 고전적 인지주의는 마음을 심리학에 되찾아 주었지만 뇌의 역할을 무시하였다. 그리고 1980년대에 대두된 신경과학, 인지신경심리학이 그 뇌를 찾아 마음을 다시 뇌 속으로 넣어 주었다면, 이제 등장하는 '체화된 인지' 관점은 그 뇌를 몸으로, 그리고 다시 그 몸을 환경으로 통합시키는 학문적 작업인 것이다. 아울러 그러한 작업을 통하여 그동안 잘못 생각되어 온 마음, 인지, 더 나아가 창의성 개념까지 재구성하는 시도인 것이다.

지금까지의 많은 사람의 상식적 생각, 또는 단순 과학주의적 생각

1) 체화된 인지 관련 참고 웹 자료들은 다음과 같다. ① 한국연구재단; 사회과학웹진; 사회과학 연구동향(2009년 겨울호[12월]). 이정모; 체화된 마음: 심리학 패러다임의 새로운 전환. http://110.45.139.211:8080/sub/content_view.jsp?I_idx=6&B_idx=2&M_idx=100# ② 한겨레신문+한국과학기술총연합회 웹진 '사이언스 온' (2010. 2. 9.). 이정모; 뇌, 몸, 환경은 하나라는 강한 외침이: 뇌와 마음에 대한 새로운 이해. http://www.hani.co.kr/arti/science/science_general/403525.html

은 전통적인 데카르트적 관점과 환원주의적 자연과학의 관점을 취하여, 마음은 뇌의 신경적 활동(상태) 그 이상의 것이 아니라고 생각하거나, 더 나아가 마음, 의식의 숨겨진 비밀은 뇌에 대한 신경과학적 연구가 고도로 발전되면 다 밝혀질 것이라는 뇌 연구 지상주의 내지는 뇌 연구 과다 강조에 따른 생각이었던 것이다.

그런데 이제 떠오르는 대안적 관점은 마음을 환경에 연장된 마음(extended mind), 몸을 통해 구현되는 마음(embodied mind), 몸에 의해 환경에 심어져 있는 마음(embedded mind), 활동을 통해 비로소 구현되는 마음(enacted mind), 환경에 분산 · 확장되는 마음(distributed mind)으로 재개념화하는 것이다.

이는 과거에 철학에서 다루어져 온 현상학적 입장을 되살리는 것이다. 마음이 뇌의 신경적 상태에 국한되는 것이 아니며, 뇌의 신경적 상태, 몸, 환경 등 전체에서 이루어지는 실시간적 활동으로 개념화되어야 한다는 것을 주장하는 것이다. 과거의 환원주의적 유물론이나 고전적 인지주의에 반발하는 입장이다. 이에 따르면 '뇌, 몸, 환경은 서로 괴리되거나 분할적인 단위가 되지 않고, 하나의 연결된 통합체의 현상으로 재개념화하여야 한다.

이와 같이 마음에 대한 개념화의 틀이 바뀌게 되면 기존의 심리학과 인지과학이 크게 재구성되어야 한다. 따라서 언어 또는 사고 등의 고차 심적 기능도 몸의 감각 및 운동 기반의 제약과 허용 틀에서 이해되어야 한다. 마음 작동과정의 한 하위 개념인 '창의성'의 개념도 그에 따라 재구성되어야 함은 당연한 일이다. 그러면 창의성의 개념은 어떻게 재구성되어야 하는가?

3. 창의성은 어디에서 오는가

1) 체화된 창의성: 뇌 · 몸 · 환경의 하나 됨

국내 학원가나 교육계에서 흔히 적용되고 있는 He-창의성, I-창의성과 같은 낡은 개념을 넘어서 새로운 인지과학적 틀을 도입한 창의성 개념을 전개한다면, 우리가 먼저 다시 생각하여야 할 것은 '과연 창의성이란 어디에서 오는가?' 하는 것이다. 창의성이 천재들의 특성도 아니고 개인의 선천적인 인지적 속성만도 아니라면 그것은 어디에서 오는 것일까?

인지과학의 제3의 대안적 접근인 '체화된 인지' 접근에 의하면 창의성의 상위 범주인 인지 곧 마음이란 뇌 속에 들어 있는 것도 개인적 특성만도 아니며, 몸-뇌-환경이 서로 뗄 수 없는 하나의 통합체로서 작용하는 행위 속에서 발현되는 역동적인 과정이다.

그렇다면 그런 마음의 한 하위 개념인 창의성도 특정 개인에게 내장되어 있는 어떤 독립적 특성이기보다는 내 몸의 활동, 다른 사람, 소프트 인공물, 하드 인공물, 자연적 대상 등을 모두 포괄한 환경과의 역동적 상호작용의 활동에서 이루어지고 발현되는 무엇이다.

그리고 특정 창의성이란 그것이 늘(태초부터 지금까지 계속) 창의적인 것으로 간주되었기보다 지금의 사회 · 문화적 맥락 속에서 지금의 사람들에 의하여 창의적인 것으로 그 의미나 가치가 평가, 인정, 수용되었을 때에 비로소 '창의적'이라고 규정되는 것이라고 할 수 있다.

그리고 그 밑바탕에는 내가 나의 몸을 가지고 이 모든 환경요소들과 상호작용하여 온 '몸을 통한 감각-운동적 활동'의 행위요소가 놓여 있다. 그러한 몸활동에 바탕을 둠으로써 나의 창의적 행위는 비로소 모든 사람에게 의미 있고 살아 있으며(산 지식의), 생생하고, 현실적으로 구현 가능한, 파급효과가 있는 '창의성'이 되는 것이다. 창의성이란 곧 몸을 지닌 개체인 내가 환경의 한 요소로서 나의 주변 환경을 구성하는 다른 사람들 그리고 환경의 각종 인공물과 더불어 나의 몸활동에 기반한 여러 인지적 작용을 수행함으로써 발현되는 것이다.

2) 문화적 창의성

인간의 마음을 환경과 괴리시켜 생각할 수 없다는 체화된 인지의 입장을 취한다면, 우리는 (인간 환경의 주요 특성을 표현하는 다른 말인) 사회 · 문화적 요인이 창의성을 어떻게 결정하는가를 생각하여 보아야 하고, 개인적 창의성을 중심 주제로 논의하는 것이 아니라면 현실적으로 특정 개인을 통하여 나타나는 창의성이 과연 어디에서 오는가를 논하여야 한다. 창의성에 관한 최근의 글라베노(2009, 2010, 2011)의 논의에 의하면 기존의 He−창의성, I−창의성 개념 틀은 창의성의 본질에 대한 잘못된 개념화에서 비롯된 것이며, 이제는 문화적 · 사회적 창의성의 개념인 'We−창의성'을 논하여야 한다.

그에 의하면 창의성이란 사회 · 문화적 과정의 산물이며 개인의 주관성을 넘어선 공간에서 새롭고 의미 있고 중요한 인공물(개념적 또는 물질적 인공물)을 생성하는 것이다. 'We−창의성'이란 전통적 창의성 개념인 'He−창의성(창의적 천재)'과 흔히 사용하는 창의성 개념인 개인 창의적 특성, 인지적 전략 중심의 'I−창의성' 개념을 넘어선다. We−창의성은 사회 · 문화적 환경 바탕의 협동적으로 이루어 내는 창의성 개념이다.

글라베노의 입장을 필자의 체화된 인지 입장을 추가하여 재구성하여 본다면 다음과 같이 이야기할 수 있다. 창의성이란 선천적으로 주어지는 개인의 추상적인 능력 또는 인지적 속성이라기보다 그 개인이 태어나서부터 몸을 가지고 활동하며 주변의 가족, 친구, 선생님, 학교, 책, 기타 각종 개념적 및 물질적 인공물 등의 사회 · 문화적 환경과 상호작용함을 통하여 그 사회의 구성원, 인공물과 함께 만들어 가는 사회 · 문화적 인지(감성적 측면을 포함한)과정의 속성이다.

요컨대, 창의성이란 개인을 넘어서 사회 · 문화적 맥락에서 연원된 상호작용에서 일어나는 현상이며 개인적 속성이 아니다. 본질적으로 간주관적, 상호작용에 의하여 일어나는 현상이며, 기존의 문화적 형식의 재조합 또는 변형에 의해 산출되는 것이다. 문화적 기호 또는 상징이 새 창의적 산물로 형성되는, 여러 사람의 협동적 상호작용의 결과이다.

요즈음 흔히 말하는 창의성 개념인 개인적 창의성, 객관적 창의성이란 실재하지 않는다. 우리가 그런 것이 있다고 믿고 좇는 하나의 허구에 지나지 않는다. 우리를 둘러싸고 있는 사회 · 문화적 공동체 내의 개인과 창의적 산물 간 관계에서 구성된 것이 있을 뿐이다. 창의성의 생성적 과정은 그 공동체의 전통, 역사, 문화 및 이전 지식과의 연결에서, 그 사회를 구성하는 사람들의 협응적이고 대화적인 관계에서 나온다. 창의성과 문화적 전통은 서로 스며들어 있고 창발과 혁신은 전통에 연결되어 있다. 따라서 창의성의 산물로 나타나는(스티브 잡스에서 보듯이) 새로운 인공물의 생성은 이러한 역동적, 생태적 전체를 배경으로 한 상호작용적 연결에서 나온다.

3) 사회적 창의성 및 협동적 창의성

위의 주장을 '사회적 창의성'이라는 주제로 글을 쓴 런던 대학의 한나(Hanna, 2005)의 주장과 연결하여 사회 전반의 창의성 조성과 관련해서 초점을 조금 달리하여 정리하면 다음과 같다.

한나는 그의 글에서 'We-창의성'이란 주제를 논하면서 다음과 같이 논지를 전개한다. 전통적 개인 중심의 창의성 관점에서는 창의성을 개인적 특성으로 보고, 집단적 · 사회적 창의성은 개개인 창의성의 집합일 뿐이며 단지 개인들의 개인적 창의성에 서로 다름이 있을 뿐이라고 생각하는데, 그에 의하면 이런 생각은 잘못된 것이다. 그의 관점에 의하면 사회적 창의성은 개인 수준의 창의성의 단순 합이 아니다. 천재적인 창의성을 지닌 사람, 개인적으로 창조와 새로움을 추구하는 특별한 사람이 필요한 것이 아니라 집단 지능, 집단 창의성의 출현이 필요한 것이다. 그 초점은 집단적 · 사회적으로 우리가 세상을 보는 관점의 변화, 우리가 서로 영향을 주고받는 방식의 변화에 있다. 창의적인 산물의 디자인은 그냥 개인의 창의적 생각이 외현적으로 표출되는 것이 아니며, 개인과 그의 환경에서 제공하는 가능성(affordance) 사이의 끊임없는 선택과 재조정의 상호작용 결과이다.

이러한 관점에서 사회적 · 교육적으로 도출하여야 할 창의성 개념틀을 재구성하여 본다면, 오늘날 국내 사교육 학원이나 학교에서 또는 국가기관에서 조장하고 있는 개인적 특성 중심의 창의성을 육성할 것이 아니라, 그보다는 개개인의 창의성이 사회 · 문화적 상호작용에 의해 창출되는 그러한 창의성, 그리고 사회적이고 협동적인 창의성을 육성하여야 한다. 성원들 간의 계속된 단순한 또는 복잡한, 그리고 늘 상황에 맞게 변형될 수 있는 상호작용에 의한 창의성 창출, 협응적 창의성이 조성, 육성, 교육되어야 하는 것이다. 창의성 교육의 초점, 목표, 틀이 변화되어야 한다.

4) 내러티브적 인지와 창의성

저명한 인지과학자인 브루너(J. Bruner)에 의하면 인지(마음)의 기본 특성은 내러티브적이다. 문학과 인지과학을 연결하는 작업을 계속하여 온 터너(M. Turner)에 의하면 "이야기는 마음의 기본 원리"이다.[2] 다시 말해, 내러티브[3] 짓기(이해 포함)가 인지의 기본 원리라고 할 수 있다.[4] 필자의 생각에 우리 인간은 '이야기'를 양산하여 내는 존재이다. 마음은 '강력한 이야기 생산공장'이라 할 수 있다. 인간의 마음/인지의 본질이 내러티브적임을 우리가 수용하게 되면, 내러티브적 인지 접근을 중심으로 인문학, 인지과학, 예술, 과학, 공학적 기술이 연결된다. 왜냐하면 이들 모두 일종의(넓은 의미의) 인간 인지의 내러티브적인 작업이기 때문이다. 이를 조금 더 확장하여 생각하면 우리는 인지활동의 한 하위 개념인 '창의성' 개념을 새로운 틀에서 재구성할 수 있게 된다. 창의적 산물을 낸다는 것은 일종의 내러티브적 재구성이라고 할 수 있다.

그런데 이 내러티브는 어디에서 오는 것일까? 바로 몸의 활동에서 온다. '체화된 인지' 관점을 옹호한 철학자인 메너리(R. Menary,

2) 터너(Turner, 1996)의 책 서문 중에서; "The central issues for cognitive science are in fact the issue of the literary mind…… Story is a basic principle of mind."

3) 이야기, 스토리, 내러티브는 엄밀히 논하자면 구별되어야 하나, 여기에서는 편의상 하나의 개념으로 사용한다. 그리고 내러티브의 의미를 문학적 이야기나 스토리텔링의 수준을 넘어서 '사물 사이에 인간 문화 통용적 의미를 부여하는 관계 짓기의 모든 것'이라는 상당히 넓은 의미로 사용함에 유의하기 바란다.

4) 내러티브적 접근의 의의에 대하여는 필자의 글(이정모[2010]. '체화된 인지[Embodied Cognition]' 접근과 학문간 융합: 인지과학 새 패러다임과 철학의 연결이 주는 시사. 철학사상, 제38호, 27-66 [서울대학교 철학사상연구소] 중의 IV절 '내러티브적 인지' 접근: 인지과학과 인문학의 연결)을 참조하시오.

2008)의 입장에 따르면 어떤 내러티브든지 몸이 있는 체화된 자아(embodied self)의 개인적 체험이 그에 선행된다. 내러티브가 경험을 조형하는 것이 아니라 몸을 통한 체화된 경험이 내러티브를 조형한다는 것이다. 그리고 그 내러티브가 제3의 혼성적 개념 공간을 형성하고, 여기에서 새로운 창의적 생각이 출현하는 것이라고 볼 수 있다. 다시 말해, 내러티브(이야기)가 큰 힘을 발휘할 수 있는 인지적 바탕은 몸활동에 기초한 체화된 인지에 의해 가능해진다고 할 수 있다

그러면 그 내러티브적 인지는 어떻게 창의성을 배태할까? 이에 대하여 필자는 그 메커니즘을 인지언어학에서 거론된 개념적 혼성(conceptual blending, 개념적 융합)'[5] 과정에서 찾을 수 있다고 본다. 개념적 혼성(융합)이란 인지의 의식 수준보다는 하의식 수준에서 작동하는 인지적 현상이다. 의식적이건 하의식적이건 간에, 그것은 현재의 문제와 관련되는 두 개 이상의 상황(학문 분야 간이건, 테크놀로지, 산업의 영역들이건, 일상적 생활-행위 장면 등이건 간에)의 시나리오적 요소들 그리고 핵심적 관계성이 혼합/융합되어 새로운 제3의 무엇이 창출되는 인지적 과정을 지칭한다. 문학 작품에서 많이 사용되는 은유, 유추, 비유 등의 이해과정에서 나타나는 바와 같이(예: '바다와 같은 어머니의 사랑'), 이 개념적 혼성과정이 인간의 인지와 행동, 특히 일상적 사고와 언어의 도처에, 그리고 창의성을 창출하여야 할 여러 상황에 산재하여 있다고 본다. 예술이 과학, 공학과 연결되어 창의적 테크놀로지를 창출할 수 있는 바탕으로 기여할 수 있는 근거도 바로 이 상황적 개념 공간 간의 혼성/융합의 메커니즘 원리에 의한다고 볼 수 있다.

5) 개념적 혼성이란 무엇인가?(위키피디아 자료: http://en.wikipedia.org/wiki/Conceptual_blending)

종합하자면, 창의적 산물의 생성과정은 다음과 같은 연쇄에서 비롯된다고 볼 수 있다. 창의적 산물의 생성과정은 또한 움베르또 마뚜라나와 프란시스코 바렐라(2007)가 이야기하는 자가생산(autopoiesis) 과정의 일종이라고 생각할 수도 있다.[6)]

> 창의적 산물 ← 창의성 ← 개념적 혼성 ← 내러티브 짓기 ← 몸활동에 바탕한 체화적 인지 ← 몸활동 ← 사회 · 문화적 환경

창의성: 자가생산적 과정

- 0. 창의성 → 창의적 산물(개념적 · 물질적 인공물)
- ⇧ 1. 개념적 혼성(conceptual blending): 제3의 혼성 개념 공간 형성
- ⇧ 2. 몸활동을 통한 상황적 경험에 바탕을 둔 내러티브적 인지
- ⇧ 3. 마음/인지 일반과정:
- ⇧ 4. 몸활동/행위에 바탕을 둔 체화된 인지
- ⇧ 5. 개인의 몸 및 몸활동
- ⇧ 6. 사회 · 문화적 환경 맥락(타인, 인공물 등)

6) 위키피디아의 정의(http://en.wikipedia.org/wiki/Autopoiesis)에 의하면, 자가생산적 메커니즘이란 생명체가 지니는 속성으로, 그 생명체의 요소들 간의 끊임없는 상호작용과 변환을 통해 (그 요소를 생성하는 여러) 과정(관계)을 재생성하고 구현하는 생성(변형과 파괴)과정의 망이다.

4. 예술과 과학적 창의성의 연결

이와 같이 창의성의 개념을 체화된 인지, 사회 · 문화적 인지, 내러티브적 인지, 개념적 혼성의 인지 등 여러 개념을 연결하여 재구성하면 이 재구성된 개념은 예술적 창의성, 과학적 창의성, 그리고 이 둘 간의 이해와 연결, 통합에 몇 가지 시사점을 준다. 이를 요약하면 다음과 같다.

창의성을 추상적 사고의 작업으로 개념화하여 온 전통적 개념 틀 내에서는 예술적 창의성과 언어 논리적 측면의 창의성이나 과학적 창의성 간의 연결이 어려웠다. 그러나 체화적 창의성, 문화적 창의성, 내러티브적 창의성, 개념적 혼성의 개념 틀을 도입하면 이러한 문제점이 상당 부분 사라진다. 체화적 창의성의 기본 전제는 인간 마음 또는 인지의 제반 현상이 사회 · 문화적 환경 속에 구체적으로 실재하는 몸을 가지고 활동함에서 모든 인지적 특성이 창출된다는 생각이다. 그러한 몸의 활동, 행위에서 모든 심적 표상과 구조가 창출된다는 것이다. 예술적 창의성과 과학적 창의성을 매개 · 연결할 틀이 제공되는 것이다.

일반적으로 예술적 창의성은 몸의 활동에 기반한다고 전제되어 왔고, 그러한 활동에서 의미 있는 구조가 창출된다고 여겨져 왔다. 그렇다면 몸활동에 기반한 체화된 인지, 체화된 창의성 개념 틀은 예술적 창의성 개념의 작동과정을 잘 나타낼 수 있다. 한편 이러한 예술적 활동이 어떻게 과학적 창의성에 도움이 되는가 하는 것은 체화적 인지, 내러티브적 인지, 개념적 혼성의 틀에 의하여 잘 설명될 수 있다.

앞서 논한 바와 같이, 창의적 산물을 내어놓기 위해서는 개념적 공간에서 제3의 혼성적 개념 공간을 창출하는 것이 중요하다. 과학적 창의 작업을 비롯한 여러 상황에서 무엇이 이러한 제3의 개념적 공간(둘 이상의 영역이나 주제의 유사-차이-관련 관계의 파악에 의한 새로운 혼성적 개념 공간)의 창출을 가능하게 하는가와 관련해, 흔히 과거의 창의성 이론들(예: Guilford)에서는 먼 생각의 연결 짓기 능력 등을 거론하였다. 그러나 체화된 인지와 내러티브적 인지 틀을 결합하여 생각하면 예술적 활동이나 과학적 활동이나 모두 몸의 행위에 바탕을 둔 체화적 인지의 발현이고, 예술에서의 이론적 구조나 과학에서의 이론적 구조나 모두 일종의 내러티브적 인지과정에 의해 이루어진다. 그리고 서로 다른 생각들의 연결이나 그를 넘어선 창의적 생각의 창출은 개인과 그의 공동체가 공유하는 개념 공간에서의 제3의 공간 창출이라는 개념적 혼성과정에 의해 이루어진다. 예술은 과학적 작업과 이러한 인지적 과정을 공유하고 있을 뿐만 아니라, 과학적 작업에서 여러 주제를 연결하여 제3의 개념 공간의 창출로 이동하는 개념적 혼성과정을 촉진시키는 것이다.

5. 21세기의 창의성 개념

지금까지 창의성 개념 틀의 재구성과 관련하여 여러 가지를 논하였다. 특히 과거의 전통적 창의성 개념 틀을 벗어나는 것의 절실성을 논하였다. 정리하자면, 이러한 벗어나기는 두 단계로 생각하고 수행할 수 있다.

첫 단계는 창의성을 특정 개인의 천재적 신비한 특성으로 보는 고전적 관점을 벗어나기이다. 과거에는 흔히 창의성을 특별한 재능을 가진 일부 사람만의 것으로 한정하여 생각해 왔다. 이런 관점에 따르면 오직 몇몇의 창의적 천재만이 순수한 창의적 생각을 할 수 있다.

그런데 천재들만이 창의적 과정을 거치는 것이라면 이는 교육에 부정적 시사를 준다. 그보다 우리는 창의성이 특별한 사람만이 가지는 어떤 인지적 또는 감성적 특성, 혹은 어떤 무의식 속에서의 신비한 처리작용이 아니라 일반 사람 모두가 가지는 인지라는 심적 작용, 인지작용의 한 하위 개념이라는 관점을 수용하여야 한다.

창의성이 일상적인 인지와 근본적으로 다른 원리에 의해 작동되는 것이며 알 수 없는 신비한 것이라는 생각을 벗어나, 그것을 일상적 인지의 한 하위 분야로 연구해야 하고, 창의성 과정이 과학적으로 관찰 가능하며 실험 가능하기에 이러한 맥락에서 과학적으로 탐구하여야 한다. 창의성을 전공하지 않은 비전문가들이 창의성 전문가 노릇을 하기도 하는 현재 한국의 20세기적 세태의 지속은 지양되어야 한다. 창의성에 대한 과학적 연구를 수행한 학자들이 창의성 전문가가 되고, 창의성 육성교육 정책이 탄탄한 과학적 연구 자료에 근거하여 입안되고 실시되어야 한다.

두 번째 단계로는 글라베노나 한나의 주장처럼 지금까지의 개인적 속성으로서의 'I-창의성' 개념을 넘어서야 한다. 개인의 창의성이란 사실상 그가 속한 공동체의 여러 사람, 개념적 · 물질적 인공물과의 계속된 사회문화적 상호작용에 의해 비로소 발현되는 창의성이다. 개인적 창의성이라고 여겨지나, 사실은 계속된 협동적인 문화적 상호작용 행위를 통해 개인에게 발현되는 사회적 창의성인 것이다. 그러하다면 창의성의 본질은 사회 · 문화적으로 협동적으로 이루어지는 작업으로서의 'We-창의성'임을 인식하고 이 새 틀에 의하여 창의성을 정의하여야 한다. 국가적으로 추구하여야 할 교육의 방향이 개인의 개인적 창의성의 육성이 아니라, 모두의 상호작용에 의하여 함께 이루어 내는 사회 · 문화적 창의성의 함양에 초점을 맞추어야 한다.

그렇게 함으로써 개인적 창의성, 개인적 영재성 육성을 목표로 하는 국내 사교육 기관의 잘못된 시도와 공공 교육기관이 산출하는 잘못된 창의성 교육의 폐해를 막고, 모두 함께 만들어 가는 국가적 공동체의 목표를 이루어 낼 수 있을 것이다. 이러한 사회 · 문화적 창의성 측면은 상호작용성과 공동 작업이 강조되는 요즈음의 인터넷 시대, 사회적 네트워크 시대, 스마트 시대에 더 걸맞는 것일 수 있다.

따라서 학교 교사들은 이러한 '모두 함께 이루어 내는 창의성' 육성교육을 목표로 삼아야 한다. 즉, 어떤 새 창의적 결과물을 내는 것 자체보다 '함께 상호작용하며 그 결과로 학생 개개인의 인지적 활동이 새로워지며 발전할 수 있다는 깨달음을 학생들에게 주는 메타인지적 창의성의 체험' 교육을 목표로 삼아야 할 것이다.

끝으로 언급할 것은 지식의 중요성이다. 새로운 개념 틀의 창의성을 추구함에 있어 우리는 지식의 중요성을 간과할 수 없다. 창의성이 가능하기 위하여는 해당 주제 또는 분야에 대한 다양한 많은 경험과 그것이 가능하게 한 깊고 넓은 지식이 중요하다. 창의성이란 일종의 문제 해결적 인지인데, 이 인지가 잘 이루어지는가는 적절한 관련 지식의 풍부함에 좌우된다는 것이 인지심리학, 인지과학이 전문가(experts)의 인지 특성에 대한 과거의 연구에서 밝힌 바이다. 베토벤 수준의 창의성에 도달하자면 5만 단위 이상의 경험이나 지식을 갖고 있어야 한다는 것이 그 예이다. 인간 마음은 항상 지식을 구성하고, 그에 근거하여 모든 것을 이해하고, 새로운 지식을 구성하며, 창의적 산물을 만들어 낸다. 창의성이 배태되기 위하여는 그 밑바탕에 충분한 지식기반이 갖추어져야 한다는 것을 잊어서는 안 된다.

참고문헌

움베르또 마뚜라나, 프란시스코 바렐라(2007). 앎의 나무: 인간 인지능력의 생물학적 뿌리. (최호영 역). 서울: 도서출판 갈무리.

이정모(2009). 인지과학: 학문간 융합의 원리와 실제. 서울: 성균관대학교출판부.

Glăvenau, V. P. (2009). Paradigms in the study of creativity: Introducing the perspective of cultural psychology. *New Ideas in Psychology, 28*, 79-93.

Glăvenau, V. P. (2010). Principles for a cultural psychology of creativity. *Culture & Psychology, 16*(2), 147-163.

Glăvenau, V. P. (2011). How are we creative together? Comparing sociocognitive and sociocultural answers. *Theory & Psychology, 21*, 473-492.

Hanna, S. (2005). Where creativity comes from: The social spaces of embodied minds. *Proceedings of HI '05 Computational and Cognitive Models of Creative Design*, 45-70.

Menary, R. (2008). Embodied narrative. *Journal of Consciousness Studies, 15*(6), 63-84.

Smith, S. M., Ward, J. B., & Finke, R. A. (Eds.) (1995). *The Creative Cognition Approach*. Cambridge, MA.: MIT Press.

Turner, M. (1996). *The Literary Mind: The Origins of Thought and Languages*. Oxford: Oxford University Press.

6

당신과 사회의 지속적 발전을 위한 미래교육 뉴스

6

당신과 사회의 지속적 발전을 위한 미래교육 뉴스

이종각

1. 1%의 인간만이 미래를 준비한다

정보통신 기술의 발달과 지식의 폭발적 증가, 과학의 눈부신 발달은 미래의 커다란 사회 변화와 함께 교육혁명을 불러오고 있다. 수많은 자료를 어떻게 사용할 것인가를 배워야 하고, 평가에서도 인터넷 검색이 가능한 PDA와 계산기를 쓰게 되고, 서비스 산업중심 사회로의 이동으로 엘리트주의가 약화되며, 범생이나 지성 위주의 사람보다는 감성이 풍부하고 특성이 분명한 사람이 환영받게 되는 등의 혁명이 예견되고 있다.

미래는 참으로 우리 교육에 다양한 방식으로 혁명적으로 다가오고 있음에 틀림없다. 그러나 미래에 대비하는 사람의 수가 의외로 적고 또 대비 속도도 의외로 느리다.

간다 마사노리(神田昌典)의 다음 말에서 미래에 대해 제대로 준비하는 사람이 얼마나 적은가를 실감할 수 있다.

> 99%의 인간은 현재를 보면서 미래가 어떻게 될지를 예측하고, 1%의 인간은 미래를 내다보면서 지금 어떻게 행동해야 할지를 생각한다. 물론 후자에 속하는 1%의 인간만이 성공한다. 그리고 대부분의 인간은 그 1%의 인간을 이해하기 어렵다고 말한다…….

"낡은 생각으로는 그 생각에서 비롯된 문제들을 해결할 수 없다." 아이슈타인의 말이다. 오늘날 우리가 제기하고 있는 교육문제들은 모두 낡은 생각과 연관이 있다. 애석하게도, 우리는 하루아침에 낡은 생각을 떨쳐 버리고 새로운 생각으로 갈아 끼울 수가 없다. 전자부품 기계가 아닌 인간이기 때문이다. 또한 그 방법과 관련해서는 축적된 지식이 없다.

이 점에 대해 MIT 리더십연구소 공동 설립자이자 혁신 전문가인 샤르머(Claus Otto Scharmer)는 다음과 같이 지적하고 있다.

> 우리 시대의 위기는 낡은 사회구조와 고정된 사고방식의 죽음을 증언하고 있다. 하지만 우리는 아직 수백 년이나 지속되어 온 낡은 사상과 제도를 새로운 현실에 맞게 변형시키는 법을 배우지 못했다.

우리 개개인의 변화보다 사회구성원 대부분이 새로운 생각으로 바꾼다는 것은 정말로 어렵고 시간도 많이 걸리는 일이다. 그러나 우리는 그 어려운 일을 반드시 해야 한다. 다음에서는 미래 모습을 그려 보면서 오늘의 한국교육이 나아가야 할 방향을 제시한다.

2. 교육사회의 도래

'2100.org'라는 미래연구소는 1900~1940년대를 생산사회, 1940~1980년대를 소비사회, 1980~2020년대를 문화연예사회, 그리고 2020~2060년까지를 교육사회로 예측했다. 앞으로 10~20년은 교육혁명의 시대가 될 것이다. 전통적인 원거리 교육이 아니라 컴퓨터 칩이 장착된 옷을 입고 직장에서 실시간으로 정보와 접속하게 될 것이다. 미래에는 전 국민이 고등교육을 받으며, 유학이 필요 없는 지구촌 사이버대학 천지가 도래할 것으로 예측하였다. 또한 사이버 공간에서는 일과 레저가 구분되지 않는 새로운 세계가 전개될 것이다.

미래학 분야에서 왕성한 활동을 하고 있는 박영숙은 호주 대사관에 근무하면서도 퇴근하여서는 밤늦도록 인터넷을 통하여 전 세계 미래학자들과 정보교환과 토론을 하고 있다. 그녀는 여러 권의 미래 분야 관련 저서를 출판하여 미래에 대한 관심을 확산시키고 있다.

박영숙은 '미래교육 메가트렌드 아홉 가지'를 다음과 제시하고 있다.

- 학습 공간이 다원화된다.
- 평가가 다양화된다.
- 맞춤형 개별교육이 이루어진다.
- 교사가 다양화된다.
- 평생교육이 실시된다.
- 네트워킹 능력의 미래경영자 교육이 필요해진다.
- 보이지 않는 대학이 증가한다.
- 오픈소스 교육(open source, 인터넷상의 강의 무료 개방)이 열린다.

• 게임으로 학습을 즐기게 된다.

미래에는 '숙제회사'가 번성할 것이라고 한다. 이런 예측은 세계미래회가 2025년에 바뀔 일상생활을 정리하면서 제시한 것이다. 즉, 숙제를 도와줄 부모가 없으면 학생은 '숙제회사'에 전화를 해서 문제를 물어볼 수 있다. 부끄러움이 많아 학교에서 하지 못한 질문도 할 수 있다. 인터넷에는 숙제에 필요한 엄청난 정보가 들어 있다. 현재 미국 플로리다 주에서 운영 중인 '숙제학교'는 엄청난 인기를 얻고 있다.

3. 움직이는 교육소비자: 에듀트랜슈머

장소도 시간도 가리지 않고 이동하면서 물건이나 서비스를 구매하는 사람을 '트랜슈머'라고 부른다. 그렇다면 지식검색을 언제 어디서나 할 수 있고 강의나 학교를 이 지역 저 지역 옮겨 다니면서 교육받을 수 있는 것도 트랜슈머의 한 형태인 셈이다. 즉, 에듀트랜슈머(edu-transumer)이자 유목적 학습자이다.

이제 유목적 학습현상은 인터넷상의 지식 서핑이나 학교를 옮겨 다니는 수준을 훨씬 넘어서 일어난다. 국민국가라는 틀 속의 제한된 교육을 넘어 전 세계적으로 교육인구가 질 높은 교육, 행복을 주는 교육을 찾아 국제적으로 이동하는 것이 보편화되어 가면서, 국제적 트랜슈머 학부모가 점점 늘어나고 있다. 적어도 우리 국내교육이 커다란 변화의 양상을 보여 외국교육과의 온도차를 좁히지 못한다면 우리 학생과 학부모들 중 해외교육을 선택하는 사람의 수가 줄어들기를 기대하기는 어려울 것이다.

4. 속도충돌론과 수공격차 위기

세계는 빛의 속도로 변화하고 있다고 한다. 또 우리의 생각 속도가 우리의 미래를 결정짓는다고도 한다. 그런데 우리 교육의 변화 속도를 생각하면 미래가 갑갑하게 느껴진다. 뿐만 아니라 교육 변화의 저변을 형성하고 있는 우리의 '교육에 관한 생각의 속도' '교육에 관한 연구의 속도' 또한 느리기는 마찬가지이다.

산업화가 한창 진행될 때, 사회학자 오그번(William Ogburne)은 영역 간 변화율 차이를 문화지체 현상으로 지적한 바 있다. 물질문화의 변화는 빠르게 진행되는 데에 비해 정신문화의 변화는 느리기 때문에 생기는 격차, 부조화, 부작용 등의 문제점을 지적한 것이다. 그러나 정보화 시대의 변화율의 격차는 이보다 훨씬 심각하다. 미래학자 앨빈 토플러(Alvin Toffler)는 사회 각 영역 간의 변화율 차이가 가져올 위기를 예견하면서, 그것을 '비동시화 효과'로 분석하고 있다. 그에 따르면 기업의 변화 속도가 100마일이라면, 가족은 60마일, 정부는 25마일, 학교는 10마일이다. 10마일로 변화하는 학교가 어찌 100마일로 빠르게 변화하는 기업체나 60마일로 변화하는 가족을 만족시킬 수 있겠는가? 그는 미국의 학교를 부서진 고물자동차라고까지 험한 비유를 서슴지 않고 있다.

〈토플러가 속도충돌론을 제기한 각 조직의 변화 속도〉

시속 100마일: 기업이나 사업체

시속 90마일: 비정부기구, 시민단체(NGO)

시속 60마일: 미국의 가족

시속 30마일: 노동조합

시속 25마일: 정부 관료조직과 규제기관

시속 10마일: 미국의 학교 – 부서진 고물자동차

시속 5마일: 국제기구, 유엔, IMF

시속 3마일: 정치조직

시속 1마일: 법

필자는 한국 교육계의 미래의 큰 갈등의 거대한 싹이 교육 수요자와 공급자 사이의 격차('수공격차')에서 자라고 있음을 느낀다. 이 수공격차가 일정 수준까지 누적되면 교육 갈등의 핵심 축이 변화될 것이다. 1980년대부터 지금까지 약 30년간의 교육 갈등은 두 공급자, 즉 국가와 교원 간의 갈등(공공갈등)을 축으로 한 것이었다. 그러나 앞으로의 교육 갈등의 중심축은 점점 수공갈등 축으로 옮아갈 것이다. 현재 표출되고 있는 교육 갈등의 상당수도 그 저변에는 이런 수공격차에 대한 불만의 지엽적 표현이라고 볼 수 있다. 교원평가 갈등, 학부모 만족도 조사 갈등 등은 그 초기 양상이라고 볼 수 있다.

5. 공급자중심 교육에서 수요자중심 교육을 거쳐 생소자 교육으로의 변화

이런 수공격차 위기에 대비하는 한 방법은 교육수요자를 보는 눈을 확 바꾸는 것이다. 교육수요자(가족, 학생, 학부모)의 진화는 매우 다양하고 빠른 데 비해 공급자(정부, 학교)는 더딘 현 상황에서는 교육에서의 수요자 역할에 대한 새로운 인식이 필요하다. 미래의 교육수요자는 단순한 수요자나 수동적 수요자이기를 거부하고, 교육의 생산자이면서 수요자이기를 원하는 경향이 강해질 것이다. 즉, 그들은 교육의 생소자(prosumer) 역할을 할 것이다. 현재도 이런 경향을 볼 수 있는데, 가장 대표적인 생소자 역할은 홈스쿨링이나 대안학교에서 찾아볼 수 있다. 교육수요자의 교육선택권 주장도 더욱 심화될 전망이다.

그렇다면 정부는 적극적으로 기존의 경직된 교육제도를 유연화하는 정책을 추진하고, 교육논의에서 '생소자 교육(prosumer education)' 개념을 적극적으로 도입할 필요가 크다. '공급자중심 교육'을 탈피하고 '수요자중심 교육'도 넘어, 수요자도 교육공급자 역할을 일부 담당하는 생소자 교육 개념으로 진화해야 한다.

네덜란드의 정부는 이미 이런 생소자 교육 정책을 구체적으로 도입하고 있다. '힘 있는 학교, 책임지는 정부(Strong institution, accountable government)'(1999)라는 정책에서는 교사와 학부모가 교육목표와 성취 수준 및 상대편에 대한 요구의 내용을 상호 협의 · 합의할 수 있게 공식적으로 규정하고 있다. 이를 '가정-학교 협약(home-school contracts)'이라 한다. 영국의 경제주간지 『이코노미스트』(2007. 6)는 "장차 어떤 학교가 살아남을 수 있는지는 관료가 아닌 학부모가 결정해야 한다."는 주장을 게재하고 있다. 우리도 경청해야 할 가치가 있는 주장이다.

6. 고정된 정답지식 교육에서 창의형 지식 학습으로의 변화

수공격차 위기에 대한 또 다른 대처방안은 지식교육관의 변경이다. 세계적 미래학자 오마에 겐이치(Ohmae Ken'ichi)는 미래사회는

'정답이 없는 사회'라고 예측했다. 과학기술과 신지식의 폭발은 지식의 수명을 더욱 짧아지게 하는데, 이는 곧 정답의 유효기간이 짧아짐을 의미한다. 경영학자이자 미래학자인 피터 드러커(Peter Drucker)는 지식사회에서의 지식은 초기 사회에서 지식으로 간주되던 것과는 근본적으로 다름을 강조하면서, 지식이란 "오직 응용(적용)을 위해 존재하는 것"이라고 핵심을 찌르고 있다.

창의력 전문가 노경원은 지식관의 변화를 숫자로 명료하게 제시하고 있다. 즉, 지식 축적에 매진했던 '생각 1.0' 시대, 정보를 빨리 찾아 가공해 내는 '생각 2.0' 시대를 거쳐 창조적 사고로 새로운 부가가치를 창출해야 하는 '생각 3.0'의 시대로 그 변화를 정리하고 있다.

전자통신 기술의 발달은 지식의 저장 및 유통 방식을 획기적으로 변화시켰고, 이에 답이 있는 지식과 정보에서부터 전 세계의 유명 강의에 이르기까지 포털사이트에 모두 탑재되어 있어 교육에 혁명적인 변화를 예고해 놓은 상태이다. 요즘 전화번호나 노래 가사를 기억하는 사람은 찾아보기 힘들다. 기억하지 않아도 다 해결되는 방법이 있기 때문이다. 학교에서의 학습도 마찬가지이다. 기억하기 위한 학습은 이제 그 필요성이 거의 사라졌다고 해도 과언이 아니다.

아직도 우리 교육에서 지배적으로 통용되고 있는 '머릿속에 저장하는 지식' '시험문제를 풀기 위한 지식'은 최저 품질의 지식이다. 그 용도도 최하급 용도이다. 창조적 지식과 감성적 지식을 요구하는 미래사회에 적용 가능한 지식을 배울 수 있는 환경을 학습자에게 구축해 주는 일은 매우 중요하고도 시급한 일이다.

그렇다면 우리 교육이 극복해야 할 대표적 과제는 만연해 있는 '정답주의적 (교육)문화'의 개선이다. 한국은 사회 전체가 정답주의적 분위기로 가득 차 있다고 해도 과언이 아니다. 흑백논리, 선악논리, 동지 아니면 적 논리가 아직도 팽배해 있다. 톨레랑스 정신은 결여되어 있고, 공동체주의/다문화주의의 형성은 쉽지 않다. 나와 다른 남과 더불어 살기가 어렵다.

교육계의 정답주의 문화는 외우기식 교육, 주입식 교육과 연결되어 있다. 객관식 문제 출제 및 채점과도 연결되어 있다. 정답형 교육은 저급의 사교육을 더욱 조장한다. 정답형 교육은 획일적이고 개성 없는 교육을 강화하기도 한다. 정답형 교육문화의 강세 속에서 이런 정답형 교육의 문제점을 해결하기 위해 도입된 방안도 난센스같이 정답형으로 수행되고 있다. 예를 들어, 논술고사의 경우 가히 정답형 논술고사라고 비아냥거릴 수도 있을 것 같다.

정답만 가르치는 학교와 학원, 정답만 요구하는 시험제도와 입시제도가 여전히 공고하게 존재하고 있다. 정답주의/정답의식은 자유로운 사고, 상상력, 창의성, 구상력 등을 오히려 위축시킨다. 정답주의 문화 내에서는 창의성이 인정되고 보상받고 격려되기 어려울 것이다. 정답은 이미 창의적인 답이 아니다. 미래사회는 기존의 정답보다는 새로운 답을 원하고, 정답 없이 끊임없는 도전을 요구한다. 미래에 맞닥뜨리게 될 복합적 문제에 대해 창의적 해결책을 도출할 수 있으며 감성능력이 풍부한 개성 있는 인재의 양성이 중요하다.

우리 교육의 아킬레스건인 정답주의 극복을 위한 국가 수준의 정책 과제로 다음과 같은 사업이 전개될 필요가 있다.

- 미래형 능력에 대한 새로운 기준 설정 작업
- 새로운 평가 기준(국가 수준)의 설정 작업
- 새로운 교육과정의 설정 작업
- 새로운 입시전형 방법의 도입
- 새로운 평가방법과 수업방법의 적용
- 새로운 교사 양성 및 선발 방법 도입

7. 드림소사이어티 등장과 창의교육과 감성교육으로의 핵심이동

미래의 교육에서 가장 강조할 사항은 창의교육과 감성교육이다. 이에 대해서는 미래학자들도 교육학자들도 거의 모두 동의하고 있다. 미래사회가 드림소사이어티가 될 것이라고 예측한 롤프 옌센(Rolf Jensen)은 "사람들을 매혹시키는 것은 상품의 사용가치나 교환가치가 아니라 그 상품에 깃들어 있는 이야기이다."라고 주장한다. 미래는 지성보다는 감성이 더 중시되는 사회가 될 것이라고 한다. 옌센은 흥미 있는 여러 예측들을 쏟아내고 있는데 간략하게 살펴보자.

그는 미래사회에서는 일의 개념에 혁명이 일어난다고 본다. 지금 우리는 일이란 힘든 것이라는 '힘든 일'의 개념에서 활동하고 있다. 그런데 미래의 일은 힘은 들지만 재미있는 것이라는 '힘든 재미'로 그 개념이 변화된다는 것이다.

그는 또 미래의 대기업에 새로이 생기는 보직들로 '지적 자본' 계산 담당자(현재는 회계사들이 물적 자본만 계산하는 데에 비해), '모험담당 중역(chief adventure officer: CAO)'(이야기 시장을 담당하는 중역에 대한 명칭)이 생길 것으로 예측하고 있다.

더욱더 재미있는 것으로 그가 예측한 미래의 직함들이다. 여기에는 '마음과 기분 담당 이사' '침착한 사람들 초빙 담당 이사' '상상전문 최고경영자(chief imagination officer: CIO)' '가상현실 전도사' '무형자산 평가사' '이야기꾼 실무자' 등도 포함되어 있다.

옌센의 이러한 예측을 보면, 미래에는 자신의 감성을 키우고 그것을 살릴 수 있는 직업을 갖는 것이 좋다. 자신이 즐길 수 있는 것을 직업으로 발전시키는 것이 바람직하다. 미래교육은 감성과 개성을 발견하고 일깨워 주는 것이 매우 중요하게 될 것이다.

8. 공장형 교육을 벗어나 학습 시공간의 무한 변신 허용

앞으로 학교가 교육의 중심이라는 생각은 점점 엷어질 것이다. 우리 교육계에서도 언제 어디서나 학습할 수 있는 학습사회를 구축한다는 슬로건은 오래전부터 걸어 왔다. 그러나 교육정책의 거의 모두가 학교교육 정책으로 구성되어 있으며, 학교학습과 학교 밖 학습에 대한 법적 효력의 차이(학력인증, 자격인증 등에서)의 높은 벽을 보면 학교중심 교육을 거의 벗어나지 못하고 있다고 봐야 할 것이다.

앨빈 토플러도 학교 중심성을 벗어나지 못하고 있음을 다음과 같이 꼬집고 있다.

> 게다가 소위 개혁이라 불리는 것들조차 공장형 대량교육만이 교육의 유일한 방법이라는 은밀한 가정을 내포하고 있다. 공장 형태를 벗어난 새로운 모델로 교체하기보다 무의식적으로 '학교공장(school-factory)'을 더 효율적으로 굴러가게 하는 것에 집중해 온 것이다. 오로지 교사만이 교육을 할 수 있다는 고정된 사고도 만연해 있다(Toffler & Toffler, 2006: 288).

세계적인 미래학자 제롬 글렌(Jerome C. Glenn)이 미래 한국교육 발전을 위해 제출한 보고서에서는 다음과 같이 지적하고 있다. 가상현실, 전자교사가 발달하면 초 · 중 · 고 · 대의 구분, 공교육 대 사교육(특히 제도로서의), 국내교육 대 해외교육의 구분은 그 의미가 점점 더 줄어들 것이라는 의미심장한 예측을 내놓은 바 있다.

미래는 우리의 교육과 학습에 대한 중요한 의식 변화를 요구하고 있다. 현재의 '학교=교육'의 등식으로부터 '학교<교육<학습'의 부등식으로 나아가야 한다. 이러한 변화에 맞추어 각종 교육의 벽을 낮추고 다양한 융합과 변신을 허용하는 유연한 교육제도를 구축해 가야 한다. 무엇보다도 공장식 교육제도로부터 탈피해야 한다. 이건희 회장은 붕어빵 찍기식 교육을 벗어나야 한다고 했다. 사회 전반적으로 효율적인 평생교육 체제를 구축해 가야 한다. 학교도 평생교육 체제의 하나로 자리 잡아 학습자들이 어떠한 시공간에서 학습을 하더라도 그 효력을 인정받을 수 있도록 되어야 진정한 미래형 학습사회가 될 것이다.

앨빈 토플러는 공장식 교육제도가 각종 교육문제 발생의 원인이라면서 다음과 같이 신랄하게 비판하고 있다.

> 교내 총기 사건, 폭력, 약물 문제는 콜럼바인 총기난사 사건과 같은 양상의 참극이 일어날 때마다 뉴스가 되곤 한다. 이것은 순전히 공장식 교육체계에서 비롯된 증상이다. 몇몇 예를 제외하고 현재의 교육제도로는 젊은이들을 지식기반 경제에 대비할 수 있도록 재구조화하기는커녕 재개념화(recomceptualized)할 수도 없다(Toffler & Toffler, 2006: 311).

미국의 학교보다 훨씬 더 공장스러운 한국의 학교를 미래형 교육기관으로 거듭나게 하기 위해서는 지금 당장부터 정부, 교육계, 국민 모두가 머리를 맞대고 근본적으로 문제 해결을 해 나갈 준비를 해야 한다.

참고문헌

교육혁신위원회(2007). 미래교육비전과 전략.

박영숙(2004). 미래예측 리포트. 램덤하우스 중앙.

박영숙(2006). NEXT JOB 미래직업 대 예측. 매일경제신문사.

이종각(2008). 교육국제화특구 미래교육타운조성방안. 인천광역시교육청.

Drucker, P. F. (2001). 프로페셔널의 조건. (이재규 역). 청림출판.

Glenn, J. C. (2007). Real-time delphi를 이용한 2030년 교육변화 예측과 정책의 대응전략 모색. 대통령자문 교육혁신위원회.

Jensen, R. (2005). 드림소사이어티. (서정환 역). 리드리드출판.

Toffler, A., & Toffler, H. (2006). 부의 미래. (김중웅 역). 청림출판.

von Luepke, G. (2009). 두려움 없는 미래. (박승억, 박병화 역). 프로네시스.

7

가르치지 않는 교육에는 미래의 희망이 없다

7

가르치지 않는 교육에는 미래의 희망이 없다

전상인

1. 문제 제기

미국 예일 대학 로스쿨 교수인 에이미 추아(Amy Chua)가 목하 범세계적인 교육 논쟁을 불러일으키고 있다. 발단은 그녀가 금년 초에 출간한 『타이거 마더(Tiger Mother)』라는 책이다. 그녀는 재미와 창의성을 중시하고 개성과 자율을 강조하는 이른바 미국식 혹은 서양식 교육 대신, 통제와 엄격한 규칙을 강조하는 중국식 혹은 동양식 교육 나름의 장점을 설파한다. 추아 교수의 기본 전제는 애들이란 '스스로 공부하지 않는다.'는 것이다. 자녀들의 미래를 진지하게 고민한다면 실력이나 올바른 습관, 자기확신 같은 지고의 가치를 강압적으로라도 무장시켜 주어야 한다고 말하는 추아 교수는 암기와 단순학습의 중요성을 결코 과소평가하지 말아야 한다고 충고한다.

'호랑이 엄마' 식 교육의 핵심은 자녀나 학생들을 '가르쳐야' 한다는 것이다. 추아의 교육관에 대해 물론 논란의 여지는 있을 수 있다. 그리고 문외한(門外漢)의 입장에서 이에 대해 왈가왈부할 입장도 아니다. 다만 지금 우리나라 교육의 대세가 점점 더 '가르치지 않는' 쪽으로 흐르고 있다는 점만은 일선에 종사하는 현업 교육자로서 분명하게 확인해 두고 싶다. 그리고 행여 이와 같은 가르치지 않는 교육, 가르치지 않아도 좋다고 생각하는 교육방식이 미래세대 각 개인의 삶을 망쳐 놓을 뿐더러, 궁극적으로는 우리나라의 미래사회를 전반적으로 어둡게 만들고 말 것이라는 우려가 이 글을 쓰게 한 동기이자 동력이다.

우리나라에서 교육의 위기가 거론된 것은 어제오늘의 일이 아니다. 교육에 관해 많은 이가 전문가를 자임하지만, 그리고 정권이 바뀔 때마다 위정자들은 교육개혁을 다짐하지만, 오히려 혼란과 불안만 가중되는 상황이다. 두말할 나위 없이, 교육의 위기는 국가의 위기이자 미래의 위기다. 1950년대 자유당 정부 시절의 '교육기적'을 한번 기억해 보자. 식민지와 전쟁의 폐허 위에서도 학교교육은 나라의 희망이자 개인의 꿈이었으며, 궁극적으로는 1960~1970년대 한국의 산업화와 1980년대 이후 민주화에 크게 공헌하였다. 하지만 언제부턴가 한국의 교육은 더 이상 밝은 미래를 담보하기 어려운 상황에 처하고 있다. 우리의 교육은 청소년 나름의 혹은 청년 특유의 꿈과 도전 정신을 고무하는 데도, 국가관과 애국심으로 무장한 대한민국 국민을 배양하는 데도, 그리고 인류의 보편적인 인격과 도덕성을 함양하는 데도 공히 실패하고 있기 때문이다.

과거 우리나라의 교육에 비해 오늘날의 교육이 갖고 있는 결정적인 차이가 하나 있다면 그것은 가르침이 빠져 있는 것이라고 생각한다. 1950~1960년대에 우리나라 교육은 학생들을 열심히 가르쳤지만 현재 우리나라 교육은 가르침을 근간으로 하는 교육의 본령(本領)으로부터 크게 멀어져 있다는 말이다. 이처럼 가르침을 외면하는 한국교육의 현실은 대개 다음 몇 가지 이유에서 비롯되는 것으로 보인다. 첫째는 교육현장에 남겨진 민주화의 부정적 유산이다. 둘째는 이른바 '착한 아이' 신드롬이다. 셋째는 시나브로 만연한 좌경적 포퓰리즘이다. 그리고 넷째는 이른바 연구중심 대학이라는 허구적 신화이다.

2. 아이가 상전인 시대

민주주의는 참으로 소중한 가치다. 모든 인간이 동등한 권리를 누리는 것이 민주주의의 기본 원리임에 분명하다. 하지만 청소년이나 학생들까지 일반 성인과 똑같은 수준과 방법의 권리를 누리는 세상은 자고(自古)로 없다. 무릇 인류의 문명이란 미래세대를 가르치는 일을 통해 진보를 거듭해 왔다. 유독 인간 세계에서만이 오랜 사회화 혹은 피교육 기간을 거치는 것도 바로 이 때문이다. 그것은 미래세대를 억압하거나 착취하고자 하는 목적이 아니다. 오히려 이 세상에서 살아남아 하나의 인격체로서 스스로의 삶을 꾸려 나갈 수 있는 실력을 배양시키는 것이 더 큰 목적이다.

원칙적으로 말해, 교육은 서로 대등한 관계 속에 성립되는 것이 아니다. 교육이란 인격이나 지식의 측면에서 우월자적 위치에 속한 측에서 가르치는 것이기 때문이다. 어른이 무언가를 아이들한테 가르칠 경우, 그 순간만큼은 일정한 권력관계가 성립될 수밖에 없다. 그런데 언제부턴가 우리나라 교육현장에서는 민주주의 원리가 마치 절대선(絶對善)인 양 군림하고 있다. 물론 과거 권위주의 시대에 대한 일정한 반작용으로서 민주적 교육의 중요성을 이해할 수도 있다. 하지만 학생은 기본적으로 피교육자이며 가르침의 대상일 뿐이다. 그들의 인권을 보장하고 인격을 예우하는 것은 그다음의 문제다. '반면교사(反面教師)'라는 말도 있듯이 스승은 아무리 못나도 스승인 것이다

학생의 두발이나 복장을 자유화하는 것이 교육의 효과를 더욱 높인다는 보장은 없다. 선진국의 경우 우리보다 훨씬 더 엄격하게 학생들의 용모나 행동을 규제하는 일이 많다. 직접적인 체벌을 허용하는 나라도 없지 않거니와 그것이 눈에 띄지 않는다고 해서 그 나라 학생들이 무제한의 자유를 누리는 것은 결코 아니다. 선진국의 명문학교일수록 오히려 학생들의 일거수일투족은 미세한 조정과 세세한 통제의 대상이 된다. 바로 그것이 미성년자 학생이 응당 받아야 할 당연한 사회적 대접이다. 물론 그 배후에는 인간에 대한 배려나 사랑이 깔려 있어야 하지만 말이다. 우리나라 교육현장처럼 학생들을 방종한 상태로 내버려 두는 나라는 세상에 드물다.

비단 학교 내 학생들뿐만 아니다. 집안에서나 바깥에서 아이들을 야단치는 부모를 도무지 찾아보기 어렵다. 그러다 보니 도처에 버릇없는 아이들이다. 한둘만 낳아 자식이 원천적으로 귀한데다가 그저 공부만 잘한다면 모든 것이 이해되고 용서되는 것이 작금의 사회 분위기인 것이다. 부모들은 아이들의 눈치만 이리저리 살피기 일쑤며, 남의 자식의 행동에 간섭하는 일은 일종의 사회적 금기처럼 되어 버렸다. 집안에는 부모가 없고 사회에는 어른이 없는 세상이 된 것이다. 이처럼 아이가 오히려 상전(上典)인 시대에 도대체 가르친다는 행위 자체가 가능하겠는가. 스승의 날에 아이들이 어른에게 회초리를 드는 퍼포먼스는 천하의 난센스이다.

혹자는 아이들의 인권과 인격을 예우하는 것이 장차 민주시민을 배양하는 데 도움이 될 것이라고 한다. 일면 그런 측면도 있을 것이다. 그러나 진정한 민주시민이란 자연상태에서의 방임이나 방종이

아니라 교육과 훈련을 통해 만들어지고 다듬어지는 그 무엇이다. 민주주의란 본능이 아니라 어디까지나 사회적 학습의 결과인 것이다. 지금처럼 가정과 학교가 책임 있는 민주시민 의식의 함양에 게을리한다면 궁극적으로 한국 민주주의의 지속 가능성조차 위협할지 모른다.

3. '착한 아이' 신드롬

한국직업능력개발원이 2007년에 전국의 초 · 중 · 고교 학생들의 희망 직업을 설문 조사한 결과에서는 안정적인 직업군에 대한 선호가 뚜렷하게 나타났다. 초 · 중 · 고교에서 공통적으로 나타나기는 했지만, 특히 고등학생으로 갈수록 교사에 대한 선호가 확실한 우위를 차지하고 있다. 그리고 그 뒤를 의사, 회사원, 공무원 등이 잇고 있다. 이와 같은 추세는 사실상 최근 수년 동안 변함없이 지속되고 있다.

옛날처럼 대통령이나 장군 혹은 재벌이 되겠다는 꿈은 말할 것도 없고 한때 유행했던 것처럼 인기 연예인이나 운동선수가 되겠다는 희망도 크게 줄었다. 그저 편한 직업이나 안정된 직장이 좋다는 것이다. 물론 여기서 교사가 중요한 직업이 아니라는 뜻은 아니다. 인간을 만들고 인재를 양성하는 선생님의 역할은 아무리 강조해도 지나치지 않다. 하지만 초등학생 때부터 교사를 포함하는 안정적 직업을 가장 선호하는 것은 사회적인 차원에서 한 번쯤 우려할 만한 일이다.

오늘날 한국사회에서는 이른바 '착한 아이(good boy)'가 대세로 자리 잡고 있다. 일종의 '착한 아이' 콤플렉스가 청소년들 사이에 만연하고 있는 것인데, 그것은 '누구에게나 사랑받고 칭찬받고 싶고 아무에게도 미움받거나 비난받고 싶지 않는 마음상태'를 의미한다. 남보다 앞서지 않고, 앞서더라도 눈에 잘 띄지 않게 그저 평범한 소시민에 안주하려는 자세다. 공부 잘하는 것이 무슨 죄라도 되는 양 흔히 '범생이'라고 불리는 것도 그 방증이다.

왜 이런 일이 벌어지는 것일까? 우선 경쟁사회의 심화에 대한 심리적 대응기제이다. 어릴 때부터 경쟁이 심해지면 자연히 낙오자나 탈락자도 많아진다. 이때 다수를 이루게 되는 패배자는 소수의 승리자를 결코 가만히 두지 않는다. 이 경우 소수의 승리자는 '왕따'가 될 개연성이 높아진다. 그런 만큼 자신의 성취를 과시하고 드러내는 대신 동료와의 평균적 삶에 자신을 감추거나 묻고자 하는 경향이 있다. 말하자면 경쟁사회에서 왕따를 당하지 않으려면 모험을 택하는 대신 그저 평범하게 사는 것이 최선의 상책이다.

착한 세대의 확산은 고도성장 이후 이른바 탈물질사회(post-materialist society)의 도래와도 연관이 있다. 즉, 산업화라든가 민주화와 같은 집단적 과제가 달성된 이후에는 의식구조가 '생존가치(survival value)'에서 '웰빙 가치(wellbeing value)'로 이동하기 때문에 발생하는 현상이다. 가령 1950~1960년대에는 조국 근대화의 열망이 사회적으로 높았다. '나라의 융성이 곧 나의 발전의 근본'이었던 시절, "소년이여, 야망을 가져라."라는 말이 유행했던 것은 당연한 일이었다. 그러나 생존에 필요한 물질적인 성취가 일단 주어진 다음에는 그런 거대한 야망 대신 소시민적 안락과 웰빙을 꿈꾼다. 다시 말해, "소년들은 더 이상 야망을 가지지 않는 것(Boys 'no more' be ambitious!)"이다. 물론 이는 우리나라만의 현상이 아니라 선진국의 경우도 마찬가지이다.

청소년들의 '착한 아이' 신드롬은 또한 1990년대 이후 이른바 '신세대'의 출현에 직결된 문제이기도 하다. 국가적 과제나 사회적 이슈로부터 멀어진 채 개인주의나 개성시대에 몰두하는 모습이 신세대로서의 특성으로 고스란히 반영된 것이다. 한편 자기를 과시하거나 자신에게 몰두하는 일 혹은 스스로를 위해 투자하는 것은 소비주의 사회의 확산과도 쉽게 결부된다. 소비주의 사회에 적응하는 데 필요한 구매력은 다름 아닌 안정된 직장과 직업이 보장한다. 선생님이 되려는 목적도 결국 교육자로서의 대단한 사명감 때문이 아니라 이처럼 평범한 인간적 욕구에서 비롯되는 측면이 큰 것으로 보인다.

사람이 착하게 사는 것 자체를 나무랄 수는 없다. 그러나 그 결과 청소년 특유의 야망과 용기가 급속하게 조락(凋落)하고 있다는 사실, 그리고 진취적인 도전의식이 소멸하고 있다는 사실은 결국 한국사회의 정신적 조로(早老) 내지 노화 현상으로 귀결되고 있다는 데 문제가 있다. 부모든 사회든 '착한 아이'를 너무 강조하게 되면 아이 자체도 망가지지만, 궁극적으로는 국가 전체가 활력을 상실할 수밖에 없는 것이다. 이른바 '착한 아이의 비극'이 바로 그것이다. 미래 세대가 평범한 소시민으로 자라나는 대세를 마냥 반길 수만은 없는 노릇이다.

국가와 인류의 미래를 감당할 후속세대에게 교육자들은 야망과 책임감 그리고 도전의식을 적극적으로 가르쳐야 한다. 각자가 행복한 사회도 좋지만 세상 전체를 걱정하고 준비하는 엘리트주의의 가치를 시급히 복원시켜야 한다. 특히 경쟁사회의 현실을 부정하고 외면하는 오늘날 우리 아이들에게 경쟁에서의 승리가 필요하고 중요한 일이라는 의식을 제대로 인식시켜야 한다. 그리고 한 걸음 더 나아가 진정한 교육자라면 경쟁에서의 승리를 독식할 것이 아니라 남과 공유하고 사회 전체를 위해 베풀어야 한다고 열심히 가르쳐야 한다. 무릇 세상의 선순환 법칙은 가진 자는 베풀고, 도움을 받은 자는 감사하며, 그럴 때 가진 자는 더 베푸는 과정이라는 점을 숙지시켜야 한다.

4. 교육현장의 좌경 포퓰리즘

요즘 대학 입시과정에서 학생들을 면접해 보면 마치 '대답의 정석' 같은 것이 존재하는 기분이 든다. 물론 그런 것이 현실적으로 있을 수도 있다. 사설학원에서 입시면접 준비과목을 운영한다고 하지 않은가. 말하자면 면접자가 원하는 답을 미리 공부시킨다는 것이다. 그래서 그런지 몰라도 학생들을 면접해 보면 하나같이 박애주의자, 평등주의자, 평화주의자이다. 그저 세상을 정직하게, 올바르게, 남들과 더불어 살아야 한다는 대답이다. 물론 이 자체는 하등 문제될 것이 없다. 그렇게 실제로 살고 또 살 수 있다면 매우 바람직한 현상이다.

학생들이 학원에서 가르쳐 준 정답을 암기해서 대답하든 혹은 스스로 그렇게 확신해서 대답하든, 오늘날 입시 면접장에서 만나는 학생들은 대부분 앞에서 언급한 바대로 '착한 아이들'이다. 무엇이 오늘날 우리의 어린 청소년들을 이처럼 평등주의자, 박애주의자 그리고 평화주의자로 만들었을까? 아니면 최소한 그런 것들이 모범적 인생 매뉴얼이라고 믿게 만들었을까?

"솔직히 말하자. 나는 서울대에 입학한 학생에게 축하한다는 말을 할 수 없다……. 오늘 이 땅을 지배하고 있는 사회귀족들은 사회의 엘리트로서 가져 마땅한 능력도 부족한데다 사회적 책임감은 아예 갖고 있지 않다. 그대 또한 자기성찰을 게을리한다면 그런 선배의 전철을 밟을 것이다. 그대는 머리가 좋거나 배경이 좋아서 치열한 학벌경쟁에서 승리하여 서울대생이 될 수 있었다. 그러나 그것은 시험문제를 잘 풀고 주입식 교육, 암기위주 교육에 잘 적응하는 능력을 갖고 있다는 점을 말해 줄 뿐…… (그대는) 인간에 대해 그리고 사회에 대해 철저히 무지하다. 그럼에도…… (그대는) 결국 이 천박한 자본주의 사회의 지배층에 속하게 될 것이다…….”

이것은 한겨레신문사 홍세화 시민편집위원이 서울대 〈대학신문〉(2006. 3. 6)에 '신입생에게 주는 글: 사회귀족 여러분께'라는 제목으로 기고한 글의 일부이다. 수많은 비판과 문제점이 있다 해도 우리나라 최고의 인재가 모인다는 서울대 신입생들의 자존심과 자부심을 여지없이 짓밟는 내용이다. 물론 딴에는 일리가 있다. 사회적 불평등 체계에 의해 '가공된 엘리트'를 향해 한국사회의 현실을 직시하고 시대적 책무의식을 환기하는 것 자체가 전혀 무의미한 것은 아니다. 하지만 이런 말은 입학생들이 아닌 졸업생들을 대상으로 하는 것이 더 옳았다. 약관 20세 전후에 청운의 꿈을 안고 국내 최고의 대학에 입학한 아이들에게 어른이 할 소리는 아닌 것이다. 이유 여하를 막론하고 누구라도 미래의 엘리트들 혹은 잠재적 리더들의 기를 죽일 권리는 없다.

현재 우리나라 학생들은 중고등학교 시절에 이미 대한민국에 대해 일종의 죄의식을 갖도록 체계적인 교육을 받는 것 같다. 잘못 가르치는 교육은 가르치지 않는 교육보다 훨씬 유해하다. 물론 학생들이 사회와 역사에 대해 일정 정도 비판의식을 갖는 것은 필요하고 당연한 일이다. 그러나 오늘날 우리나라의 경우 청소년들은 특정 이념 내지 세력에 의해 의식이 왜곡되고 사고가 편향되어 있는 측면이 있다. 이를 현재 한국의 지식인 사회에 만연되어 있는 '포스트 80년 광주' 신드롬이라고 표현해도 좋은 것이다.

'포스트 80년 광주'라는 표현은 이른바 '포스트 아우슈비츠(Post-Auschwiz)' 신드롬에서 패러디한 것이다. 그것은 나치하 죽음의 수용소인 아우슈비츠 생존자들처럼 살았다는 것 자체에 대해 죄의식을 갖는 것을 의미하기도 하고, 아우슈비츠 이후 유대인들의 과오나 일탈에 대해서는 면책하고 침묵하려는 일련의 지적 풍조를 말하기도 한다. 언제부턴가 우리 사회에서도 정치, 경제, 사회 영역은 물론 특히 문화와 교육 분야에서 '80년대의 장막'이 짙게 드리워져 있다. 이른바 좌파적 역사관과 진보적 사회의식이 무비판적으로 그리고 편파적으로 학생들을 '삐딱선'에 태우고 있는 것이다.

가장 대표적인 것이 고등학교 근현대사 교과서이다. 그것은 대한민국 근현대사에 대한 자괴감으로 가득 차 있으며 '아래로부터의 운동사관'이 충만하고 있다. 그런 교과서를 갖고 교사들이 열심히 가르치고 학생들이 열심히 공부하면 할수록 그들은 자연스럽게 평등주의자, 민중주의자, 평화주의자, 박애주의자가 될 수밖에 없는 것이다. 조국인 대한민국에 대한 자부심과 긍지는커녕 극작가 존 오스본(John Osborne)의 표현처럼 "성난 얼굴로 과거를 되돌아보게(Look back in anger!)" 되는 것이다. 그리고 이는 우리 사회의 강자(强者), 부자(富者), 식자(識者) 등 엘리트 기득권 세력에 대한 무조건적 혹은 '묻지 마 식' 거부감으로 이어질 뿐 아니라 반(反)국가, 반기업, 반시장, 반권력, 반세계, 반미국 정서로 쉽게 연계되고 있다.

오늘날 우리나라 교육은 대한민국이 어떻게 만들어졌고, 어떻게 발전했으며, 특히 세계 다른 나라들과 비교하여 어떤 비교우위를 갖고 있는지를 제대로 가르치지 않는다. 물론 이러한 사실을 가르치고자 해도 아이들에게는 들을 귀가 준비되어 있지 않은 것이 부인할 수 없는 현실이다. 언필칭 '성공한 대한민국 근대화'라고 해도 미래세대의 공감과 이해는 결코 쉽지 않기 때문이다. 지금의 기성세대가 개발연대 동안 국가와 개인의 동반 성장을 경험했다면, 사실상 오늘날의 청(소)년 세대에게 그런 기회는 더 이상 없다. 소위 88만 원 세대의 눈높이에서 볼 때 우리 사회의 진입장벽은 엄청나게 높아져 있기 때문이다. 목하 한국사회가 '헝그리(hungry) 사회'로부터 미증유의 '앵그리(angry) 사회'에 진입해 있는 것도 그 때문이다.

좌경적 이념이 미래세대에 호소력을 가질 수 있는 사회적 기반은 그만큼 대단히 탄탄한 셈이다. 서울대 사회발전연구소의 '국민의식조사—IMF 10년, 한국사회 어떻게 변했나'(2007)와 '현대한국인의 의식과 관행조사'(1998)를 비교해 보면 사람들이 한국사회의 제1 성공조건으로 돈을 지적하는 비율이 10년 사이에 35.8%에서 60.5%로 급증했다. 한국투명성기구가 작년에 전국의 중·고교생을 대상으로 실시한 설문조사에서는 다섯 중 하나 가까이가 10억 원이 생긴다면 10년간 감옥에 갈 용의가 있다고 응답했다. 비상한 방법이 아니고서는 우리 사회에서 낙오자가 될 수밖에 없다는 사실을 당사자들은 무서울 정도로 정확히 예감하고 있는 것이다. 몇 해 전 한국청소년개발원이 한국과 일본, 중국의 청소년들에게 '전쟁이 나면 어떻게 할 것인가'를 물었더니 '앞장서서 싸우겠다'고 답한 비중은 한국이 10%로서 최하였고, '외국으로 나가겠다'고 말한 비율은 한국이 10%로서 최고였다는 사실은 결코 우연이 아닌 것이다.

그러므로 학교에서 대한민국 근현대사의 전개과정을 객관적으로, 정확하게 가르치는 일에 배전의 관심을 기울여야 한다. 이와 동시에 그것의 선행 조건으로서 좌경적 이념이 득세하고 전파되지 않도록 사회공동체 차원의 일대 혁신이 이루어져야 한다. 자신은 '바담 풍' 하면서 아이들에게 '바람 풍'을 가르칠 수는 없는 노릇이다. 기성세대의 도덕적 해이부터 먼저 시정한 다음 성공한 대한민국에 아이들이 공감하고 동감할 수 있는 삶의 여건이 현실적으로 제공되지 않는다면, 좌경화 이념 공세에 맞설 수 있는 여하한 진실교육도 그 효과를 기대하기 어렵다. 청소년들의 건전한 애국심이나 국가관이 총체적으로 무너지는 경고음을 사회 모든 구성원이 진지하게 경청해야만 한다. 가르치는 자들의 도덕적 재무장 없이는 좌경 포퓰리즘에 맞서는 백약도 무효다.

5. 연구중심 대학의 허구

대학도 학생을 가르치지 않기로는 마찬가지다. 물론 과거에 비해 수업 자체는 훨씬 더 강화되었다. 언제부턴가 캠퍼스에서 무단휴강은 거의 죽은 말이 되어 버렸다. 그런데 실제 내막은 다르다. 평가제도가 대학가에 본격적으로 도입되면서부터 수업의 내실은 결코 나아지지 않았거나 오히려 전보다 더 나빠졌다. 대학에 랭킹, 그것도 세계적인 랭킹을 매기는 것이 일종의 유행이 되면서 많은 대학이 그저 가시적인 업적인 연구 부분에 주력하게 되었다. 대학의 순위를 그저 이른바 SCI나 SSCI 편수로 따지는 시대가 된 것이다. 그리고 그 이면에서 교육에 대한 정성적 평가는 뒷전으로 밀려나기 일쑤다.

연구중심을 지향하는 대학은 일종의 논문공장이다. 그리고 대학교수들은 논문기계로 전락하여 강의 준비보다는 연구업적에 피를 말릴 수밖에 없는 상황에 내몰리고 있다. 농담 반, 진담 반으로 '강의만 하지 않으면 교수도 할 만하다.'는 말이 공감을 얻는 지경이다. 정량적 업적을 두고 벌어지는 경쟁과 평가 체제 속에 대부분의 교수들은 '일년초'로 내몰리고 있다. 장기적 기초연구는 쉽게 엄두를 내지 못한 채, 그저 수업을 적당히 하면서 연구실에서 업적 생산에 몰두하는 것이 상책인 것이 오늘의 현실이다. 가르친다는 것이 일종의 시간낭비처럼 치부되고 있는 것이 바로 오늘날 한국의 대학가이다.

임용이나 승진을 걱정할 필요가 없는 중견 혹은 원로급 교수라고 해서 강의에 충실한 경우가 많은 것도 아니다. 외국 명문대학에서 노벨상 수상자들이 개론 수업을 맡는 것과는 대조적으로, 한국에서는 기초과목일수록 주니어급에게 미룬다. 그리고 시니어급들은 이른바 사회봉사에 열심이다. 텔레페서 혹은 폴리페서로서 각종 외부 일에 종사하느라 연구실은 비어 있기 다반사이다. 혹은 대학 내 보직 수행을 무슨 벼슬처럼 아는 이도 많다. 결과적으로 대학에서 가르치는 일에 전념하는 교수들이나 제도적 여건은 점점 더 부실해진다.

요즘의 대학생들을 보면 '고아'처럼 느껴질 때가 많다. 교수로부터의 지도나 교류 없이, 마치 부모 없는 아이처럼 고독한 모습으로 대학을 다니며 그저 학점이나 따서 졸업하는 것이다. 최근의 캠퍼스를 보면 강의실이나 식당 등을 찾아 혼자 어슬렁거리는 학생들이 많다. 친구조차 점점 더 줄어들고 있는 것이다. 하긴 혼자서도 나름 잘하기는 한다. 요즘 학생들이 제출하는 레포트 류를 보면 하룻밤 사이에 세계 최고 수준이다. 하지만 대부분 그것이 정보화 사회의 인터넷이나 스마트폰 덕분이라는 것을 아는 사람은 다 안다. 교수의 가르침과는 별 상관이 없는 것이라는 뜻이다. 대학교수들의 본업이 연구이고 부업이 봉사라면, 강의는 점점 더 과외의 일처럼 취급되고 있다. 현재 한국의 대학은 가르치는 교육의 장이라고 말하기 참으로 쉽지 않다.

6. 결 론

가르치지 않는 오늘날 우리나라 교육의 현실을 고발하는 일이 물론 부분적이거나 편파적일 것이다. 열심히 가르치는 이들, 열심히 배우는 곳들이 여전히 많을 것이기 때문이다. 그리고 기성세대가 미처 모르는 장점과 강점으로 우리의 미래세대가 무장하여 행여 청출어람의 사례를 보여 줄지도 모른다는 기대도 없지는 않다. 그러므로 이 글은 공연한 식자우환에 그칠 수도 있을 것이다. 따라서 비록 교육학자는 아니지만 적어도 일선 교육자의 한 사람으로서 스스로를 다짐하고 채찍질하기 위해 가르치지 않는 한국교육의 현실을 다소 과장해 본

것뿐이다.

거듭 말하거니와 교육이론이나 교육철학이 아무리 거창하고 심오하더라도 교육의 본질은 궁극적으로 이전 세대가 후속 세대를 가르치는 일이 아닌가 싶다. 그리고 이러한 교육은 오직 인간 세계만의 특권이고 바로 그것이 인류문명의 동력이었다. 그런데 언제부턴가 우리나라 교육에는 가르침이 빠져 있다는 것이 이 글의 주장이다. 그렇다면 우리나라에는 미래도 없다는 것이 결론이다. 책임 있는 민주시민의 양성에도, 세계화 시대가 필요로 하는 국가적 리더 혹은 인재 육성에도 우리 교육은 현재 실패 중이다. 오늘날 우리나라 교육은 학생들을 교육하는 것이 아니라 그들 앞에서 위선과 비굴 그리고 아부로 일관하고 있는지도 모른다.

8

창의적 인재 양성을 위한 미래 과학기술교육의 방향

8

창의적 인재 양성을 위한 미래 과학기술교육의 방향

조장희

1. 과학기술 분야

현대 20세기 및 21세기의 과학발전은 노벨상의 역사와 무관하다고 할 수 없을 정도로 노벨상은 현대과학을 주도하고 있다. 또 노벨상의 진가는 그 자체가 '정의'와 '정직'의 상징이기도 하다. 왜냐하면 노벨상처럼 외부의 압력이나 정치적 영향을 받지 않는 상도 거의 없기 때문이다. 또 다른 면은 노벨상은 그 근원을 '원천' 연구에 두고 있다는 것이다. 그리고 그 원천을 왜곡 없이 찾아내는 비상한 힘을 가진 상이라는 데 그 의미가 큰 것이다. 그런데 나는 '노벨상을 왜 우리나라는 아직 못 받는가?'라는 질문을 자주 받는다. 그때마다 조금 한심한 생각이 드는 것이 내가 50여 년 전 스웨덴 웁살라(Uppsala) 대학에 유학을 갔을 때 그곳의 연구시설과 연구자들을 우리의 오늘의 현실에 비교할 때 현재의 대한민국이 그때 그곳의 연구환경만 못하다는 말을 감히 할 수 있기 때문이다. 이렇게 하고서 어떻게 노벨상을 운운할 수 있는가? 간단한 예를 들겠다. 1962년 가을 생소한 웁살라 대학에 도착했고 얼마 안 돼 그곳 구경(연구시설)을 시작했다. 지금도 가장 인상 깊은 것은 지하 50m에 있는 200Mev짜리 사이클로트론(cyclotron)이었다. 당시만 해도 직경이 무려 500m에 달하는 이 거대한 장치는 나와 같은 문외한을 감복시키기에 충분했다. 이 거대한 장치를 보고 '아, 우리 동양 사람은 서양 사람보다 못하구나.' 하는 생각이 내 머릿속을 떠나지 않았던 기억이 난다.

우리나라도 이제는 세계 최고의 과학과 기술을 해야 한다. 남이 못하고 남이 엄두를 못내는 빅사이언스(big science)를 해야 한다. 또 중요한 것은 '묻지 마' 연구를 해야 한다는 것이다. 지금 대한민국은 모든 것이 '이번 연구'를 하면 몇 년 후에 얼마나 많은 '먹을거리를 만들어 낼 것인가' 하는 것이 주된 질문이다. 그러나 왜 이만한 국가의 재력으로 '묻지 마' 식의 순수한 연구를 해 볼 수 없을까? 오늘 신문지상에서 보니 우리나라 하루 수출량이 18억 불에 달했다고 한다. 그런데 1억 불짜리 연구 프로젝트 하나 순순히 해 준 것이 있나 한번 물어보고 싶다. 최근의 연구는 필히 융합 연구가 되어야 한다. 가속기도 있어야 되고, 또 대단위 동물사육 시설도 있어야 동물 실험도 할 수 있다. 필자의 연구와 같은 수백억 대의 MRI 연구도 이 분야의 대형 연구에 비하면 아직도 더 많은 연구시설 투자가 필요한 연구이다. 예를 들면, 필자가 하고 있는 7.0tesla MRI 연구가 그 예이다. 7.0tesla 연구의 초창기에 많은 좋은 성과를 거두면서 선구자적인 연구를 할 수 있었다. 곧 20대, 30대, 40여 대의 7.0tesla MRI가 전 세계에서 가동됨으로써 이제는 희소가치도 없고 더 이상 '흥분할 만한 연구'가 없게 되었다. 다음은 무엇이겠는가. 우리의 7.0tesla 경험을 가지고 남이, 아니 전 세계가 엄두를 못 내는 14tesla MRI 연구를 우리가 세계 처음으로 도전해 볼 수 없을까? 총 투자액은 우리나라 하루 수출액의 1/20, 즉 5%에 불과한 1억 불 정도이다. 왜 우리는 이러한 첨단 연구에 도전할 수 없는가? 연구의 본성은 시간이다. 시간이 늦으면 아무리 좋은 연구를 해도 무용지물인 것이다. 노벨상은 연구에 그 근간을 두고 있다. '세계에서 처음' 하는 연구를 해야 하고 또 그것이 인류와 과학계에 뜻 있는 공헌을 해야 한다. 우리의 연구가 뜻 있는 연구인지는 역사가 증명할 것이므로 어찌할 바 없지만 우리도 연구의 경력과 역사가 있는 우리나라 과학자가 연구를 하겠다고 하면 연구의 타당성과 그 성공 가능성을 파악하여 타당성이 있으면 신속히 '적시'에 투자해야 할 것이다. 필자가 주장하는 '연구하는 과학자'는 이 모든 것에 주가 되는 것이다.

빅사이언스를 지원하기 전에 제일 중요한 것은 그 연구에서의 주관 연구자(principal investigator)의 선정이다. 슬프게도, 우리나라에는 과학기술연구 역사가 짧아 빅사이언스를 할 만한 과학자가 그리 많지 않다. 과학자와 과학행정가는 다르다. 과학자는 한 분야의 학문에 업적이 뛰어나야 하는 것이다. 과학자의 선정은 빅사이언스의 성공 여부를 가늠하는 가장 중요한 잣대가 되겠다. 우리는 빅사이언스를 할 수 있는 과학자의 영입에 최대의 투자를 할애해야 한다. 아마도 국적과 나이를 따지지 말고 영입해야 할 것이며, 이는 각 대학과 연계하여 수행되어야 할 것이다. 이미 이와 비슷한 WCU 같은 것이 있으나 이는 그러한 빅사이언스를 목적으로 했다고 보기에는 좀 맞지 않는, 어디까지나 '교육'용이 아닌가 생각된다. 빅사이언스 프로젝트를 위한 새로운 프로그램을 한번 해보면 어떨까 생각된다. 이러한 빅사이언스 프로젝트가 수행되면 우리의 많은 젊은 과학자가 제대로 된 연구시설에서 빅사이언스를 어떻게 하는가를 보고 배움으로써 또 다음 세대에 빅사이언스를 설계하고 또 수행할 수 있을 것이다. 오늘날 과학은 '빅사이언스'와 '융합과학'으로 이루어져 있다. 이러한 연구 환경하에 비전이 있는 교수와 시설에서 연구를 할 때 그중 1% 또는 2%의 연구가 우리가 그렇게도 원하는 노벨상을 탈 수 있는 연구가 될 것이다.

지금의 투자는 당장 나오는 것이 아니고 아마도 20년 또는 그 이상의 세월이 흘러야 그 꽃을 볼 수 있을 것이다. 연구는 하루아침에 할 수 있는 것이 아니다. 시간과 노력 그리고 끝없는 행운이 같이 따라올 때에 가능한 것이다. 투자와 노력이 없이, 또 과학과 학문의 연구의 본질을 모르고 결과를 다그칠 때, 우리의 노벨상의 꿈은 부서지고 마는 것이다. '투자는 빨리' '연구 결과의 기대는 천천히' 그리고 '바보같이 연구' 하는 우리의 많은 젊은 과학자가 있을 때 우리도 빅사이언스와 함께 노벨상도 꿈을 꾸어 볼 수 있을 것이다.

필자는 지금도 생각이 난다. 첫해 웁살라 대학에 도착한 지 얼마 되지 않아서 오후 3시 커피 브레이크 때에 한 젊은 부교수(docent)가 새로 발표된 논문을 보여 주면서 자랑하는 것을 본 적이 있다. 그런데 당시만 해도 연구에 문외한이었던 필자는 저 몇 페이지 되지 않는 논문이 무엇이 그리 대단하다고 호들갑을 떠는가 하고 생각했다. 하지만 필자는 3~4년이 걸려서 졸업할 때에 와서야 겨우 논문 한 편을 발표하는 경험을 할 수 있었다. 분명 연구와 논문 모두 시간과 노력이 필요한 어려운 일임에 틀림없다. 특히 연구환경이 좋은 경우에도 말이다. 우리나라도 좋은 논문, 좋은 의미 있는 연구를 할 수 있는 기회가 연구하는 사람들에게 주어져야 할 것이다. 연구도 해보지 않은 행정위주의 정부관리나 대학 행정당국의 무지는 무서운 오류와 학문의 왜곡을 불러올 것이다. 물론 우리나라의 연구 역사가 짧고 아직은 미천하지만, 다시 한 번 학계와 정부 그리고 사회 전체가 '의미 있는' '가치 있는' 연구에 시간과 투자를 해 줄 때 본래의 취지인 좋은 연구의 결과인 '좋은 논문'이 나올 수 있을 것이다. 특히 창의적인 연구는 우리나라 과학정책과 그 맥락을 같이한다고 해도 과언이 아니다. 이런 맥락에서 한국의 고등교육, 즉 대학의 교육과 연구를 생각해 보면 다음과 같은 몇 가지 중요한 핵심 요소를 발견할 수 있다.

과학기술 진흥 및 대학교육 정책 중에 특히 최근에 이야기되고 있는 대학평가는 중요한 것으로서 신중을 기하여 토론되고 또 정책으로 반영되었으면 한다. 이러한 평가제도의 도입에 선행되어야 할 일은 대학의 분류로서 연구중심 대학, 즉 대학원중심의 대학과 교육훈련 중심 대학이 분리되어 그 목적과 기능이 재정비되는 것이라고 생각된다. 예를 들면, 한국과 같은 실정에서는 재정적 지원도 문제가 되지만 연구 인력 자체가 부족한 현실에서 현재의 모든 대학이 연구중심 대학이 되겠다는 것은 불가능하므로 대학의 기능 분류가 선행된 다음 그에 준한 대학의 연구 평가가 뒤따라야만 한다.

연구중심 대학은 그 목표가 '학문 연구'로, 이런 부류의 대학과 대학교수들은 학술활동 등의 연구가 교수활동의 주된 임무가 되겠다. 이러한 연구는 연구 경력과 업적이 있는 교수집단이 있다고 해도 그것을 뒷받침할 수 있는 재정과 기술적 지원이 뒤따라야만 소기의 성과를 거둘 수 있을 것이다. 그러기 위해서는 우선 한국 실정에서 소수의 국제적인 수준의 연구를 할 수 있는 교수 및 연구원 집단이 형성되어 있는 대학을 엄정하고도 객관적인 방법으로 선정한 다음, 그 대학 내에서도 연구활동을 할 수 있는 학과 및 집단을 선별 지원하고, 점차적으로 선정된 대학 전반에 확대시키는 방법으로 유도해야 할 것이다. 일단 이러한 학과 및 집단이 선정되면 그에 해당하는 교수 임용 및 승진급 규정을 국제적인 수준에 준하도록 점차 개선하며, 여타의 대학들은 이들을 모델로 하여 연구 여건과 우수교수 채용 등을 통하여 연구중심 대학을 원할 경우 필요한 여건을 갖추도록 유도해야 할 것이다.

반면 연구중심 대학 외의 나머지 교육훈련중심 대학들은 급속히 발전하는 산업화 사회의 시대적 요청에 따른 전문인력을 양성하는 교육기관이 되어 줘야 하겠다. 다시 말하면, 연구중심 대학은 한 나라의 학문과 연구 발전의 중심체가 되어 두뇌 역할을 하게 하며, 교육훈련중심 대학에서는 고도화된 현 산업사회에 전문인력을 양성하여 사회에 기간요원을 공급하는 고등기간 요원 양성기관으로서의 역할을 해야 할 것이다.

미국의 예만 보더라도 2천여 개의 대학 중에 극히 일부 대학만이 연구중심 대학으로 학문의 연구와 핵심 고급 인력들을 양성하고 있으며, 나머지 대학들은 4년제 또는 2년제 석사과정을 최고 학위과정으로 하는 전문인력 양성기관이다.

우리나라의 현실은 어떤가? 일부 유럽이나 미국의 연구중심 대학의 제도만 보고 와서 마치 모든 대학이 스탠퍼드나 캘리포니아 대학 또는 IVY 리그의 대학처럼 연구중심 대학인 양 이야기하며 현실에 맞지 않는 교수 인사규정을 만드는 등 무리한 규정 등을 강요하는 예가 있는 듯하다.

연구중심 대학 또는 그중에서도 연구중심 학과는 그 시설과 재정적 지원이 중요한 지표가 되겠지만, 그 무엇보다도 더 중요한 것은 그 과에 속해 있는 교수들의 연구업적이 연구중심 학과나 대학이 되기 위한 자격을 갖추었느냐 하는 것이다. 미국의 캘리포니아 대학의 9개 연구중심 대학에서도 예를 들어 Ph.D. 학위를 줄 수 있는 과가 60~70%뿐이며 나머지 과들은 이 기준을 맞추기 위해서 끊임없이 노력하고 있다. 박사과정을 개설하기 위해서는 대학학위위원회

(University Advanced Degree Committee)에서 인정하는 그 과의 교수 연구업적 그리고 연구시설을 중심으로 평가하며, 평가에 합격하지 못하면 박사과정을 할 수 없게 된다. 따라서 현재 무분별하게 박사과정 등을 개설 · 운영하는 대학들에 대해서는 기준을 엄격히 하여 무자격 박사학위 수여 등의 남발을 시정하는 것 또한 시급한 것으로 보인다.

필자는 우리나라 과학기술 발전을 위해 국민과 정부가 해야 할 일은 앞에서 말한 연구중심 대학의 시급한 설정과 동시에 국가의 적극적인 지원이 급선무라고 생각된다. 세계적인 대학이 없을 때 우리의 학생들, 특히 대학원생들의 선진국으로의 대이동(exodus)은 한국 고등 대학교육, 특히 대학원 석박사 과정의 황폐를 가져오며, 이는 대학 연구활동의 마비를 가져올 것이다. 오늘날 대학원생들은 '좋은 교수' '좋은 연구소' '유명한 대학' 등을 찾아 선진국으로 향하고 있는데, 어떻게 하면 이들 젊은 과학도를 우리 대학에서, 우리나라에서 연구하고 공부하게 할 수 있을까? 단 한 가지 방법은 우리나라의 대학을 세계 수준의 '연구하는' '할 수 있는' 대학으로 만드는 것이다. 그러면 어떻게 세계적인 수준의 대학을 만들 수 있을까?

첫 번째는 교수이다. 각 분야별로 세계 정상급(eminent scholar) 교수들을 영구 유치해야 한다. 물론 외국인 교수라도 좋다. 외국인 교수인 경우는 많은 부담이 따른다. 하지만 이 부담은 '연구시설'의 한 부분이므로 아끼지 말고 투자해서 초빙한 교수들이 기꺼이 연구에 종사할 수 있게 해야 한다. 값싼 연구는 더 이상 설 자리가 없는 현실이다. 연구는 세계 최고여야만 하며 또 세계 최초여야만 한다. 값비싼 대가를 치르지만 이러한 세계 최고 그리고 최초의 연구는 많은 새로운 부산물을 가져온다. 산업적인 측면에서는 특허 등 기초 연구에서 얻은 새로운 결과가 우리나라의 산업경쟁력을 높여 준다. 우리나라도 세계 10대 선진 산업국가가 되기 위해서는 세계 10대 대학이 몇 개가 있어야 하는데, 그렇지 못한 것이 현실이다. 세계 정상의 대학들에서 연구한 결과를 통해서 원천기술의 확보와 새로운 고부가가치 상품을 계속해서 만들어 낼 수 있을 것이다. 오늘날 과학기술 연구는 20세기 초나 중반의 개인 중심의 연구를 이미 벗어나 고가의 장비와 최고의 두뇌를 요구하고 있다. 유럽의 CERN(Center for European Research)과 같은 방대하고도 엄청난 투자를 필요로 하며 세계적인 공동연구 활동을 요구한다. 해답은 놀랍게도 간단하다. 많은 투자를 하는 것이다. 특히 우리나라와 같은 과학기술 분야, 특히 기초과학 분야의 후발주자는 특별한 투자 없이는 아마도 머지않아 설 땅이 없을 수도 있겠다. 학문 연구–응용연구–산업기술 응용의 연계성은 기초과학, 특히 대학에서 학술논문을 쓰는 연구에서부터 시작하여 학술 연구는 산업적인 측면 외에도 문화 및 정신적인 차원에서도 중요한 것 중의 하나가 되겠다.

두 번째로는 선별된 각 연구중심 대학에서는 세계 최초 그리고 최고의 빅사이언스를 가능하면 많이 만들어 명실공히 노벨상급의 연구에 도전해야 한다. 이러한 빅사이언스 프로젝트는 위에서 말한 세계 석학들의 영입과 연계하여 추진하여야 한다. 한 개의 빅사이언스 프로젝트에는 수많은 젊은 과학자와 대학원생이 새로운 도전과 싸우는 것을 배우고 또 새로운 연구를 할 수 있을 것이다. 빅사이언스에는 필히 그 분야에서 뛰어난 교수가 있어야 한다. 위에서 이야기한 세계 정상급 교수를 유치하는 것, 그리고 그 교수에게 전권을 부여하여 빅사이언스를 이루게 해야 할 것이다.

세 번째로는 빅사이언스와 세계적 석학들에게 충분한 시간과 투자를 아끼지 말아야 한다. 적어도 연구중심 대학으로 선정된 대학에서는 국가에서 빅사이언스에 투자한 만큼 이에 대응하는 투자를 한다는 조건을 달아야 되겠다. 이러한 개념은 각 대학으로 하여금 그들이 '연구중심' 대학이냐 '교육중심' 대학이냐를 선택하게 할 것이다. 특히 빅사이언스 프로젝트처럼 많은 투자를 해야 하는 연구는 각 대학들이 국가와 함께 '책임'을 지고 연구를 도와야 할 것이다. 다시 말하면, 각 해당 연구중심 대학은 국가투자의 파트너가 되는 것이다. 이제는 우리나라도 더 이상 교수회관이나 대리석 도서관 짓기에만 투자하지 말고 명실공히 연구하는 대학에 투자하는 분위기를 만들어야 한다. 국가의 투자와 더불어 개인 기업체, 특히 대기업들도 학문 연구와 빅사이언스에 투자하는 분위기를 국민과 국가가 빨리 조성해야 한다. 오늘날 반도체, 조선 및 자동차 산업이 세계적인 우위에서 산업경쟁을 하고 있는 것도 기존 대학들이 산업 인력을 양성했기 때문이다. 21세기에 세계 10대 선진 산업국가가 되려면 이제는 한 차원 높은 과학기술에 기반을 둔 산업을 일으켜야 하는데, 그 필수 요건은 빅사이언스와 같은 과학 프로젝트에 더 많은 우리 젊은이가 참여하여 배우고 연구하고 또 일하여야만 이루어 질 수 있을 것이다. 우리가 잘 알고 있는 것처럼 미국의 NASA, NIH 그리고 각 국립 연구소(Lawrence Berkeley, Brookhaven, Fermilab 등)는 오늘날 미국을 세계 정상의 과학강국으로 만들었는데, 이들이 대표적인 빅사이언스 프로젝트의 예가 되겠다. 주목할 것은 NASA와 NIH를 빼고는 다른 대형 연구소들은 대부분이 대학과 관계된 대학부설 연구소로서 로렌스 버클리 연구소(Lawrence Berkeley Lab)는 UC 버클리에 속하며, 브룩헤이븐 연구소(Brookhaven Lab)는 미국 동부 IVY 리그 대학에 속한 것을 보아도 대학 연구소들의 중요성을 알 수 있을 것이다.

끝으로, 앞에서 말한 세 가지, 즉 세계적 석학, 빅사이언스, 각 대학의 대응 투자는 우리나라 고등과학 분야 교육을 새로운 21세기 선진국 과학교육으로 인도할 것이다. 아무리 창의적인 사람을 중학교, 고등학교, 대학학부에서 만들어도 대학원 석·박사 과정 연구에서 새로운 연구를 지도할 수 있는 석학이 없고, 새로운 연구를 해 볼 수 있는 빅사이언스가 없으며, 대학들의 인프라 및 지원, 즉 각 대학의 금전 및 기타 지원의 노력 없이는 21세기 과학기술 연구 및 교육에서 우리는 뒤질 수밖에 없으며, 선진국 대열에 다시는 설 수 없는 어려운 지경에 이르고 또 과거 20세기에 겪었던 수난을 다시 겪게 될 것이다.

9

21세기 창의적 인재상과 인재 양성 방향

9

21세기 창의적 인재상과 인재 양성 방향

최상덕

21세기 들어 글로벌 지식정보사회가 될수록 창의적 인재 양성이 세계의 교육 및 경제 정책의 화두가 되고 있다. 급속한 과학기술의 발달로 인해 창의성이 자아실현뿐만 아니라 사회·경제적 혁신 및 일자리 창출의 핵심 요소로 새롭게 재인식되기 때문이다. 예를 들면, 유럽연합에서는 2009년을 '창의성과 혁신의 해'로 선포하고, 창의성과 혁신이 개인은 물론 사회, 경제 발전에 기여함을 강조하였다. 국제연합(UN) 또한 「2010 창조경제 보고서」에서 창조산업(creative industries)을 분석하고, 창의성, 지식, 문화, 기술이 일자리 창출, 혁신, 사회통합을 주도하게 됨을 보여 주었다(UN, 2010). 이러한 흐름과 함께 창의성에 대한 새로운 접근이 이루어지고 있다. 창의성을 '천재' 또는 영재만이 지닌 특별한 재능이라기보다는 인간이 지닌 보편적 잠재력으로 보며, 교육을 통해 창의력을 적극 계발하고자 하는 것이다.

창의적 인재 양성이라는 측면에서 한국교육은 새로운 도약을 위한 기로에 서 있다. 우리나라가 선진국의 기술을 따라 배우며 압축적 경제성장을 하던 단계에서 선진국들과 기술개발 경쟁을 해야 하는 경제 단계로 진입함에 따라, 경쟁력 제고 차원에서 창의적 인재 양성에 대한 사회 · 경제적 요구가 날로 증대하고 있기 때문이다. 그러나 우리 교육은 아직 '정답 암기' 위주 교육에서 크게 벗어나지 못하고 있다. 앨빈 토플러(Alvin Toffler)가 지난 한국 방문 시 "한국의 학생들은 하루 15시간 동안 학교와 학원에서 미래에 필요하지 않은 지식과 존재하지도 않을 직업을 위해 시간을 낭비하고 있다."라고 언급한 바 있다. 우리 학생들이 교과서에 압축된 과거의 지식을 배우는 데 온갖 힘을 쏟느라 정작 미래사회와 직업에서 요구하는 역량들을 키우는 데는 소홀하고 있는 교육 현실을 날카롭게 지적한 것이다. 따라서 학생들이 미래사회에서 요구되는 역량을 갖춘 창의적 인재로 성장할 수 있도록 학교교육을 혁신하는 것이 무엇보다 중요하다.

교육 현장에서 21세기에 요구되는 창의적 인재를 양성하기 위해서는 창의적 인재 양성을 위한 전략이 제대로 수립되어야 한다. 이를 위해서는 창의적 인재 양성을 위한 교육의 목표가 제대로 설정되고, 그 목표 실현을 위해 적합한 교육이 이루어졌는지를 평가할 수 있어야 한다. 또한 교육 목표가 제대로 설정되기 위해서는 21세기에 요구되는 창의적 인재에 대한 올바른 이해가 전제되어야 한다. 따라서 이 장에서는 미래사회에서 요구되는 창의적 인재상과 창의적 인재가 갖추어야 할 핵심 역량을 중심으로 우리교육의 새로운 목표와 방향을 살펴보고자 한다.

1. 글로벌 지식정보사회에서 창의성의 중요성 부각

창의적 인재 양성이 21세기 교육개혁의 핵심 의제가 된 것은 특히 경제적 측면에서 창의력의 중요성에 대한 재발견이 이루어졌기 때문이다. 『네트워크 사회의 부상』(1996)이라는 저서에서 카스텔(Castells)이 강조했듯이, 지식정보사회의 특징은 정보와 지식의 생산, 활용, 확산이 생산성과 권력의 원천이 된다는 데 있다(최상덕, 2005). 즉, 지식과 정보의 생산과 활용 시스템이 생산성에 결정적 영향을 미치게 됨에 따라 지식과 정보를 잘 다루고 창의적으로 사고할 수 있는 역량이 중요해지게 된 것이다.

글로벌 경제의 확대와 정보통신기술의 발달로 인해 직업 세계에서 요구되는 역량 또한 크게 변화되고 있다. 예를 들면, 1960년 이후 세

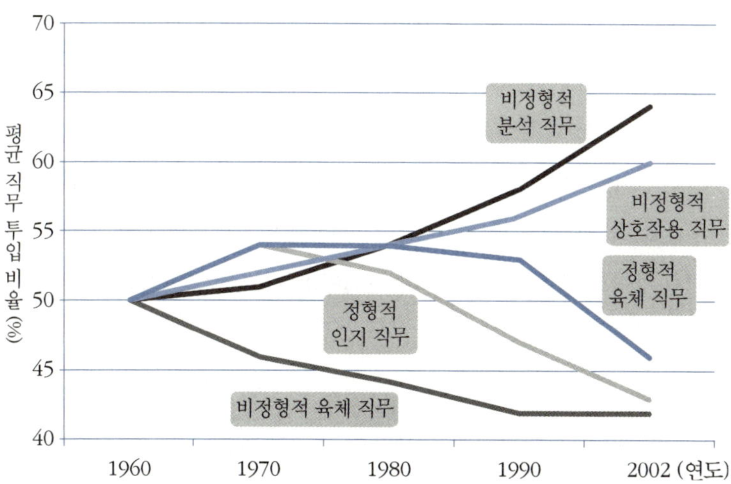

[그림 9-1] 기술변화에 따른 직무역량 변화

출처: Levy & Murnane (2005); Damme (2010)에서 재인용

계화와 IT 기술의 발전이 직무역량에 미친 영향을 분석한 미국의 한 연구에 의하면, [그림 9-1]과 같이 틀에 박힌 정형적 직무의 비중이 크게 감소한 반면, 보다 고도의 사고력과 유연성을 필요로 하는 비정형적 직무의 비중은 크게 증가하였다(Autor, Levy & Murnane, 2003). 특히 상호작용이나 분석 능력을 필요로 하는 비정형적 직무가 가장 빠르게 증가한 것으로 나타났다.

이와 같이 산업구조의 개편에 따라 요구되는 직무역량의 변화는 교육의 내용과 방식의 변화를 요구한다. 반복적이고 정형적인 직무가 큰 비중을 차지할 때는 주로 단편적 지식이나 기능의 숙지가 요구되는 반면, 비정형적 직무의 비중이 커질수록 분석능력이나 의사소통 능력, 창의적 문제 해결력 등이 요구되기 때문이다. 또한 선진국가일수록 연구, 개발, 디자인, 글로벌 연계망 관리 등과 같은 창의적 능력을 요구하는 일자리가 크게 늘고, 단순 반복적인 직업들은 기계에 의해 대체되거나 개발도상국가로 이전된다(NCEE, 2007). 다시 말해, 고부가가치 창출이 높은 창의적 일을 중심으로 글로벌 가치연계망(global value chain)이 형성됨에 따라, 창의적 인재 양성은 미래사회에서 경제적 가치 창출과 경쟁력의 핵심 요소가 된다. 이에 미국 등 여러 선진국은 직업세계의 변화에 대응하기 위해 창의성을 포함한 비판적 사고력, 협업 능력, 의사소통 능력 등의 핵심 역량 계발을 21세기 교육개혁의 핵심 의제로 삼아, 교육 내용과 평가 체제의 근본적 변화를 추진하고 있다.

우리나라에서 최근 수행된 연구 결과에서도 과학기술의 변화에 따른 직무역량의 변화 추세가 유사하게 나타나고 있음이 확인되었다(류근관, 김세직, 김진영, 박지형, 2011). 따라서 우리 교육도 학교에서 배우는 지식과 실제 직업 및 사회에서 요구되는 역량 간의 괴리를 좁힐 수 있도록 교육 내용과 평가에 있어서 과감한 혁신이 요구된다.

2. 21세기에 요구되는 창의적 인재상과 핵심 역량

앞에서 살펴보았듯이, 세계화와 과학기술의 발전은 직무를 수행하고 사회생활을 하는 데 새로운 능력을 요구하게 된다. 21세기 미래사회는 과학기술의 융·복합이 가속화됨에 따라 직업 및 생활 세계가 빠르게 변하고 지식의 생명주기가 짧아져, 미래의 직업과 생활환경의 변화를 정확히 예측하기는 거의 불가능하다. 따라서 급속히 변화하는 현실 세계에서 요구되는 지식을 미리 교육하는 것이 갈수록 어려워진다. 글로벌 지식정보사회에서는 일과 학습이 통합되고, 개인과 사회, 인간과 자연 간의 관계가 더욱 복잡하게 연계되기 때문에 급속한 환경 변화에 유연하게 대처할 수 있는 창의적 인재에 대한 수요는 늘어날 것이다. 21세기에 요구되는 창의적 인재는 크게 세 측면의 역량이 요구된다. 첫째, 우선 자기가 관심 갖거나 일하는 분야에 대한 전문성이 있어야 한다. 전문성을 갖추기 위해서는 소위 '일만 시간의 법칙'이 암시하듯이 관련 분야에 대한 폭넓은 지식과 기능이 기본적으로 요구된다. 그러나 융·복합 시대의 전문가는 자기 전문 분야에만 매몰되지 않고 다른 분야의 사람들과 협력해서 일할 수 있어야 한다. 둘째, 미래사회에서 요구되는 핵심 역량을 갖추어야 한다. OECD 및 미국, 유럽 국가 등에서 역량(competences 또는 skills)을 강조하는 것은 지식 못지않게 지식의 응용능력이 중요함을 보여 준다. 핵심 역량은 창의력, 비판적 사고력, 창의적 문제해결 능력, 의사소통 능력, 시민의식, 사회적 책임감 등으로 급속히 변하는 현실 세계와 학교 간의 격차를 좁혀 주는 가교 역할을 하기 때문에 직무 및 사회생활에서 갈수록 중요해진다. 최근 세계 선진국들이 21세기에 요구되는 역량 계발을 교육정책의 핵심 이슈로 삼는 것도 이 때문이다. 뉴질랜드 등

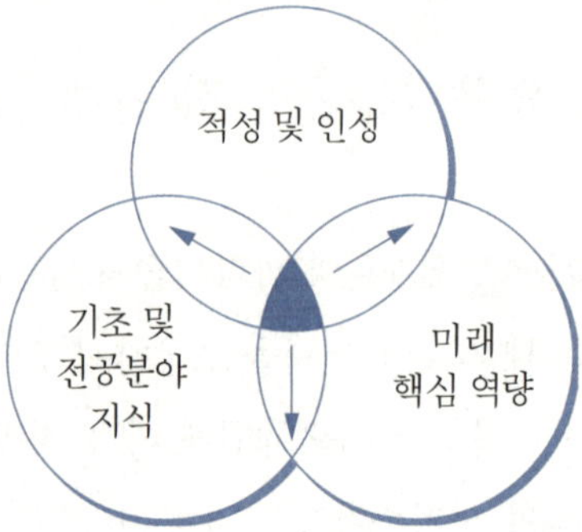

[그림 9-2] 창의적 인재 양성의 세 가지 핵심 요소

일부 국가에서는 이미 교육과정을 역량 중심으로 개편해 적용하고 있다. 셋째, 사회가 복잡해질수록 중요해지는 것이 인성이다. 21세기 창의적 인재에게 요구되는 인성은 공감능력, 호기심, 다양성에 대한 포용, 모호성을 견디는 인내심, 실패를 두려워하지 않는 도전정신 등이다. 이러한 인성은 특히 자신이 존중받는다는 느낌을 갖고 적성에 맞는 일을 할 때 자연스럽게 강화될 수 있다.

따라서 창의적 인재 양성에 필요한 핵심 요소들을 알기 쉽게 정리하면 [그림 9-2]와 같다.

그림에서 보듯이, 관련 분야의 전문성, 미래 핵심 역량, 인성의 세 가지 요소는 서로 중첩된다. 따라서 공통된 부분을 중심으로 중첩되는 영역을 확대시켜 점차 통합해 가는 것이 효과적이다. 즉, 전문지식을 배우면서 핵심 역량을 키우고 인성을 함양할 수 있도록 서로 간의 연계성을 높이는 학습 전략이 요구된다.

선진국은 물론 글로벌 기업들은 최근 특히 미래사회에서 요구되는 핵심 역량에 대해 높은 관심을 갖고 연구에 많은 투자를 하고 있다. 한 예로 시스코, 마이크로소프트, 인텔과 같은 글로벌 기업들이 후원하고 호주, 핀란드 등 여러 국가가 참여한 가운데 '21세기 역량의 평

〈표 9-1〉 **21세기 핵심 역량**

범주	사고방식	직무방식	직무수단	생활 방식
역량	• 창의력 · 혁신능력 • 비판적 사고력 · 문제해결력 · 의사결정력 • 자기주도학습 능력	• 의사소통력 • 협동능력 (팀워크)	• 정보 문해 • ICT 문해	• 시민의식(지역/글로벌) • 인생 및 진로 개척 능력 • 개인 및 사회적 책임의식

출처: Griffin, McGaw, & Care (2011).

가와 교육(Assessment and Teaching of 21st-Century Skills, 이하 ATC21S) 프로젝트'가 2009년부터 추진 중이다. 이 프로젝트는 특히 21세기 미래사회에서 요구되는 핵심 역량을 측정할 수 있는 방법을 개발함으로써, 평가방식의 변화를 교육 혁신의 지렛대로 삼고자 한다. 1차로 수행된 연구 결과, 21세기에 요구되는 역량을 사고방식, 직무방식, 직무수단, 생활방식의 4개 영역으로 구분하여 제시하고 있다. 이를 알기 쉽게 정리하면 〈표 9-1〉과 같다.

〈표 9-1〉에서 보듯이, 창의력은 21세기에 요구되는 핵심 역량 중에서도 가장 중요한 요소 중의 하나이다. 21세기 역량 연구의 특징은 사고력, 직무수행 능력, 사회생활 능력을 통합적으로 접근하는 것이라고 할 수 있다. 이 프로젝트는 특히 협동적 문제해결 역량과 정보문해 역량이 앞서 제시한 21세기 역량을 포괄하는 것으로 보고, 이 두 역량을 측정할 수 있는 혁신적 평가방법을 개발하기 위해 주력하고 있다. 현재 호주, 핀란드, 싱가포르 등 9개국이 시범사업에 참여하고 있다. 이 프로젝트에는 국제 학업성취도 평가를 주관하는 OECD (PISA 주관)와 국제교육협회(TIMSS 주관)도 역량중심 평가로의 전환을 위해 관심을 갖고 참여하고 있다. 따라서 이 프로젝트 연구 결과가 2015년을 전후해 이 평가기관들이 주관하는 국제평가에 반영될 것으

로 예상된다. 현재까지의 논의로 볼 때 평가방식은 온라인 시험 형태로 치러지며, 시나리오 방식의 문제를 출제해 문제해결 과정을 중심으로 평가할 것으로 전망된다. 따라서 우리나라에서도 이러한 변화 흐름에 맞추어 수업방식과 평가방법을 근본적으로 혁신하기 위한 본격적 노력이 요구된다.

3. 창의적 인재 양성에 취약한 한국 교육의 현실

창의적 인재 양성이라는 사회 · 경제적 요구가 증대하면서 한국 교육은 새로운 도전에 직면해 있다. OECD가 만 15세 학생을 대상으로 읽기, 수학, 과학, 문제해결력을 평가하는 학업성취도평가(PISA)에서 우리 학생들이 계속 세계 최고 수준의 점수를 얻는 반면, 학습 흥미도는 놀라울 정도로 낮다. 예를 들면, 2003년 PISA 수학 흥미도는 41개 국가 중 31위, 2006년 PISA 과학 흥미도는 57개 국가 중 55위에 머물렀다. 이는 한국 교육의 명암을 극명하게 보여 준다. 그동안 단기간에 학업성취도를 높이는 데는 성공했지만, 앞으로 평생에 걸쳐 학습을 하며 스스로 삶을 개척해 나가야 하는 세대에게 학습 흥미도가 낮다는 것은 심각한 문제가 되기 때문이다. 인생 마라톤을 해야 하는데 단거리를 힘껏 달리고 지쳐 있는 것과 같다.

낮은 학습 흥미도는 대부분의 학교에서 교사위주로 '정답 암기'식 수업이 이루어지는 교육 현실과 깊은 관계가 있다. 우리나라 학교 교육의 실태를 분석한 연구에 의하면, 실제 초등학교에서 중학교, 고등학교로 진급할수록 교사 중심의 강의식 수업이 많아지고, 학생들의 흥미와 창의성을 이끌어 내기 위한 탐구 및 토론 수업, 협동학습 등은 거의 이루어지지 못하는 것으로 나타난다(최상덕, 김지하, 박병영, 차

성현, 2011).

이러한 우리 교육 현실의 문제점은 2010년에 한국교육개발원이 전국의 성인을 대상으로 실시한 창의성 교육에 관한 여론조사 결과에서도 잘 드러난다. 조사 결과, 본인의 직무 수행을 위해 창의적 소양이 필요하다는 응답자의 비율은 55.5%, 매우 필요하다는 응답자의 비율은 14.6%인데 비해, 자녀의 직무수행을 위해 필요하다는 응답은 63.2%, 매우 필요하다는 응답은 23.5%였다. 이는 성인 절대다수가 특히 미래 세대의 직무 수행에 창의성이 필요하다고 인식하고 있음을 보여 준다. 반면에 자녀가 창의성을 계발할 수 있는 교육을 학교의 정규 수업을 통해 제대로 받고 있지 못하다는 부정적 인식이 더 높은 것으로 나타났다. 구체적으로 초등학교, 중 · 고등학교, 대학교의 각 학교급별 반응을 표로 제시하면 〈표 9-2〉와 같다.

〈표 9-2〉에서 보듯이, 자녀들의 정규수업을 통한 창의성 계발 교육에 대한 부정적 인식이 중 · 고교, 초등학교, 대학교 순으로 높은 것으로 나타났다. 즉, 초등학교, 중 · 고교, 대학교 단계의 창의성 계발 교육에 대해서 부정적 인식이 각각 48.3%, 51.1%, 38.7%로 높은 데 비해 긍정적 인식은 각각 20.3%, 17.1%, 21.8%로 낮아 그 차가 큰 것으로 나타났다. 이는 학부모들이 미래 세대에 창의성이 중요하다고 인식하는 데 반해, 학교에서의 창의성 계발 교육이 기대되는 수준

〈표 9-2〉 **학교급별 창의성 계발 교육 여부(자녀)**

(단위: %)

	거의 받지 못함	조금 받음	보통	많이 받음	매우 많이 받음	계
초등학교	14.7	33.6	31.4	18.6	1.7	100
중 · 고교	26.5	24.2	32.1	16.0	1.1	100
대학교	18.8	19.9	39.5	19.7	2.1	100

출처: 한국교육개발원 교육여론조사(2010) 부록 참조.

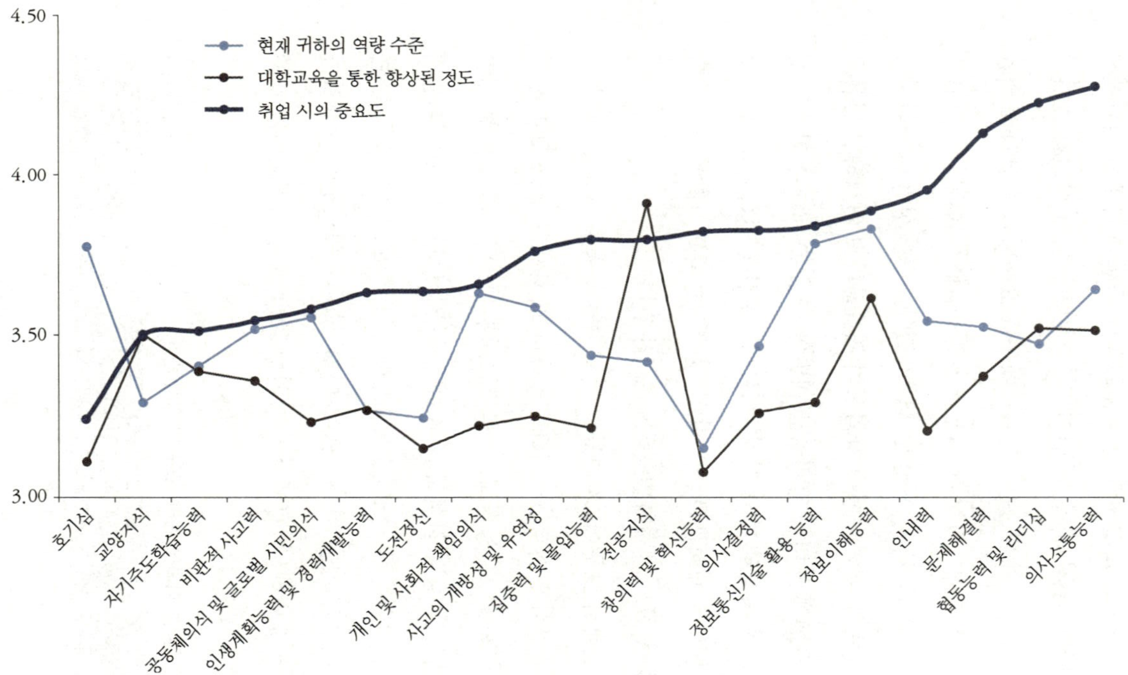

[그림 9-3] 대학 4학년의 미래 역량 중요도, 준비도, 향상도

출처: 최상덕(2011).

에 크게 미치지 못함을 보여 준다.

이러한 인식은 4년제 대학교 1, 4학년생(1학년 1500명, 4학년 1585명)을 대상으로 미래역량에 대해 설문조사한 결과에서도 확인되었다(최상덕, 2011). [그림 9-3]은 4학년 학생들이 미래사회에서 필요하다고 생각되는 19개 항목의 역량에 대해 취업 시 중요도, 현재 자신의 역량 수준, 대학교육을 통한 향상 정도를 응답한 것을 그래프로 나타낸 것이다.

[그림 9-3]에서 보듯이, 대학 4학년생은 19가지 항목의 역량 중 창의력 및 혁신능력이 다른 어떤 역량보다도 대학교육을 통한 향상도가 낮다고 응답함으로써, 이 부분에 있어서 대학교육에 대한 실망이 큼을 보여 준다. 또한 그들은 의사소통 능력, 협동능력 및 리더십, 문제해결력이 취업에 있어 가장 중요한 역량이라고 인식하는 반면, 취업 시 요구되는 중요도에 비해 현재 대학교육을 통한 향상 정도가 크게 못 미친다고 판단하는 것으로 나타났다.

4. 창의성 계발은 21세기 보편교육의 목표

창의성 연구자들은 위대한 천재와 같이 역사를 변화시키는 창의성을 대문자 C 창의성(Creativity)으로, 일반 사람들이 갖추고자 하는 창의성을 소문자 c 창의성(creativity)으로 구분한다. 우리 교육계에서는 그동안 천재나 영재를 대상으로 하는 대문자 C 창의성에는 적극적 관심을 가지고 많은 연구도 했지만, 상대적으로 소문자 c 창의성에는 거의 관심을 기울이지 않았다(조벽, 2011). 그런데 천재적 창의성은 학교 교육을 통해 계발되기보다는 선천적인 요인이나 개인적 특성에 의해 크게 의존하는 반면, 일반적 창의성은 교육을 통해 계발될 수 있기 때문에 후천적인 요인이 크게 작용한다고 볼 수 있다. 따라서 교육 현장에서는 대다수 일반 학생들을 위한 소문자 c 창의성 계발에 보다 초점을 맞추어야 할 것이다.

뇌과학 분야의 연구 결과에 의하면, 창의력은 사고력 훈련을 통해 계발될 수 있는 것으로 나타난다. 질문하고 사고하는 것을 습관화하면 떨어져 있던 뇌신경세포들이 연결됨으로써 새로운 생각을 하는 힘이 길러지게 되는 반면에, 머리를 쓰지 않게 되면 그 연결이 끊어져 생각하는 힘이 약해지게 된다는 것이다(이광형, 2011). 또한 사고력은 오감을 통해 유입된 정보가 단기기억의 형태로 저장되어 있다가 관련된 장기기억과 결합되면서 생겨나는 크고 작은 통찰력의 결과이다(윌리엄 더건, 2008). 다시 말해, 기존의 기억에 어떤 인상적인 발견 또는 경험이 더해질 때 새로운 결합이 이루어지는 과정에서 통찰력이 생기고 창의성이 발현된다고 할 수 있다. 따라서 어려서부터 놀이처럼 자연스럽게 질문과 다양한 경험을 통해 새로운 관점에서 사고하는 것을 습관화할 수 있도록 동기를 유발하고 지지해 주는 교육이 중요하다.

교육계뿐만 아니라 경제계 및 정책결정자들이 21세기 들어 창의성 계발에 적극적 관심을 기울이는 것도 이와 같이 창의성에 대한 새로운 접근과 깊은 관련이 있다. 예를 들면, 창의성에 대한 연구에 있어서 최근 사회 · 문화적 접근이 강조되고 있다. 이는 창의성이 사회적 관계 속에서 형성되며, 사회 · 문화적 영향을 많이 받는다고 본다(Glăveanu, 2010; 이정모, 2010). 이를 도식화하면 [그림 9-4]와 같다.

[그림 9-4]에서 보듯이, 창의성은 공동체와의 관계 속에서 기존의 산출물에 자신의 생각을 결합시켜 새로운 것을 만들어 가는 과정에서 발현된다. 여기서 공동체는 개인의 창의성 발현을 촉진하는 가족, 학교, 산업, 지역사회를 포함한 사회, 문화, 제도적 환경을 의미하는 것

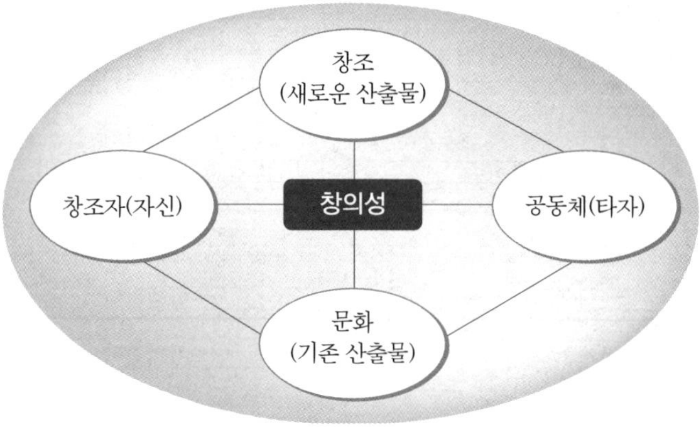

[그림 9-4] 글라베노의 창의성 발현 모형

출처: Glăvenau (2010); 최상덕 외(2011)에서 재인용.

으로 이해할 수 있다. 문화는 기존의 지식이나 산출물을 포함한다. 따라서 개인의 창의성이 발현되기 위해서는 개인적 특성도 필요하지만, 창의성이 키워지고 발현될 수 있는 사회문화적 환경을 조성하는 것이 중요하다. 학교도 창의성을 촉진할 수 있는 중요한 환경 중의 하나로, 창의적 인재를 양성하기 위해서는 학교가 지역사회의 다양한 인적 · 물적 자원을 연계하고 조정하는 역할을 할 수 있도록, 학교와 가정, 지역사회의 협력을 촉진하기 위한 네트워크를 강화할 필요가 있다. 다시 말해, 학교와 가정, 사회 간의 파트너십 구축이 요구된다. 현실적으로 개인의 적성과 학습 수준에 맞게 다양한 학습경로와 학습프로그램을 제공하는 데 필요한 모든 인적, 물적 자원을 학교가 제공하는 것은 불가능하기 때문이다.

또한 창의력 계발이 최고의 교육 목표로 새롭게 제시되고 있다. 예를 들면, 블룸(Bloom)의 '교육목표 분류법'을 개정한 앤더슨(Anderson)은 사고능력의 발달단계를 [그림 9-5]와 같이 기억력 → 이해력 → 응용력 → 분석력 → 평가력 → 창의력 순으로 제시하였다

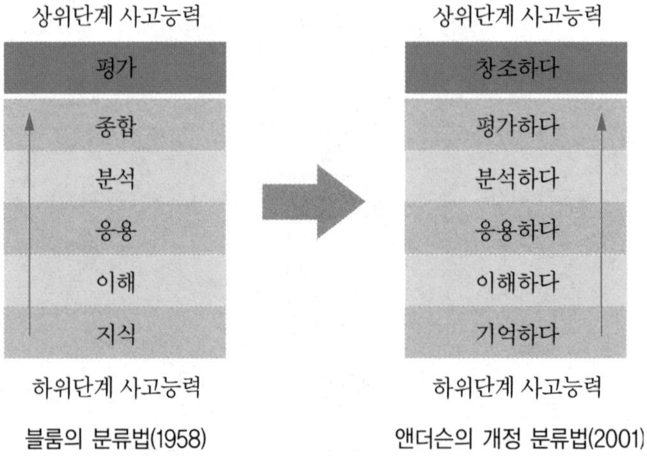

[그림 9-5] **개정된 블룸의 교육목표 분류법에 따른 인지발달단계**

출처: Anderson & Krathwohl (2001).

(Anderson & Krathwohl, 2001). 이는 창의력이 교육을 통해 키우고자 하는 인지발달의 최고 목표이며, 창의력을 키우기 위해서는 기억력, 이해력, 응용력, 분석력, 평가력이 토대가 되어야 함을 의미한다. 따라서 학교에서는 기억력과 이해력 등 낮은 사고력의 계발에만 치중하기보다는 고차적 사고력을 키우는 것을 학교교육의 목표로 제시하고, 그에 적합한 교육을 제공해야 할 것이다.

이를 위해서는 무엇보다 고차적 사고력을 측정할 수 있는 평가방법의 도입이 중요하다. 대부분의 대기업에서는 이미 직원 채용에 있어서 창의적 역량을 측정하는 데 부적합하다는 이유로 필기시험을 폐기 또는 그 비중을 축소하였다. 대신에 창의적 역량을 평가할 수 있는 다양한 심층 면접 기법을 개발하고, 나아가 합숙을 통해 협동 능력, 도전정신, 공감 능력 등 다면적 역량과 인성을 평가하고 있다.

5. 공감 능력과 집단적 창의성 훈련 중요

융·복합시대, 네트워크 사회가 도래하면서 집단적 창의성의 중요성이 새롭게 부각되고 있다. 다양한 분야의 사람들과 협력하면서 일할 수 있는 능력이 중요해지기 때문이다. 창의성을 키우기 위해서는 기존 지식을 토대로 다르게 생각하고 새롭게 결합해 내는 사고력 훈련이 요구된다. 즉, 창의적 사고과정은 문제를 발견하고, 문제 해결을 위한 전략을 세우며, 관련된 지식을 재구성하여 해결책을 찾는 단계로 진행된다. 한 예로, 아이폰과 아이패드로 창의적 기업인의 아이콘으로 부상한 스티브 잡스는 한 인터뷰에서 창의성에 대해 다음과 같이 설명하였다.

> "창조성은 여러 가지 것들을 연결하는 것일 뿐입니다. 창의적인 사람들에게 어떻게 그런 일을 할 수 있었느냐고 물어보면 그들은 약간의 죄책감을 느낍니다……. 그들은 그저 뭔가를 보았을 뿐입니다. 얼마간의 시간이 지난 후 그것은 그들에게 명백해 보였습니다. 그래서 그들은 자신들의 경험을 연결하여 새로운 것을 합성할 수 있었던 것입니다."(윌리엄 더건, 2008)

잡스는 창의성의 핵심을 기존의 지식과 산출물에 자신의 경험을 연결하여 새로운 것을 합성해 내는 능력으로 인식하고 있다. 그가 정보통신기술과 인문학의 결합을 중시했던 이유도 새로운 것을 합성해 낼 때 인문학적 지식과 상상력이 중요하다고 보기 때문이다. 최근 구글 등 다른 정보산업 분야 글로벌 기업에서 직원 채용 시 인문학 전공자들을 많이 선발한 데서도 정보통신기술과 인문학의 융합이 중요함을 알 수 있다.

필자가 최근 수행한 인터뷰에 의하면, 올해 삼성경제연구소가 신규로 채용한 인력 가운데 분야별로는 예술 분야 전문가가 가장 많았다고 한다. 그야말로 융·복합이 시대적 화두가 되고 있는 것이다. 융·복합 시대에 새롭게 중요한 역량으로 부각되고 있는 것이 집단적 창의성과 공감 능력이다. 융·복합 시대에는 문제 해결을 위해 다양한 분야의 사람들이 협력해서 일하는 경우가 늘어남에 따라, 서로 간에 시너지 효과를 발휘할 수 있는 집단 창의성이 중요해진다. 특히 기업의 경우 복잡한 문제를 해결하거나 새로운 개발을 위해서는 팀을 구성해 일하는 추세이기 때문에 집단 창의성에 대한 요구가 높다. 따라서 개인과 공동체의 공생적 발전을 추구하는 집단 창의성의 계발에 보다 많은 관심을 기울일 필요가 있다. 이를 위해서는 다양성을 존중하며, 서로의 문제에 관심을 갖고 자신의 문제로 받아들일 수 있는 공감 능력이 요청된다. 공감은 '서로의 삶에 깊이 들어갈 수 있는 수단'임과 동시에 '우리 자신의 공동의 현실을 만드는 수단'이기 때문에 집단 창의성의 원천이 된다(제레미 리프킨, 2010). 따라서 공감 능력은 사회적 유대감과 협동심의 토대가 되며, 기존의 관계나 고정관념을 넘어 새로운 관점에서 유연하게 문제를 인식하고 해결하도록 한다. 공감 능력은 유아단계에서부터 형성되기 때문에 어려서부터 놀이를 통해 가정과 사회에서 교육되고 훈련되는 것이 중요하다. 그리고 유아교육과 초중등교육 단계에서 공감 능력과 함께 집단 창의성을 키워 주기 위한 사회성 교육이 강화되어야 할 것이다.

6. 창의적 역량을 키우는 교육방법과 평가제도

교육을 통해 창의적 문제해결력을 키우는 대표적 사례는 프로젝트 수업이라고 할 수 있다. 프로젝트 수행과정에서 학생 개인 또는 그룹별로 연구 주제를 찾고, 연구 가설을 설정한 뒤, 검증하기 위해 기존의 지식과 정보들을 새로운 관점에서 재구성하는 창의적 사고가 요구되기 때문이다. 이는 정해진 답을 찾기보다는 문제를 분석하고 문제해결을 위한 논리적 근거를 일관되게 제시한다는 점에서 비판적이고 통합적인 사고력이 극대화될 수 있다. 또한 연구 결과를 발표하고, 친구들과 토론하는 과정에서 자신의 견해를 알기 쉽고 설득력 있게 표현하며 남의 말을 경청하게 됨으로써 의사소통하고 협동하는 능력이 향상될 수 있다. 평가방법 또한 학습과정에서 모니터링 및 적절한 피드백이 가능하며, 그룹평가를 통해 협동학습을 촉진할 수 있어 집단 창의성을 키울 수 있다.

팀 프로젝트 평가가 창의성 향상에 도움이 된다는 사실은 앞서 언급한 대학생 설문조사 결과에서도 확인된다. [그림 9-6]에서 보듯이, 압도적으로 다수의 대학생들이 실기, 발표 등 팀 프로젝트 평가가 대학 수업에서 창의성 향상에 가장 도움이 되었던 평가 유형이라고 응답하였다(최상덕, 2011). 반면에 1, 4학년 모두 팀 프로젝트 평가를 가장 어려웠던 평가로 응답한 학생들이 40% 내외에 이르러, 팀 프로젝트에 대한 훈련이 제대로 안 되어 있음을 보여 준다.

팀 프로젝트 평가가 중 · 고교 단계에서 거의 이루어지고 있지 못함을 미루어 볼 때, 이에 대한 경험 또는 훈련 부족이 주요 요인이라고 볼 수 있다. 따라서 중 · 고교 단계에서부터 실기, 발표 등 팀 프로젝트 평가를 강화할 수 있도록 평가제도의 개선이 절실히 요청된다.

마지막으로, 창의적 인재 양성을 위해서는 교사 중심의 일방적 교육에서 벗어나 세계와 연계된 인터넷 환경에서 학생 중심의 쌍방향, 협력 학습이 이루어지는 미래형 교육을 지향해야 할 것이다. 즉, 창의적 인재 양성이라는 교육 목표에 적합한 교육내용, 교육방법, 교육인

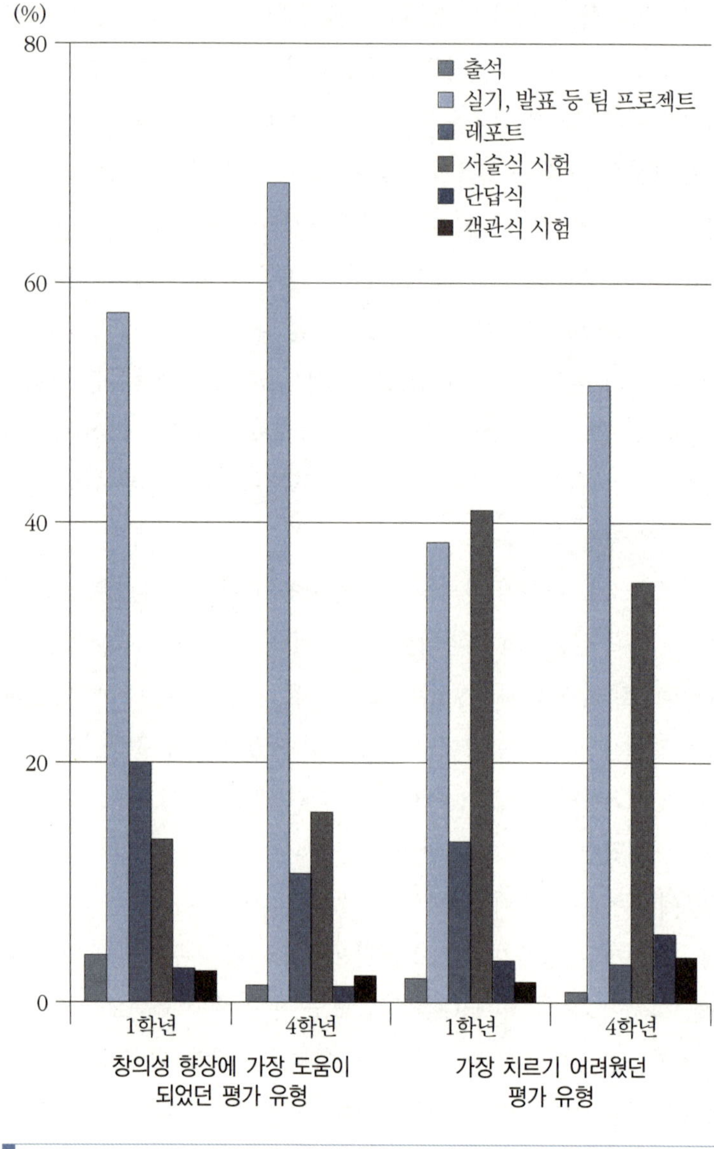

[그림 9-6] 평가 유형별 난이도와 창의성 향상 기여도

출처: 최상덕(2011).

프라를 갖추고, 자기주도 학습능력과 창의적 사고력을 키워 줄 수 있는 평가방법을 도입해야 한다. 이를 위해서는 무엇보다 초·중등교육에서 고등교육에 이르기까지 미래사회에서 요구하는 창의 역량과 인성을 갖출 수 있도록 교육이 일관되게 이루어지고, 그 평가 결과가 상급학교 진학 및 취업으로 연결될 수 있어야 할 것이다(최상덕 외, 2011).

참고문헌

류근관, 김세직, 김진영, 박지형(2011). 성장동력으로서의 창조형 인적자본. 경제인문사회연구회 미래사회협동연구사업 보고서.

윌리엄 더건(2008). 제7의 감각: 전략적 직관. (윤미나 역). 비즈니스맵.

이광형(2011). 3차원 창의력. 창의인재 포럼 발표 자료.

이정모(2010). 창의성 개념의 재구성. 한국교육개발원 미래교육위원회 발표 원고.

제레미 리프킨(2010). 공감의 시대. 민음사

조벽(2011). 21세기 창의적 인재상과 창의적 역량 계발 전략. 21세기 창의적 인재 양성 전략. 한국교육개발원 연구자료 RRM 2011-20.

최상덕(2005). 지식기반 경제·고령화 사회를 대비한 평생학습체제 구축방안 연구. 고령사회와 인적자원개발. 고령화 및 미래사회위원회 미래위 총서 12, 39-90.

최상덕(2011). 21세기 창의적 인재 양성을 위한 대학생 설문조사 및 전문가 면담 결과 기초 분석. 21세기 창의적 인재 양성 전략. 한국교육개발원 연구자료 RRM 2011-20.

최상덕, 김지하, 박병영, 차성현 (2011). 지식기반경제에서의 창조형 인재양성을 위한 교육개혁의 방향과 과제. CR 2011-02. 한국교육개발원.

Ananiadou, K., & Claro, M. (2009). 21st century skills and competencies for new millennium learners in OECD countries. *OECD Education Working Papers*, No. 41. OECD Publishing.

Anderson, L., & Krathwohl, D. (2001). *A Taxonomy for Learning, Teaching and Assessing: A Revision of Bloom's Taxonomy of Educational Objectives*. Longman.

Autor, L., & Murnane (2003). The skill content of recent technological change: An empirical exploration. *Quarterly Journal of Economics, 118*(4), November 2003, 1279-1334.

CISCO (2010). Status report as of january 2010

CISCO (2010). The learning society.

Damme, D. V. (2010). EDUCATION AND TRAINING FOR ENTREPRENEURSHIP, CREATIVITY ANDINNOVATION. Jean Monnet - Spanish Presidency Conference 발표 자료.

Glǎvenau, V. (2010). Paradigms in the study of creativity: Introducing the perspective of cultural psychology. *New Ideas in Psychology, 28*(1), 79-93.

Griffin, P., McGaw, B., & Care, E. (Eds.) (2011). *Assessment and Teaching of 21st Century Skills*. Springer. New York.

Moyle, K. (2010). Building innovation: Learning with technologies. *Australian Education Review*. ACER.

National Center on Education and the Economy (2007). *Tough Choices Tough Times: The Report of the New Commission on the Skills of the American Workforce*. John Wiley & Sons.

UN (2010). Creative economy report 2010. UNDP & UNCTAD.

Wyn, J. (2009). Touching the future: Building skills for life and work. *Australian Education Review*. ACER.

10
자연과학 학습

10
자연과학 학습

박문호

1. 학습의 의의

학습이란 환경에 적응하기 위한 신경 시스템의 생존을 위한 적응 과정이다. 동물은 적응 가능한 시공간 영역에서만 생존이 허용된다. 환경에 적응하지 못하는 순간부터 생명현상은 분산적 해체과정을 겪게 된다. 삶을 지속 가능하게 해 주는 생물학적 활동이 바로 학습이다. 태어나는 순간부터 의식이 사라지는 순간까지 우리의 일생은 매 순간의 학습 결과로 형성된 습관적 행동이 우리의 구체적 모습을 만든다. 즉, 여러 분야에 걸친 일생 동안의 학습이 개인의 의식적 생각과 무의식적 행동을 구성한다. 학습 동안은 뇌피질 활성화로 의식적 지각이 가능하지만, 학습이 반복되어 습관화되면 신경처리 과정은 의식화되지 않는다. 학습은 의식적 반복으로 무의식적 동작을 형성하는 과정이다. 습관화 단계에 도달한 학습의 결과는 우리의 몸 자세를 올바르게 하게 만들고, 감정을 순화시키며, 생각을 명료하게 만든다. 걷기와 말하기 그리고 글쓰기는 집중적인 반복을 통하여 숙달한 자동화된 운동능력이다. 그러한 몸동작의 훈련이 모든 분야 학습의 공통적 요소이며, 몸의 강인한 상태가 뇌활동 주의집중력의 바탕이 된다. 상징적 · 추상적 학습은 주의집중이 선행되어야 가능하다.

새로운 분야를 의도적으로 반복하여 익숙해지면 자연과 인간 삶의 여러 측면이 새롭게 인식된다. 학습을 통한 창의적 세계관 형성이 추구해야 할 공부의 방향이다. 학습에 대한 명확한 개념이 필요하다. 포괄적이고 독창적인 관점이 확립되어야만 개인 삶의 계획에 관한 총체적 관점이 가능해진다. 끊임없이 더 합당한 근거를 찾는 학습에서 우리는 자신의 삶을 뿌리내릴 수 있는 바탕을 마련할 수 있다.

2. 학습의 방법론

자연과 자기 삶의 총체적 디자인은 일생 동안 지속되는 부단한 학습을 통해서만 가능하다. 우리는 걷고, 말하고, 글을 읽고, 타인을 이해할 수 있다. 이 모든 인간 능력은 학습의 결과이다. 학습은 인간 뇌활동의 새로운 영역을 열어 주었다. 우리는 상징으로 자연을 기술하고 상징으로 작용하는 정신과정을 개발했다. 물리적 자연세계를 감각신호로 받아들여 범주화하면서, 인간의 대뇌 시스템은 우주 존재 자체와 궁극적 실체에 대한 개념이 가능해졌다. 문화적 · 자연적 사건에서 반복되는 패턴 유형을 분류하는 능력이 인간 학습능력의 본질이다. 이러한 상징적 정보를 범주화하는 학습에서 효율적인 세 가지 공부방법론, 즉 시공의 사유, 기원의 추적, 그리고 패턴의 발견을 제시해 본다.

1) 시공을 사유하자

어떤 행위든 시공에서 일어난 사건이다. 자연이 우리에게 허용한 것은 시간적 변화와 공간적 이동이다. 공간적 배경을 인식하고 시간적 변화를 의식하는 것이 인지활동의 바탕을 이룬다. 이 과정은 반복적인 무의식적 처리로 고착화된 의식의 틀을 형성한다. 그 결과 우리는 관습적으로 해 온 방식으로 사건을 해석하고 사물과 마주한다. 이와 달리 환경에서 시간 흐름과 공간 설정을 매 순간 의식적으로 바라본다면 기존의 방식과 다른 시선으로 환경을 해석해 낼 수 있다. 즉, 환경적응에서 새로운 최적화가 가능해진다. 시공의 사유는 공부의 효율을 높이고, 일상에서 자신의 생활환경을 효율적으로 바꾸며, 사회적 활동의 분위기를 개선할 수 있다. 집중을 요하는 작업이 예정되면 며칠 전부터 몸 컨디션을 최적으로 만들고, 회의나 모임 장소 선정에서는 공간적 효율성을 고려해야 한다.

이러한 일상에서 생활환경은 시공의 사유가 학습되고 습관화되어 자연스러운 능력이 된다. 가족 여행, 회사 업무회의, 학습공간 디자인, 건물과 도로의 배치를 관찰할 때 항상 그 바탕에 있는 시공을 사유한다면 적절하고 창의적인 시공간 활용이 가능해진다. 일상에서 시간의 순서를 조정하고 공간 배치를 효율성 관점에서 사고한다면 환경의 구속에서 벗어나 바람직한 환경을 창안해 낼 수 있다. 시공의 사유는 구체적인 삶의 현장 최적화와 더불어 자연과 사회를 새롭게 바라볼 수 있는 인식의 틀을 형성해 준다.

2) 기원을 추적하자

현대과학이 밝혀 낸 가장 중요한 사실은 모든 존재에는 출발점이 있다는 것이다. 우주는 빅뱅이라는 시공상의 한 사건의 등장에서 시작되었다. 그 사건으로 시간과 공간이 출현한다. 정확하게는 시간과 공간이란 분리된 실체가 존재하는 것이 아니라 시공의 연속체만이 존재한다. 빅뱅으로 생성된 시공의 흐름, 즉 사건의 다발이 바로 우주이다. 시공에서 발생되는 사건들을 우리의 신경계는 사물로 인식한다. 이는 유용한 착각에 불과하다. 우주 생성의 시작에서 백만 분의 1초 후에 양성자가 형성된 것이 현재 은하와 별의 70%을 차지하는 수소원자의 기원이 된다. 나머지 대부분의 원소는 수소원자의 핵융합 과정으로 별 속에서 생성되었다. 지구에서 생명현상도 약 40억 년 전에 출현한다.

다세포 동식물은 지구 초기의 단세포 생명의 환경 적응과정의 힘겨운 결과이다. 현생 인류도 20만 년 전 아프리카에서 출현한 소수의 호모사피엔스 종족에서 기원한다. 요약하면, 우주도, 원자도, 생명현상도 기원이 있다는 사실이다. 복잡한 사건을 파악하는 지름길은 그 기원을 추적하는 것이다. 출발점에서는 관련 요소가 몇 가지로 축약되고 이것들의 상호작용도 간단하여 쉽게 전모를 파악할 수 있다. 현재 발생하는 사회 · 문화적 현상의 대부분에 그 출발점이 있기에 문학과 철학 공부에 앞서 역사 공부를 하는 것이 더 효과적일 것이다. 기원을 추적하는 것의 또 다른 장점은 향후 사건이 나아갈 방향도 가늠해 볼 수 있다는 것이다. 따라서 기원을 추적하는 것은 학습자에게는 생명의 요청이며, 원자의 춤이며, 시공의 바람이다.

3) 패턴을 발견하자

삶의 환경을 형성하는 사건들은 개별 요소 간의 다중 상호작용 현상인 경우가 흔하다. 복잡하게 전개된 현상에서는 배후에 존재하는 패턴을 찾는 것이 사태 파악의 지름길이다. 패턴의 발견은 환경에서 공통점을 찾는 것이다. 자연과학적 방법은 동질성과 반복성 관찰에 근거한다. 주기적으로 되풀이되는 자연현상은 물리적 근거가 있다. 그런 원리를 발견한다면 앞으로 생길 상황을 일정 범위 내에서 예견할 수 있다. 자연환경과 인간사회에서 공통된 패턴을 발견하는 능력을 키운다면 학습은 스스로 체계적으로 발전할 것이다. 위도에 따른 식물 생태계의 변화, 기후와 민족성, 개인 성향과 종교 선택 등에서처럼 각 요소들의 대응 패턴을 살펴보면 환경 영향에 대한 인과적 대응관계를 발견할 수 있다. 패턴을 찾으려는 의도적 노력은 사건에서 요점을 발견하는 능력을 향상시키고 학습을 압축적으로 이루어지게 한다.

상호 간 공통점을 발견하기 힘든 일들도 다른 차원의 정신공간으로 변환하는 경우에는 숨겨진 공통점이 드러난다. 이런 변환과정을 체득하여 다양한 차원의 입력을 개념적으로 비교하는 정신능력을 키운다면 이러한 추상적 정신능력이 생소한 상황에서도 그들 간의 공동 패턴을 파악해 낼 수 있다. 이러한 상징적 · 추상적 패턴 발견 학습으로 새롭고 다양한 개념공간이 얻어진다. 하루 중 기분의 변화, 주식시장의 변화 패턴, 투표 성향의 변화와 같은 개인적이고 집단적인 현상에서 그런 변화의 패턴을 식별해 내고, 그것을 가능하게 만드는 사회적 · 시대적 변동을 읽어 내는 힘을 키워야 한다. 마음 공부에서도 패턴 발견 학습은 기본적 방식이 될 수 있다. 상황에 따른 자신의 심적 대응방식을 관찰해 보면 대부분 되풀이되는 습관적 패턴을 발견할 수 있다. 나이에 따라서도 쉽게 바뀌지 않는 기질적 표상이 바로 자아의 바탕이 된다. 자아란 결국 매 순간 이루어지는 개인 행동의 근거점이고, 그런 반복적 행동이 개인의 개성을 만든다. 개성이란 바로 자신의 대표적 행동 패턴을 만들어 내는 정신적 경향성이다. 자아란 뇌신경의 활동이 생성해 내는 현상이므로 환경에 따라 매 순간 생성되고, 그 환경이 변화하면 신경활동 패턴도 바뀌어 자아도 계속 변화하게 된다.

시공의 사유, 기원의 추적, 그리고 패턴의 발견 학습방법은 상호 긴밀하게 연계되어서 학습자를 공부 대상에 몰입하게 하여 이해력과 직관력을 높인다. 이러한 과정의 발전적 반복으로 깊은 차원의 이해가 가능해지면, 자연에 대한 과학적 공부와 문화현상에 대한 인문적 공부 모두에서 예지적 능력이 발현된다.

이 세 가지 공부방법이 능숙하게 되면 이 관점이 무의식적 학습 성향으로 몸에 뿌리를 내리게 되어, 즉 습관화되어 즉각적인 반사행동 능력이 된다. 이런 경지에서는 우리가 자연을 의식적으로 보는 것이 아니라 무의식적으로 보게 된다. 사과가 떨어지는 현상은 누구나 볼 수 있다. 그 현상을 단일한 입력공간에서 처리한다면 본다는 시각 지각만이 존재한다. 그러나 떨어지는 사과와 지구를 공전하는 달의 운동이라는 상이해 보이는 두 입력이 정신적 혼성공간에서 그 물리적 공통점이 발견된다면 낙하하는 모든 물체가 하나의 원리에 따라 운동한다는 것을 이해하게 된다. 이런 과정에서 발견된 공통점은 물리법칙이 되어 모든 낙하하는 물체를 일의적으로 설명해 낼 수 있게 된다. 감추려 해도 숨겨지기 어려운 상황이 된다. 진정한 신비는 결코 우리에게 숨겨질 수 없다. 다만 우리의 시선이 빗나간 것뿐이다.

이상의 시공의 사유와 기원의 추적, 그리고 패턴의 발견은 자연과 인간현상을 관찰하는 방법론이다. 이런 관찰의 시선을 계속 유지하기 위해서는 학습하는 지식을 처리하는 구체적 실천방식이 필요하다. 지식을 효과적으로 축적하고 사용하기 위한 방법이 바로 학습법이 된다.

3. 학습의 실행론

1) 모듈을 형성하라

지식은 조작이 가능해야 한다. 활용 가능한 지식은 확장성과 전달성이 있다. 레고 블록 같은 지식이 되어야 여러 방향으로 확장 가능해진다. 그리고 지식은 어느 정도 정형성을 가져야 타인에게 전달될 수 있다. 우리의 지식은 결국 자신의 세계 모델이다. 정교한 세계 모델을 형성해야 세계에 대한 예측 가능성이 높아진다. 각자의 세계 모델은 계속적인 학습을 통해 꾸준히 변형되고 개선된다. 지식의 모듈적 개념은 개별 지식의 구체성이 확립되어야 조작 가능해진다는 생각이다. 정형화된 지식은 규격화된 벽돌처럼 건물을 지을 수 있다. 형태가 부정확한 벽돌로는 예술작품은 가능하겠지만 성벽을 쌓기는 어렵다. 지식도 일정한 형태를 갖추어야 쌓아서 무언가를 만들 수 있다. 지식의 모듈성 확립은 기본 개념을 중심으로 한 명확한 정신적 이미지의 형성을 의미한다. 모듈화된 지식은 애매함이 최소화되어 어떤 상황에도 적용 가능한 지식을 말한다. 지식의 모듈화는 지식의 전달과 조작 및 확장을 위해 필요하다.

2) 반복하라

반복학습이 장기기억의 지름길이다. 에릭 캔달은 바다 달팽이를 이용한 기억에 관한 실험으로 노벨상을 받았다. 빠른 속도의 자극이 5회 반복된 결과 자극에 대한 움추림 반응이 장기기억으로 저장되었다. 장기기억은 새로운 단백질 합성이 필요하다. 한 번의 자극은 장기기억이 되기 어렵다. 학습된 내용이 뇌에 영구 저장되기 위해서는 일정 기간 동안의 반복적인 자극으로 뇌의 활성이 유지되어야 한다. 예를 들어, 과학의 새로운 실험 결과나 개념을 설명하는 책을 읽을 경우 명확한 이해가 쉽지 않다. 먼저 첫 학습에서 전체적 내용은 대략 이해할 수 있다. 그러나 이해한 내용은 일관되지 않을 수 있다. 애매한 상태가 지속되는 동안 반복해서 그 부분을 공부하지 않으면 그것은 곧 기억에서 사라진다. 그러나 며칠 애매한 상태로 지낸 후 다시 그 부분을 자세히 읽고 알고 있는 지식과 결합해 볼 수 있다.

이 경우 조금 더 이해가 나아진 것 같지만 확연하지 않다. 답답한 느낌을 유지한 채 세 번째 이해를 시도한다. 이 상태에서는 자연스럽게 집중도가 높아지는데, 알고자 하는 강한 마음 상태가 결국 전체적인 명확한 이해에 도달하게 한다. 결국 학습의 지름길은 핵심 이론에 대한 명확한 이해에 도달하려는 반복된 시도이다. 대부분은 이해하기 어려운 부분이 학습 의욕을 떨어뜨린다. 이때 잘 이해하지 못하는 상태를 당연히 받아들이는 마음의 여유가 중요하다.

과학의 중요 이론이 명확해질 때까지는 생각보다 훨씬 더 긴 시간이 필요하다. 따라서 학습기간 동안 지속적인 반복학습이 반드시 필요하다. 총 학습시간이 일정한 경우, 하루 동안 한 번의 집중적인 공부보다는 며칠에 걸쳐 집중적으로 반복한 공부가 그 내용의 의미를 더 풍부하게 한다. 의미의 형성과정에서 더 많은 기억이 연결될수록 의미는 더 깊이 기억된다.

3) 창의적으로 연결하라

학습된 내용의 활용도는 연결된 기억량에 비례한다. 많은 개별 사실 기억과 종합적 이해력은 비례하지 않을 수 있다. 많은 독립된 학습 기억보다는 몇 개의 핵심 지식에 결합한 다양한 기억이 이해력의 핵심이다. 깊이 있는 공부는 학습한 내용이 기존의 학습 기억과 다중으로 상호 연결되어야 그 활용도 높아진다. 많은 지식도 중요하지만 상호 관련성 높은 지식의 다양한 연결이 효율적인 공부의 방향이다. 연결이 약한 지식은 곧 사라진다. 지식의 수명은 다른 지식과의 연결 정도에 비례한다. 연결이 촘촘하고 다양할수록 기억된 정보는 그 의미가 강화된다. 기억의 연결이 확장되어야 불확실한 상황에서도 예측 가능성이 높아진다. 불확실한 입력에 대응하여 기억을 새롭게 조합할 수 있는 능력이 곧 창의성이다. 그래서 기억 연결 훈련은 창의력을 향상시킨다. '창의성을 발휘하기 위해서는 어떤 분야에서든 10년간의 학습이 요구된다.'는 이론은 지식의 연결 관점을 지지해 준다.

창의성은 기억의 새로운 연결 결과이며, 다양하게 연결하기 위해서는 먼저 다양한 기억이 형성되어 있어야 하기 때문이다. 장기기억에 신속히 연결시킬 수 있는 사람이 곧 전문가이다. 전문가는 장기기억을 작업기억처럼 사용할 수 있다. 전전두엽에서 현재 입력을 처리하는 과정인 작업기억은 한순간에 7개 이하의 개별 내용들만 다룰 수 있다. 종류 숫자가 제한적이지만, 7개 개별 정보의 양은 상당히 커도 처리될 수 있다. 따라서 정보량이 큰 장기기억이 신속히 작업기억에 연결된다면 인지능력은 크게 향상된다. 작업기억이 장기기억에 신속하고 강하게 연결된다면 문제 처리는 적절하고 빨라질 수 있다. 전문

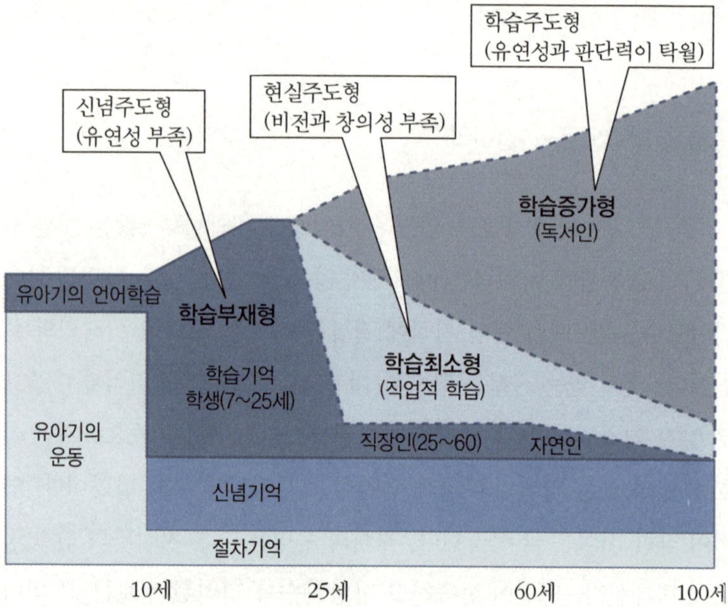

[그림 10-1] 나이에 따른 학습 패턴

출처: 박문호(2008). 뇌 생각의 출현. 휴머니스트.

가들은 학습된 장기기억을 매 순간 현장에서 연결한다. 학습량은 유기적으로 연계되어 기억된 정보량이 관련된다. 그런 관점에서 [그림 10-1]에 기억 관점에서 본 학습유형을 분류해 보았다.

4. 기억 관점에서의 학습 유형

1) 절차기억

학습은 인간의 평생 발달과정이다. 유아에서 노년까지 지속되는 환경 적응과정이 바로 학습이다. 학습은 몸과 뇌에서 이루어지는 생물학적 현상이며 뇌에서 처리되는 기억과정이다. 기억의 관점에서 본 인간의 학습은 세 가지 기억 형태로 분류해 볼 수 있다. 생존의 필수적인 절차기억과 의지력을 동반하는 신념기억, 그리고 새로운 정보를 받아들이는 학습기억이 그것이다. 절차기억은 몸운동으로 형성되는 근육학습이며 유아기부터 지속적으로 반복 운동함으로써 이루어진다. 걷기, 말하기, 달리기, 수영하기, 자전거 타기, 운전하기 등은 모두 처음에는 의식적으로 훈련하지만 많은 반복운동으로 숙달된 후에는 평생 동안 무의식적으로 할 수 있다. 이처럼 절차기억은 바로 우리의 습관이다. 익숙해지면 항상 자동적으로 행동하게 되는 인간 행동의 대부분은 절차기억에서 나온다. 항상 사용하기 때문에 절차기억은 평생 동안 꾸준히 강화된다. 운동기술과 악기연주 실력처럼 훈련시간에 비례하여 발달한다. 절차기억은 무의식적 행동의 기반이며 인간 행동은 절차기억에서 출발한다. 삶의 마지막 순간까지 절차기억은 유지되며, 습관이 인간의 본질임을 보여 준다. 운동학습으로 형성되는 절차기억은 대뇌 전두엽, 두정엽, 소뇌에서 처리된다. 학습 초기에는 피질의 많은 부위가 활성되지만, 반복학습으로 습관화되면 피질에서 장기기억으로 저장된다. 저장된 운동학습의 장기기억은 대뇌 기저핵의 선조체 작용으로 단편적 운동기억이 순차적으로 연결되어 연속적 운동으로 표출된다. 절차기억과 훈련의 핵심은 '반복하면 애매함이 사라진다' 로 요약할 수 있다.

2) 신념기억

신념은 감정적 현상이다. 감정은 인간 행동에 의지력을 준다. 그냥 행하는 것이 아니라 정서적 바탕에서 행동하는 것이다. 신념은 어려운 상황에서 감정적 색채가 강한 기억에서 생긴다. 삶의 환경이 척박

해질수록 원하는 목표를 달성하기 힘들다. 어려운 난관을 돌파하기 위해서는 행동에 강한 추진력이 필요하며, 감정과 느낌의 힘이 행동을 일으킨다. 감정은 뇌의 자원을 전체적으로 집중하여 사용한다. 따라서 감정을 동반한 행동은 타인에게 분명한 메시지를 전달할 수 있다. 자신의 정체성을 형성하는 신념기억은 변화하기가 어렵다. 정치적 · 종교적 신념은 자아의 본질적 부분이 되며 행동 선택의 우선적 기준이 된다. 절차기억이 가치중립적이라면 신념기억은 가치에 물든 기억이다. 신념기억이 형성된 후에 우리는 사회 · 문화적 현상에 대해 좋아함과 싫어함이라는 분명한 개인적 성향을 드러내게 된다. 변화하기 힘든 신념기억의 속성으로 인해 다른 신념을 가진 타인과 갈등이 일어난다. 인류 역사와 함께 계속되는 종교적 · 정치적 분쟁은 인간집단들 간 신념 충동들의 결과이다. 감정을 동반한 신념은 행동의 강한 추진력이 되어 생존 가능성을 높이지만, 가령 자신만이 옳다는 신념은 사회적 문제를 낳는다.

3) 학습기억

학습기억은 변화가 본질이다. 새로운 환경 변화에 대처해야 하기 때문이다. 학교에서 배우는 대부분은 학습기억이다. 학년마다 새로운 내용을 배운다. 자연과 인간에 대한 객관적 사실을 이해하여 기억한다. 학습기억이 없는 인간은 동물처럼 된다. 기억은 계속해서 갱신된다. 기억이 바뀌기 때문에 절차기억과 달리 학습기억은 쉽게 잊혀진다. 새로운 환경에의 적응은 옛 방식에서 변화해야 한다. 환경 변화가 클수록 학습량이 많아지며 학습 속도도 높아진다. 대학 졸업자 수는 계속 증가하고 있고 학교에서 배운 지식의 유효기간은 점점 줄어들고 있다.

결론적으로, 자연과 사회를 학습하는 자연적 방법론에는 자연과 사회 그 자체의 구조를 파악하여 개인의 일생을 학습 관점에서 바라보는 개념이 필요하다. 우리는 꾸준하고 힘 있는 공부에 대한 개념을 가져야만 분산된 주의력을 한 곳으로 모아서 자신의 일생을 디자인할 수 있다.

11

기업 입장에서 바라본 미래 교육의 방향

11

기업 입장에서 바라본 미래 교육의 방향

권오준

1. 기업의 경쟁력과 창의적 인재

생산 경제의 주체인 기업이야말로 한 국가와 사회의 부를 창출하는 엔진이다. 급격히 변화하는 환경에서 기업이 지속적으로 부를 창출하기 위해서는 경쟁 기업에 비해 상대적으로 높은 경쟁력을 확보하는 것이 무엇보다 중요하다. 국내총생산(Gross Domestic Product: GDP) 및 무역 규모에서 세계 10위권 수준의 경제대국으로 성장하고 G20 회원국이 되었다고는 하지만, 한국은 천연자원이 없고 국내시장은 협소하기 때문에 해외에서 자원을 수입하여 부가가치를 증가시켜 수출하지 않으면 안 된다. 한국 경제는 구조적으로 국제화, 개방화, 글로벌화에 능동적으로 참여하지 않고서는 생존할 수 없는 여건에 처해 있다. 경제성장의 결과로 인한 인건비의 상승과 물가수준의 상승도 기업의 경쟁력에 영향을 미치고 있다. 중국 등 저개발국과 비교하면 생산비 면에서 불리하기 때문에 제품의 고급화를 통해 경쟁력을 확보하지 않으면 안 된다.

퀄컴(Qualcomm)은 경쟁력이 높은 기업의 대표적인 예라 할 만하다. 퀄컴은 우리나라 통신회사에 코드분할다중접속(Code-Division Multiple Assess: CDMA) 기술을 이전하면서부터 세계적인 기업으로 성장했다. 1985년에 설립된 이 기업은 2009년 말 기준으로 종업원 16,000명, 총자산 30.5조 원, 매출액 11.0조 원, 영업이익 3.3조 원의 초거대기업으로 성장했다. 그러나 짧은 시간에 거대기업으로 성장했다는 사실 자체보다 더 중요한 것은 이 기업의 수익구조다. 이 기업은 운영비의 34%를 연구 개발에, 19%는 법률 비용에 사용하여 총 매출액의 35%를 로열티 수입으로 확보한다. 이러한 수익 구조가 갖는 의미는 퀄컴이 비용을 전혀 지출하지 않아도 최소한 전년도 매출액의 35%(3.9조 원) 수준의 순이익이 미래에도 수십 년간 보장된다는 사실이다. 퀄컴은 이 재원을 새로운 기술 개발에 투입할 수 있고, 연구 개발에 필요한 유능한 인력과 자본을 손쉽게 조달할 수 있다. 즉, 경쟁력이 높은 기업은 고유 기술의 개발을 통한 장기 독점적 이익의 확보가 가능하고, 이는 경영을 안정시킬 뿐 아니라 추가적인 신기술 개발 능력을 확보할 수 있게 하는 선순환구조를 가질 수 있게 한다. 이것이 21세기의 기업이 따라야 할 모델이 아닌가 한다.

경쟁력을 갖춘 기업을 육성하기 위해서는 여러 조건을 갖추어야 하겠지만, 가장 필수적인 것은 기업이 창의적 인재를 보유하고 있어야 한다는 것이다. 기업은 생산의 3요소인 자연, 자본, 노동을 결합하여 제품이나 서비스를 생산함으로써 부를 창출한다. 기업 경쟁력의 확보를 위해 생산의 3요소 중 노동의 역할, 그 중에서도 창의적 인재의 역할이 어느 때보다 중요한 시대를 맞이하고 있다. 창의적 인재는 다른 기업과 차별화된 고유 기술을 확보하여 시장을 창출할 수 있고, 차별화된 고유 기술을 지적재산권화한 기업은 연구 개발, 생산, 판매의 모든 단계에서 독점적 권리를 행사할 수 있다. 이는 법적으로 보호되는 권리이므로 장기적으로 독점적 이익을 누릴 수 있다. 이런 기업이야말로 높은 경쟁력을 확보한 기업이라 할 수 있으며, 글로벌 경쟁이 날로 심화되고 꾸준히 인건비가 상승하는 상황에서도 지속적으로 이윤을 창출해 낼 수 있다. 한 사회가 완전고용을 달성하고 삶의 질을 지속적으로 향상시키려면 경쟁력이 높은 기업을 많이 탄생시키고 발전시켜야 할 것이다.

2. 창의적 인재의 역할과 능력

우리나라가 창의적 인재의 양성에 성공하고 있는가는 의문이다. 얼마 전 경제개발협력기구(Organization for Economic Cooperation and Development: OECD)가 발표한 국제학력평가인 학업 성취도 국제 평가 계획(Program for International Student Assessment: PISA)의 65개국 15세 학생을 대상으로 한 읽기, 과학, 수학 평가 결과를 보면 알 수 있다. 전체 한국 학생의 경우 읽기, 과학, 수학 순위가 각각 2, 6, 4위로 상위권에 들었으나, 최상위권 학생(상위 5%)은 각각 9위, 13위, 5위로 중국, 일본, 대만, 홍콩, 싱가포르 등 아시아의 주요 경쟁국보다 뒤떨어진 것으로 나타났다.

2010년 스위스 국제경영개발원(Institute for International Management Development: IMD)의 세계 경쟁력 연차 보고서(IMD World Competitiveness Yearbook)를 보더라도 '대학교육의 사회 부

합도'와 '자격을 갖춘 인재 공급 수준' 등의 측면에서 우리 교육의 문제가 여전함을 알 수 있다. 더 심각한 사실은 수학을 못해도 명문 공대에 진학할 수 있는 나라가 됐다는 점이다. 특히 공과대학의 우수한 인재들이 졸업 후 공학 관련 진로를 택하지 않고 대거 치 · 의학 전문대학원으로 진학하는 것도 교육의 한계를 드러내는 문제로 지적되고 있다. 디지털 시대로 전환되면서 글로벌 경쟁력의 원천인 창의력이 더 중요해졌고, 인재에 대한 기업들의 니즈도 변하고 있다. 그러나 환경 변화에 따른 교육이 탄력적으로 대응하지 못하고 있는 것으로 보인다.

그렇다면 기업이 높은 경쟁력을 갖추기 위해 요구되는 창의적 인재의 역할은 무엇인가? 경쟁력을 갖춘 기업은 지속적으로 시장을 창출해야 한다. 이를 위해서는 경쟁 기업보다 성능이 우수한 제품을 저렴한 가격으로 생산할 수 있어야 하는데, 이것이 가능하려면 무엇보다 중요한 것이 첨단 신기술을 확보하는 일이다. 따라서 창의적 인재는 신기술을 개발하고 신시장을 창출하는 역할을 하지 않으면 안 된다. 이런 관점에서 볼 때 창의적 인재는 두 가지 능력이 필요하다고 할 수 있다. 특정 분야에서 고도의 전문지식을 갖추어야 함은 물론 유연한 발상을 통해 여러 분야의 전문지식을 융합시킬 수 있어야 한다는 점이다.

기업의 입장에서 볼 때 이 두 가지 능력을 모두 갖추고 있는 인재를 채용할 수 있다면 바랄 나위가 없겠지만 이는 불가능한 일이다. 따라서 이 두 가지 유형의 인재를 각각 양성하는 방향으로 교육이 이루어질 필요가 있다. 먼저 전문지식형 인재의 양성을 통해서는 해당 전문분야의 심오한 이론과 고난도 기술의 창출을 추구할 수 있다. 이러한 인재는 회사가 직접 고용할 필요는 적으며 대개 대학이나 전문 연구소에서 학문의 연마와 기초 연구에 정진하게 되겠지만, 기업의 입장에서는 경쟁력 있는 첨단 기술을 만들어 내기 위해서 꼭 필요한 존재다. 특히 최근 한국의 기술이 몇몇 분야에서 세계 최고 수준에 달하고 있는데, 지속적으로 경쟁력을 확보하기 위해서는 전문지식형 인재가 창출해 내는 기초 연구 결과에 기반을 둔 독창적 기술의 개발이 지속적으로 이루어지지 않으면 안 된다.

두 번째로, 융합지식형 인재를 양성하는 것은 신기술의 개발뿐만 아니라 새로운 시장의 창출, 기업조직의 효율적인 운영 등 원활한 기업활동을 위해 필수적인 요건이다. 한 분야를 깊게 파서 새로운 기술을 개발할 수도 있으나, 인접한 두세 분야를 융합함으로써 더욱 성공 가능성을 높일 수 있다. 특히 새로운 시장을 창출하기 위해서는 기술적인 마인드 이외에도 마케팅 요인을 고려하여야 한다. 인재는 조직에서 지도자 역할을 하지 않으면 안 된다는 관점에서 볼 때, 자기 전공 분야뿐만 아니라 인문, 사회, 역사, 문화, 예술 등에 대한 지식을 갖추는 것 역시 성숙된 기업경영을 위해 꼭 필요한 일이다. 융합지식형 인재야말로 많은 기업이 직접 고용할 필요가 있고 또 고용하기를 원하는 인재라고 할 수 있으며, 융합지식적 소양을 가지고 있느냐를 판단하는 것이 직원 채용기준의 최고 관심사가 되고 있다.

3. 전문지식형 창의적 인재 육성

콩나물 교실, 실습기기 부족, 교사의 수 및 능력 부족 등의 교육 여건을 감안할 때, 최근까지는 대학 이전 단계에서 전문 지식형 창의적 인재를 육성하기 위한 체계적인 교육은 이뤄지지 않는 것이 한국의 현실이었다. 대학 이전까지의 지식 위주의 교육보다는 미래에 과학자, 엔지니어, 교수 등 아이가 되고 싶은 분야에 대한 꿈을 많이 꿀 수 있도록 하는 것이 가장 중요하다. 이를 위해서는 아이들이 자기가 선택한 직종에서 사회발전에 어떤 기여를 할 수 있으며, 개인적으로는 어떤 삶을 살아갈 수 있을 것인지에 대한 그림을 머릿속에 그릴 수 있어야 한다. 꿈이 있는 사람은 어떤 고난을 뚫고라도 그것을 달성하려는 열정을 갖게 되는데, 이러한 꿈은 성인이 된 후보다는 성장기에 서서히 강화된다. 그러므로 성장기의 학생들은 희망 분야의 직업에 관심을 가질 수 있는 다양한 기회에 노출되어야 한다. 박물관이나 미술관의 방문은 꿈과 창의력을 키우는 데 많은 도움이 되는데, 우리나라의 경우 인문 · 예술계 박물관, 미술관은 그래도 좀 있지만 과학 · 기술 분야 박물관은 찾아보기가 힘들다. 프랑스 파리의 예술 · 공예박물관(Museé de Arts et Métiers)이나 영국 런던의 기계교통박물관 등과 유사한 과학 또는 공학 박물관의 설립이 필요하다.

기업의 경쟁력이 독창적인 신기술 개발에서 시작된다는 관점에서 볼 때, 최소한의 기초 과학적 소양을 갖추도록 아동 교육이 이뤄져야 한다는 점이 매우 중요하다. 이런 관점에서 미국은 STEM(Science, Technology, Engineering and Mathematics)을 강조하고 있는데 단순히 지나칠 사항은 아닌 것 같다. STEM이란 과학, 기술, 공학, 수학의 머리글자를 딴 것인데, 미국 국회의원들이 통과시킨 어린이 학업 성취도 제고 기준법(SPEAK: H.R.2790, Standards to Provide Educational Achievement for Kids Act)은 초 · 중등학생의 기초 학력을 STEM 관점에서 평가하기 위한 법이다. 과학경시대회나 과학고등학교는 어린 학생들에게 공학에 관심을 갖게 할 좋은 기회인데도 최근 우리나라에서는 이를 교육 개혁의 적으로 생각하는 세력이 있으며, 학력 평가 시험에도 조직적인 반대를 하는 세력이 있다. 얼마 전 발표된 PISA의 국제 학력 평가에서 우리나라 최상위권 학생들의 평균 점수가 상해 최상위권 학생들보다 21~68점이나 낮은 것은 우연한 일이 아니다.

이는 우리 교육의 하부 구조에 심각한 문제점이 있다는 반증이다.

전문 분야에서 제1인자가 되기 위해서는 기초 과학에 대한 깊은 이해가 필수적이다. 1801년 소행성 세레스(Ceres)의 궤도를 정확히 예측할 수 있었던 것은 수학자 가우스(Carl Friedrich Gauss: 1777~1855)가 개발한 최소자승법(最小自乘法: Least Square Method)이란 방법론이었다. 미적분학의 지식이 없다면 지구 궤도를 도는 인공위성을 제어할 수 없을 것이며, 소수론(素數論)에 대한 이론적 기반 없이 인터넷 뱅킹에 핵심적인 암호체계가 발전할 수 없었을 것이다. 최근에는 개발하려는 기술의 상업적 기대 성과를 기초로 연구비의 지원 여부를 결정하는 일이 상식이 되어 가고 있다. 그러나 대부분의 기초 과학 연구는 단기적인 상업적 성과를 기대하기 어렵다. 이런 측면에서 기초 과학 분야 연구자에게는 연구비의 결정, 업적 평가, 경제적 보상 체계 면에서 응용 연구를 하는 엔지니어와는 차별화된 기준이 필요하다. 1994년 360년이나 해결되지 않았던 페르마의 마지막 정리(Fermat's Last Theorem)를 증명한 앤드루 와일즈(Sir Andrew John Wiles)는 7년간 이 과제에만 매달려 성공을 거두었다. 전문가형 창의적 인재 양성을 위해서 국가는 최고 수준의 역량을 가진 소수의 인재를 엄선하고, 선정된 인재에 대해서는 장기적인 연구를 수행할 수 있게끔 지원해 주는 정책이 필요하다.

대학 교육을 언급할 때는 학부 과정과 대학원 과정을 구별하지 않고 논의하는 경향이 있다. 그러나 학부와 대학원의 교육 목표는 달라야 한다고 생각되는데, 학부의 역할이 해당 전문 분야의 제너럴리스트(generalist)를 양성하는 것이라면 대학원은 해당 전문 분야의 스페셜리스트(specialist)를 양성하는 데 초점을 두어야 하기 때문이다. 따라서 대학 과정만 마치게 되면 해당 전문 분야에서 제너럴리스트로 성장하게 되고, 대학원에 진학하여 학위를 받게 되면 특정 분야의 스페셜리스트로 성장하게 된다. 따라서 대학 과정에서는 해당 전문 분야의 제너럴리스트가 되어야 하는지 혹은 스페셜리스트가 되는 것이 좋은지를 판단할 수 있도록 한 단계 더 높은 안목을 길러 주는 방향으로 교육이 이루어져야 한다. 이러한 교육은 특정 직종을 택해 경력을 쌓아가다가 생길 수 있는 회의를 미연에 방지하는 데 도움이 되도록 하여야 한다. 왜냐하면 많은 사람들이 전문지식형 인재의 길로 들어가 스페셜리스트로 성장하다가 능력의 한계, 적성의 차이 등으로 인해 직종을 바꾸는 어려움을 겪고 있기 때문이다. 이는 개인적으로뿐만 아니라 사회적으로도 큰 낭비가 된다.

전문지식형 창의적 인재 양성 측면에서 대학원 교육은 매우 중요하다. 대학원을 졸업한 스페셜리스트는 세계와 경쟁할 수 있는 신기술 및 경영 기법을 개발하고 창조할 수 있는 역량을 보유해야 한다. 이를 위해서는 자신의 전공 분야에서 항상 최신 이론(state-of-the art)에 정통해야 하고, 자신이 공부하는 분야에 대해서는 지도교수보다 더 많이 알아야 한다. 따라서 대학원의 교육이 학부에서와 같은 방식으로 이뤄져서는 안 될 것이다. 커리큘럼부터 교수 중심(top-down)이 아니라, 학생 중심(bottom-up)으로 편성되어야 할 것이다. 학생이 논문의 주제를 지도 교수와 협의하여 결정하고, 학생의 논문 주제 해결에 필요한 커리큘럼을 지도 교수와 협의하여 작성하는 방식이 바람직하다. 전공과목의 수업도 교수에 의한 강의 방식보다는 토론 위주의 수업과 프로젝트 수행에 의한 평가 등과 같이 학생이 수업 활동을 주도해 나아가는 방식이 바람직하다고 본다.

4. 융합지식형 창의적 인재의 교육

전문지식이 주로 수직적 사고 체계와 관련이 있는 반면, 융합지식은 주로 수평적 사고와 관련이 있다. 대체로 전문 지식형 인재는 기존의 이론이 옳다는 전제하에 창의적인 이론을 추가하지만, 융합지식형 인재는 기존 이론 자체도 다시 검증해야 할 대상으로 본다. 따라서 기존 이론이나 논리적 사고의 고정관념(stereotyped idea)에 제약을 받지 않는다. 현실적으로도 다른 분야의 전문지식과 경험을 융합함으로써 새로운 기술이나 제품을 창출하는 사례가 빈번함을 관찰할 수 있다. 선천적인 맹인이 앞을 볼 수 있게 해 주는 장치나 마라톤을 가능하게 하는 의족 등은 인체공학, 해부학, 전자 · 전기, 기계공학 등의 아이디어가 결집되어 나타난 신제품의 사례이다. 이러한 융합지식형 창의적 인재를 양성하려면 어떻게 해야 할까?

먼저, 현재와 같이 지나치게 전공을 세분하는 것이 반드시 바람직한 제도인지 재검토할 필요가 있다. 불과 몇 세기 전만 해도 물리학자가 곧 수학자였고 화학자였다. 오늘날 지나친 세분화는 학과 간의 장벽을 높여 학습 과정에서 타 전문 분야에 대한 지적 소양을 쌓거나 타 전문 분야와 협력할 경험을 제약한다. 이는 지식의 융합을 통해 많은 상업적 기회를 얻을 수 있는 현실과 공학 교육이 일치하지 않는 사례다. 이 점에서 특히 학부 과정의 전공 학과의 구분이 대학원과 반드시 동일한 수준으로 세분되는 것이 바람직한지도 재검토할 필요가 있다. 세분화에 따른 장점이 있다면 이를 용인하면서도 다른 한편으로 학제간 융합 학과를 동시에 개설하거나 또는 학생 스스로 교수와 상의하여 커리큘럼을 디자인하는 방안을 용인할 필요가 있다.

학부를 졸업한 엔지니어의 가장 기본적인 책무는 현장의 생산 관리자에게 필요한 역할을 충실히 수행할 수 있는 역량이다. 그의 기본 임무는 엔지니어로서 현장의 설비를 정상적으로 가동하고 품질과 생산성이 확보되도록 관리하는 것이다. 따라서 이들 엔지니어는 해당 전공 분야에 대한 높은 전문성보다는 공학 일반에 대한 기본 지식을 갖추는 것이 중요하다. 생산 현장을 관리하는 데에는 기계, 전기, 화공 등 모든 분야의 문제에 대해서 대처할 수가 있어야 하기 때문이다. 이런 측면에서 볼 때 현재의 공대의 교육은 너무 세분된 전공 위주로 이루어지는 것이 아닌가 하는 생각이 든다. 2, 3학년까지는 기초 공학 중심으로 교육하고 나중에 전공을 택해 대학원 진학에 대비하는 것이 바람직한 것으로 생각된다. 이는 전문지식형 인재 양성의 측면에서도 마찬가지다. 대학 2~3년간은 해당 전문 분야의 지식을 섭렵하고 이를 기반으로 자기 인생의 영원한 직종을 택해 최고의 전문 지식을 갖춘 스페셜리스트로 후회 없는 결정을 할 수 있기 때문이다.

엔지니어의 예를 들었지만 다른 전공 분야도 차이는 없다. 자기 전문 분야의 심오한 지식은 대학원에서 연마하고 대학에서는 좀 더 광범위한 지식을 갖추는 것이 바람직하다. 그러나 치열한 경쟁으로 현장에서도 끊임없이 혁신이 요구되고 신제품의 생산과 판매, 신공정의 채택과 운영, 인사, 노무, 외환, 자원 등의 측면에서 긴급 상황이 발생할 수 있으므로, 변화하는 업무환경에 적응할 수 있는 빠른 학습 능력과 응용 능력이 요구된다. 이를 위해서는 자기 전공 분야의 심층 지식을 학습하기 위한 수학, 물리학, 화학 등의 기초 과학뿐만 아니라 인문 · 사회 분야의 지식에 대한 굳건한 기초가 필요하다. 이를 위해서 학부 과정에서 기초 과목의 학습량을 증가시킬 필요가 있다.

교육을 강의 중심에서 문제해결 중심으로 변경하는 것 역시 창의력 향상의 방안이 될 수 있다. 단일 전문 분야의 지식만으로 해결할 수 있는 문제는 현실 세계에서 많지 않다. 문제를 해결하는 과정에서 학생들은 스스로 관련 분야의 지식에 대한 필요성을 인식할 기회를 체감하게 되며, 이는 과목 선택이나 다른 사람과의 협력에 있어서 엔지니어가 다른 전문 분야에 대해 개방적인 태도를 갖게 할 것이다.

기초과학자와는 달리 엔지니어는 기본적으로 상업적으로 이익이 될 수 있는 구체적인 제품이나 기술에 관심이 있는 사람들이다. 그렇다면 엔지니어들에게는 공학 지식뿐만 아니라 시장 감각이 매우 중요하다. 따라서 엔지니어들이 일정한 범위에서 마케팅, 재무관리, 회계학 등의 학습 기회를 갖는다면 그들의 행동 양식을 기술 중심적 태도에서 시장 중심적 태도로 바꾸는 데 큰 도움이 될 것이다.

학기 중에 국내외 인턴십 또는 현장 실습을 실행하고 학점도 인정해 주는 제도를 운영해 볼 만하다. 전공 과목과 관련 있는 다양한 산업현장과 인턴십을 위한 협력 협정을 맺고 학교에서 배우는 과목이 현장에서 어떻게 활용되고 있는지 그리고 현장의 니즈가 무엇인지를 스스로 체험하게 되면, 학생은 학교로 복귀한 후 더욱 진지한 태도로 학업에 매진하게 될 것이고 교수 또한 실습 준비를 위한 강의가 현장과 괴리되지 않도록 역량 제고에 더욱 노력하게 될 것이다.

산업 현장에 대한 지식과 경험이 있는 교수를 확보할 필요가 있다. 우리나라의 경우 기업체 경력을 갖고 교수가 되고자 하면 불리한 점이 많다. 기업체에 근무하는 동안에는 논문을 쓸 수가 없는데, 대부분의 대학이 과학논문인용지수(Science Citation Index: SCI) 논문 점수를 채용 판단의 척도로 삼고 있기 때문이다. 인문학이나 물리학, 화학 분야 교수 채용 기준이라면 SCI 논문 점수가 타당한 판단 척도가 되겠지만 공과대학 교수 채용에 이런 기준이 적용된다는 것은 이해할 수 없는 일이다. 공과대학 교수의 경우 오히려 기업체 경력에 가산점을 주는 것이 타당하지 않나 하는 생각이다. 많은 교수들이 5~6년마다 정기적으로 안식년을 갖는데, 안식년에 대학이나 연구기관뿐만 아니라 기업체에서 현장 경험을 쌓는 것도 장려되고 또 이런 활동이 경력으로 인정될 수 있어야 한다. 카네기 멜론 대학(Carnegie-Mellon University)의 랜디 파우시(Randy Pausch: 1960~2008) 교수는 생전에 안식년을 맞아 월터 디즈니(Walter Disney)사에서 일한 경험이 매우 유용했다고 밝힌 바 있다.

제품의 고급화에 있어서 디자인은 기술 못지않게 중요하다. 엔지니어가 이러한 감각을 가지려면 인간의 욕구 세계에 대한 이해가 필요하다. 이를 위해서는 경영, 경제학 분야뿐만 아니라 엔지니어도 어느 정도 인문, 예술 분야에 대한 소양을 쌓는 것이 바람직하다. 미국 대학의 경우에는 대부분 이를 필수로 하고 있다. 애플(Apple)사의 스티브 잡스(Steve Jobs)는 자기의 영감과 창의성은 대학 시절에 배운 인문 · 예술 과목에 영향받은 바 크다고 고백했음도 주목할 필요가 있다.

12

21세기 인재상, 브리콜뢰르형 인재

-독창적 인재에서 협창적 인재로의 전환

12

21세기 인재상, 브리콜리르형 인재

–독창적 인재에서 협창적 인재로의 전환

유영만

1. 문제의식의 출발:
세계 최고의 학위 잡사(雜士), '박사' 위에 '잡사' 있다!

"나는 아직도 배우고 있다."

– 미켈란젤로

미국에서 박사학위를 받고 회사에 취업한 '박사'가 직원들을 모아 놓고 강의를 한다. 자신이 유학 시절 갈고 닦은 전문지식과 그 과정에서 깨달은 바를 솔직담백하게 전달한다. 강의 도중에 사용되는 언어나 개념도 전문용어가 많아진다. 어려운 전문지식이기에 쉽게 전달하기가 쉽지 않다. 어려운 이야기를 쉽게 설명하려고 하지만 여전히 전문용어를 사용하면서 난해하다는 인상을 남기기 시작한다. 가장 이론적인 사람은 가장 실천적인 사람이라고 하지만 그 정도 내공을 갖기에는 아직 역부족이다. 박사의 강의는 시간이 지나면서 지루하고 재미가 없어지기 시작한다. 청중은 졸음을 참으려고 안간힘을 쓰지만 서서히 눈꺼풀에 작용하는 엄청난 만유인력은 마침내 졸음으로 연결된다. 그래도 박사는 자신의 전문지식을 논리적으로 설명하기에 바쁘다. 이제 청중들은 거의 졸고 있거나 도대체 무슨 이야기를 하고 있는지 이해하기 어렵다는 표정을 짓기 시작한다. 자신이 이제까지 갈고 닦은 개념을 활용하여 논리적으로 '설명'하지만 감성적으로 '설득'되지 않는 강의는 마침내 대단원의 막을 내리지만 청중들의 표정은 그리 밝지 않다.

본래 '박사(博士)'의 '박(博)'은 '넓다' '크다' '많다'를 의미한다. '박사'는 넓게 많이 알고 있는 사람이기에 보통 사람에게는 존경의 대상이다. 그런데 '박사'의 현실적 의미는 다르게 이해될 수 있다. 즉, '박사'는 좁고 깊게 아는 사람이다. 특정 학문 분야의 세부 전공을 선택해 그 분야를 깊게 파고들어야 박사가 될 수 있다. 그래서 '박사'는 폭넓은 지식을 갖고 있기보다는 특정 분야에 대한 구체적이고 심층적인 지식을 갖고 있는 학자다. '박사'는 자신이 전공한 분야에 대한 '깊이'는 있어도 '넓이'는 없다. 문제는 박사의 깊이가 다른 분야를 파고드는 다른 박사의 깊이에 대해서 부정적인 태도를 보여 주거나 무관심하다는 데에 있다. 동일 전공 내에서도 전공 간 벽과 건널 수 없는 경계가 생기면서 소통하기 어려운 형국으로 접어들고 있으며, 간학문적(inter-disciplinary) 탐구는 물론 분과학문 간 경계를 넘나드는 초학문적(trance-disciplinary) 탐구를 어렵게 만들고 있다.

박사학위를 취득하기 위해 노력하는 대부분의 시간은 인식의 넓이를 확산시키는 노력보다 인식의 깊이를 심화시키는 노력에 투자한다.

한 분야를 깊이 파고들지 않으면 절대로 박사학위를 거머쥘 수 없다. 깊이는 박사에게 없어서는 안 되는 필수적인 조건인 셈이다. 어느 한 분야를 깊이 있게 파고들지 않고서는 자기 주관과 주장을 가질 수 없다. 확고부동한 신념과 철학으로 자아정체성을 확인하는 방법이 바로 특정 분야를 심층적으로 연구하는 것이다. 문제는 박사가 파고 들어간 지식체계와 사상적 깊이는 우리가 발을 딛고 서 있는 현실에 대한 진실을 밝히고 진리를 발견하는 데에 극히 부분적인 설명력과 이해력을 제공할 수 없다는 점이다. 박사의 깊이 있는 전문지식이 좌정관천(坐井觀天)의 시각을 고착화하여 자기 분야를 벗어나는 다른 분야에 대한 몰이해를 가져올 수 있다. 이런 점에서 '박사'가 보유하고 있는 지식은 현장 이해와 현실 변화에 설득력 있는 지식을 제공해 주지 못할 수 있다는 자각과 반성이 필요하다.

깊이 없는 넓이는 참을 수 없는 가벼움이며, 넓이 없는 깊이는 대화하기 어려운 무거움이다. 한 분야를 깊이 파되 주변을 살피면서 파야 된다. 이론적 지식을 습득하되 현실 변화에 어떤 연관성을 갖고 있는지를 파악해야 한다. '박사'는 본래의 뜻대로 '넓다' '크다' '많다'는 뜻을 갖고 있는 큰 사람이 되려면 '잡사(雜士)'가 되어야 한다. 여기서 말하는 잡사는 이것저것 많은 것을 대강, 대충 알고 있지만 결정적인 한 가지 핵심은 모르는 어리석은 사람이 아니다. 오히려 잡사는 한 분야를 깊이 파고들어 남다른 전문성을 갖고 있으면서 동시에 자신이 전공하는 분야와 직간접적으로 관련되는 전공 분야에도 남다른 관심과 애정을 갖고 자신의 전공 분야와 어떤 구조적 관계성을 지니고 있는지를 깨닫고 있는 사람이다. 진정한 의미의 전문성은 자신의 전문성이 실제 현장에 어떤 방식으로 접목될 수 있는지를 쉽게 풀어서 설득할 수 있는 현실성과 실천성으로 연결되어야 한다. 전문가는 자신의 전문성을 비전문가도 쉽게 이해될 수 있도록 설명하고 설득할 수 있는 사람이 되어야 한다. 잡학지식의 풍부함이 '잡사'의 경쟁력을 결정하는 것이 아니고 다양한 분야에 대한 잡학지식의 설득력이 경쟁력을 좌우한다. 깊이 파되 넓이를 잊지 않고, 넓이를 확장시키되 깊이를 추구해야 한다. 아래로 내리뻗은 뿌리의 깊이와 옆으로 뻗은 줄기의 넓이는 풍성한 나무의 결실을 보장해 준다.

미국의 한 대학에서 박사과정을 공부하던 조지 참(Jorge Cham)은 1997년부터 자신의 대학원 생활을 서너 장의 만화로 그려 웹사이트(www.phdcomics.com)에 올리기 시작했다. 그는 실제로 박사학위를 받은 이후 더 이상 연구를 하지 않고 본격적인 만화가로 직업을 바꾸고 여전히 이 사이트에 박사과정에서 겪는 희로애락을 만화로 그리면서 지금은 전 세계 박사과정 학생이나 박사 이후 연구원 생활을 하는 수많은 학자로부터 호평을 받고 있는 학계의 유명인사가 되었다(정재승, 진중권, 2009). 이 사이트에 실린 만화 중에 '박사가 되기 위한 뉴턴의 3대 법칙'(http://www.dubinskiy.net/interest/humor/newton.htm)이라는 만화가 있다.

첫 번째 법칙은 '관성의 법칙'이다. 세상 모든 대학원생은 교수라는 외부적 힘이 작용하지 않는 한 계속 '할 일 미루기 상태'를 유지한다는 법칙이다. 지도교수의 강제적 권유가 있어야 하던 일을 멈추고 논문 쓰기에 몰두한다는 것이다. 그렇지 않으면 이런저런 일로 바빠서 박사 예비시험이나 논문계획서 또는 박사학위 논문 작성에 열과 성을 다하지 않는 대학원생의 성향을 표현하고 있다. 두 번째 법칙은 'F=ma 또는 a=m/F'라는 법칙이다. 이 법칙에서 a는 가속도가 아닌 박사과정을 마치는 나이(age)를 의미하고, m은 박사과정 학생의 성취 동기(motivation)를 지칭하며, 마지막으로 f는 지도교수의 매번 돌변하는 마음(flexibility)을 상징적으로 보여 준다. 이 법칙은 박사를 마칠 수 있는 나이는 학생 자신의 성취 동기가 높을수록 짧아지지만,

지도교수의 매번 돌변하는 마음상태에 따라서 결정된다는 법칙이다. 세 번째 법칙은 '작용—반작용 법칙'이다. 박사과정 중에 직면하는 중요한 고비마다 머피의 법칙처럼 항상 그것을 방해하는 일이 결정적인 순간에 터진다는 법칙이다. 박사 자격시험을 볼라치면 예기치 못한 사건이나 사태가 발생하고, 논문계획서를 발표하려는 순간 집안에 큰일이 겹쳐서 결정적인 기회를 놓친다는 말이다.

젊은 청춘을 거의 다 바쳐서 힘겹게 박사학위를 거머쥐어도 미래는 불확실하고 불투명하며 박사 개인의 삶은 불안함의 연속이다. 예전처럼 박사학위를 갖고 있는 사람이 적어서 박사학위 자체만으로 경쟁력과 희소가치를 갖기가 어려워지고 있다. 갖은 고생을 한 것에 비하면 박사에게 주어지는 현실적인 이득이 턱없이 부족하다. 그럼에도 불구하고 많은 사람이 박사학위 과정에 입문하려고 하는 이유는 박사학위 과정에서 공부하는 도중에 느끼는 새로운 지적 희열감이 아닐까 한다. 선각자들이 이미 걸어간 길을 좇아가면서도 선각자의 탐구가 이루어지지 않은 미지의 연구 분야를 선정해 끊임없이 의문과 질문을 던지면서 하나둘씩 깨달아 가는 공부의 즐거움은 그 어느 것과도 맞바꿀 수 없는 소중한 가치가 아닐 수 없다.

경제적으로 자유롭지 않으면서도 언제 끝날지 모르는 기나긴 학문적 탐구 여정이 이어지는 박사학위 과정에 두려움 없이 뛰어드는 이유는 물질적 보상보다는 다른 것에 가치판단 기준이 있기 때문이다. 박사과정을 통해서 남들이 읽지 않는 책을 뒤적이면서 나보다 앞서서 학문적 탐구활동을 수행했던 선각자들의 고민과 고뇌의 흔적을 더듬어 따라가면서 느끼는 기대와 설렘, 연구실에서 깊어가는 밤과 함께 홀로 고독한 싸움을 하면서 발견하는 진리 체험의 경이로움, 연구 주제나 문제에 대한 답을 찾기 위해 끝이 보이지 않는 연구과정에서 쏟아붓는 열정적 몰입의 즐거움은 세상의 그 어느 것과도 맞바꿀 수 없는 소중한 가치가 아닐 수 없다. 갖은 고생 끝에 주어지는 박사학위는 이제 지도교수의 곁을 떠나 독립적인 연구자로서 아직 밝혀지지 않은 세상의 의문을 파헤치고 세상 사람들에게 발견의 결과를 나눌 수 있는 독자적인 역량을 갖추고 있다는 증표다. 박사학위는 또한 지금까지 씨름하던 연구문제를 깊게 파면서도 넓게 보는 시각을 아울러 갖추고, 박사학위를 받기 전보다 더 치열하게 고민하고 고뇌하라고 지도교수가 주는 일종의 독립선언서와 같다.

문제는 대부분의 박사가 박사학위를 받은 이후에 박사학위를 획득하기까지 보여 줬던 학문적 탐구 열정을 보여 주지 않고 현실에 안주한다는 데에 있다. 박사학위는 이제 본격적인 학문적인 탐구활동을 전개하는 시작을 끊임없이 반복하라는 자기암시이자 새로운 다짐을 담고 있는 이정표다. 지금까지 박사학위 논문을 쓰는 데 직접적으로 연결되는 특정 분야만을 파고들어 자기 전공 분야 이외의 다른 분야에는 소홀할 수밖에 없었다. 박사학위를 받는 동안 지도교수의 보호막과 대학원이라는 안전망 안에서 주어진 틀과 형식을 고수하는 글쓰기를 시도했다면, 박사학위 이후에는 지금까지 가 보지 않은 길을 과감하게 걸어가야 한다. 가 보지 않은 길이기에 낯설고 두려움이 앞선다.

학문발전의 역사는 물론 한 시대를 이끌어 가는 문명 창조의 역사에는 언제나 물론과 당연의 세계에 시비를 걸면서 상식에 정면으로 도전장을 내미는 소수의 몰상식한 사람이 걸어간 족적(足跡)이 담겨 있다. 선각자가 걸어왔고, 또 걸어가고 있는 길을 예의 주시하면서 동시에 그들의 관심이 미치지 않은 곳을 포착해서 치열하게 파헤치고 주도면밀하게 분석하면서 뜨거운 열정을 불살라야 한다. 때로는 수면이 부족하고 힘에 부칠 때가 있을 것이다. 남이 걸어가지 않은 길이기에 외롭고 혼란스럽기도 하며 두렵고 불안할 수도 있다. 세상을 뒤집는 혁명적인 아이디어는 언제나 처음에 심각한 조롱과 조소, 비난과 저항을 받았지만 시간이 지나면서 상식으로 진화되어 왔다.

기존 상식을 뒤엎어서 새로운 가능성의 문을 열기 위해서는 이제까지와는 다른 생각과 시도로 학문적 탐구 여정에 몰입해야 한다. 깊이 파면서 동시에 넓게 파야 지금까지 보지 못했던 색다른 시각으로 당연하다고 생각되던 문제를 남다르게 바라볼 수 있다. 넓이는 있되 깊이가 없는 박사는 천박하며, 깊이는 있되 넓이가 없는 박사는 좌정관천의 어리석음을 범할 수 있다. 내 인생의 전부를 걸 수 있는 탐구 분야를 선정한 다음 종횡무진 책을 읽어야 한다. 대강, 대충 책을 읽고 주마간산(走馬看山) 격으로 연구에 임하면 대강, 대충의 탐구 결과가 나오는 것이 아니라 아무것도 안 나온다. 자신의 삶을 뜨겁게 달굴 수 있는 지독한 열정만이 진리 발견의 여정을 이끌어 갈 수 있는 유일한 원동력이다.

2. 그 많던 전문가는 다 어디로 갔을까: 브리콜뢰르형 인재와 브리콜라주 대학의 등장

"지식 속에 잃어버린 지혜는 어디로 갔나?
정보 속에 잃어버린 지식은 어디로 갔나?"
– 토머스 엘리엇(Thomas Eliot), 영국의 시인

지식이 기하급수적으로 증가하는 상황에서 한 사람이 모든 분야에 능통한 전문가가 되기는 불가능에 가까워지고 있다. 과거와는 판이하게 다르게 문제의 복잡성 수준과 난이도 수준이 높아진 시점에서 한 사람이 문제에 대한 완벽한 답을 찾기도 어려워지고 있다. 이런 상황에서 우리 모두가 갖추어야 할 능력은 답이 없는 가운데 답을 찾아

나서는 다각적인 시도와 도전정신이다. 이런 점에서 르네상스 시대의 레오나르도 다 빈치형 천재가 되기에는 지식이 너무나 세분화·전문화되고 방대해졌다. 레오나르도 다 빈치가 거의 모든 분야에 걸쳐서 천재적인 재능을 발휘할 수 있었던 원동력은 삶에 대한 식을 줄 모르는 관심과 호기심, 지속되는 배움에서의 가차없는 질문, 그리고 한 가지 아이디어를 다양한 분야와 엮어 내는 습관에서 비롯된 것이다(Gelb, 1998). 특정 분야를 깊이 파고드는 전문가는 많아졌지만 여러 분야에 걸쳐 폭넓은 식견과 안목을 지닌 사람은 갈수록 적어지고 있다.

한 사람이 모든 분야를 섭렵해서 능통해지기에는 지식의 깊이와 폭이 너무 심화 확산되고 있기 때문이다. 그렇다고 주변 분야가 어떻게 발전되고 있으며 자신이 전공하는 분야와 어떤 구조적 관계를 맺고 있는지를 모르는 상태에서 자기 분야만 깊이 파다가는 매몰될 수 있다. 이런 점에서 "한 우물을 파라."는 말은 "한 우물을 파되 주변을 살펴보면서 파라."는 말로 대체되어야 한다. 우물을 파다가 중간에 바위를 만날 수도 있고 더 이상 팔 수 없는 난관에 부딪힐 수도 있다. 더 이상 직선으로 파고들어 갈 수 없는 난국에 직면할 수 있다는 말이다. 이럴 때는 옆으로 팠다가 다시 밑으로 파야 한다. 결론적으로는 넓게 파고들어 가야 더 깊이 팔 수 있다는 말이다. 넓게 파기 시작해야 장애물을 비켜 나갈 수도 있고 다른 대안을 모색할 수 있기 때문이다.

세상은 거대한 관계망으로 엮여 있다는 깨달음, 그 관계 속에 내가 위치하고 있다는 점, 그래서 무엇보다도 관계 속에서의 지속적인 상호작용과 상호 의존성 속에서 삶의 의미를 깨달아 가는 과정이야말로 세상을 이해하는 방법이라는 점을 인식할 필요가 있다. 겉으로 보기에는 아무런 관계가 없다고 생각되는 사물이나 현상도 그것이 존재하게 된 사연과 배경을 파고들면 세상은 모두 관계망으로 엮어진 산물이라는 점을 깨닫게 된다. 브리콜라주(bricolage)는 관계없는 것을 관계 있는 것으로 변화시키면서 주어진 문제 상황 탈출에 기존의 도구가 어떻게 도움을 줄 수 있는지를 순간적으로 깨닫는 과정이다. 본래 브리콜라주라는 말은 인류학자 레비스트로(Levi-Strauss, 1962)가 저술한 『야생의 사고』라는 책에 나오는 말이다. 브리콜라주라는 말은 '여러 가지 일에 손대기' 또는 '수리'라는 사전적 의미를 갖고 있다. 브리콜라주는 문제 상황에 직면하면 현재 가용한 자원을 활용하여 문제 상황을 탈출하는 즉흥적 상황 판단력이나 임기응변력을 발휘하는 과정을 지칭한다. 고장 나서 쓸모없다고 버려진 물건, 평소에는 아무짝에도 쓸모없다고 방치되어 있는 물건, 상식적인 시각으로 바라보면 아무런 관계가 없다고 생각되는 두 가지 이질적인 물건도 우리가 부딪히는 문제 상황을 탈출하는 데 신기한 도구로 얼마든지 쓰일 수 있다.

예술적 창작도 평범한 사람들의 눈에는 당연하고 원래 그랬으며, 물론 그런 현상을 낯설게 보여 주는 과정에서 이루어진다. 이미 알고 있는 지식, 지금 상황에서 활용 가능한 도구를 갖고 주어진 문제 상황을 탈출하는 과정이 다름 아닌 브리콜라주다. 브리콜라주는 틀에 박힌 사고, 기존의 지식, 이미 정해진 방법을 거부한다. 언제 어떤 상황이 펼쳐질지 예측이 불가능한 상황에서 기존의 정형화된 매뉴얼이나 지식만으로는 역부족이다. 브리콜라주는 기존의 과학적 지식과 기술적 노하우 안에서 고민하지 않고 길 밖의 길을 모색하기 위해 이미 검증된 이론적·실제적 지식과 기술적 노하우를 벗어나는 사유와 실험을 통해 불확실하고 애매모호한 상황을 슬기롭게 탈출하는 과정을 지칭한다.

레비스트로스가 브리콜라주를 강조하고 있는 이유는 겉으로는 그것이 비과학적·비논리적인 것처럼 보이지만 나름의 논리와 체계성을 갖추고 있기 때문이다. 그것이 바로 야생의 사고 또는 야성적 사고다. 서구의 합리적 과학만이 과학이라는 인식의 폭력 앞에 항거하면서 원주민의 미개문명 속에도 나름의 논리적 구성 틀과 이해의 관계망이 존재한다는 레비스트로스의 주장에 귀를 기울일 필요가 있다. 그가 주장하는 야성적 사고란 원주민들의 마술적이고 주술적인 사고방식도 세계에 대한 지식을 획득하는 방법이나 현상을 바라보는 관심의 차이에서 서구의 과학과 구분될 뿐, 혼돈을 넘어서 나름의 질서를 파악하는 방법이란 점에서는 서구의 과학과 마찬가지의 사고방식이다(이진경, 2005). 따라서 야성적 사고는 원시인이나 미개인의 사고방식이 아니라 모든 인류가 공통적으로 갖고 있는 근원적이고 무의식적인 사고방식이다. 레비스트로스의 야성적 사고는 이성과 과학적 합리성 중심의 서구적인 사고방식만이 가장 우월하다는 통념에 일격을 가한 일대 사건이라고 볼 수 있다.

이는 틀림과 다름은 다르다는 깨달음을 가져다준 결정적인 전기를 마련해 주어, 비서구적인 것은 무조건 비과학적이고 비논리적이며 비이성적인 것으로 간주하던 서구적 사고방식과 태도에도 일침을 가한 사고방식의 전환점이었다. 그의 야성적 사고는 다름을 틀림으로 간주했던 서구인들의 비서구 사회에 대한 편견과 오해에 대한 비판과 반성으로도 볼 수 있다. 나와 생각이 다르고 피부색이 다르다는 것은 내가 맞고 상대방이 틀렸다는 것을 의미하지 않는다. 서구적 이성과 합리성으로 사실을 발견하고 법칙을 만드는 과정이 과학적인 것이고 그렇지 않은 것은 비과학적인 것이라는 인식의 기저에는 과학적인 것은 우리 모두가 추구해야 될 옳은 가치이고 그렇지 못한 비과학적인 것은 폐기해야 될 틀린 것이라는 전제가 깔려 있다. 다름을 틀림으로 착각하고 오해하고 있는 서구인들의 통념에 통렬한 시비를 건 일대 사건이 바로 야성적 사고였다.

야성적 사고를 체득하고 있는 브리콜뢰르(실천의 주체)는 브리콜라주(실천의 과정)를 실제 몸으로 보여 주는 손재주꾼이다. 브리콜뢰르는 일정한 교육을 받았거나 문제해결형 매뉴얼을 따라가는 기존의 기술자나 엔지니어와는 다르게 주어진 상황에서 활용 가능한 도구 및 지식과 노하우를 갖고 즉석에서 임기응변력을 발휘하여 위기 상황을 능수능란하게 탈출하는 사람이다. 레비스트로스의 설명에 따르면, '손재주꾼'으로 번역되는 브리콜뢰르는 보잘것없는 판자 조각, 돌멩이나 못쓰게 된 톱이나 망치를 가지고 주어진 상황에서 살아가기에 적합한 집 한 채를 거뜬히 지어 내는 솜씨를 발휘하는 사람을 지칭한다. 목수는 건축에 대한 일반상식은 물론 집 짓는 방법에 대한 나름의 지식과 노하우를 갖고 있다.

브리콜뢰르는 목수처럼 집 짓는 데 필요한 상식과 풍부한 지식은 가지고 있지는 않지만 언제 어디서나 주어진 상황에 가장 잘 어울릴 수 있는 집을 짓기 위해 지금 자신이 보유하고 있는 몇 가지 도구를 활용해서 목수도 감히 흉내 낼 수 없는 기상천외의 아담한 저택을 완성시킬 수 있는 손재주꾼이다. 즉, 목수가 기존의 지식과 건축방법론이라는 틀과 벽에 갇혀서 새로운 방법론을 더 이상 모색하지 않는 타성과 고정관념에 젖은 사람이라면, 브리콜뢰르는 기존 지식과 고정관념의 틀에서 완전히 벗어나 자신만의 새로운 집을 전혀 다른 방식으로 지을 수 있는 자유를 만끽하는 사람을 지칭한다. 따라서 브리콜뢰르는 대부분의 사람이 당연하다고 생각하는 상식과 통념에 대한 남다른 호기심의 눈초리와 의문의 칼날을 품고 끊임없이 질문을 제기하는 실천의 성향을 갖고 있다. 브리콜뢰르는 자신의 환경을 탓하지 않는다. 비록 자신이 심각한 문제 상황이나 위기 상황에 직면해 있고 갖고 있는 도구가 보잘것없다고 할지라도 불평불만을 터뜨리거나 당황하지 않고 상황을 긍정적이면서 침착하게 해석하여 구체적 해결책을 제시한다.

레비스트로스가 주장하는 브리콜뢰르는 현존하는 프랑스 최고의 천재라고 지칭되는 자크 아탈리(Jacques Attali)의 레고문명을 창조하는 인류와 일맥상통한다. 그가 저술한 『21세기 사전』(Attali, 1998)이라는 책에서는 모든 혼합이 조화를 이루고 서로가 서로에게 관용을 갖게 하며 새로운 차이점을 만들도록 독려하는 레고문명의 시대가 올 것이라고 예측했다. 그에 따르면 앞으로 개인은 다양한 문명철학이나 이데올로기, 문화, 종교, 예술, 과학 같은 요소 중에서 자신의 신념과 철학에 따라 자유롭게 가치체계를 선택할 수 있는 골동상품과 같을 것이라는 주장을 펼치고 있다. 그는 계속해서 미래의 인류는 프랑스 철학자 들뢰즈(Deleuze)가 주장하는 것처럼 한 곳에 머물러 안주하지 않고 낯선 곳으로 끊임없이 탈주를 거듭하면서 자신의 정체성을 끊임없이 바꾸어 가는, 즉 노마디즘을 삶의 철학으로 살아가는 유목민적 인간으로 거듭날 것이라고 주장하고 있다.

이러한 미래의 인류는 마치 어린아이가 레고 블록을 자유롭게 조립하면서 놀듯이 역사가 만들어 낸 다종다양한 문명의 조각을 조립하면서 살게 될 것이라고 내다보고 있다. 동일한 레고블록이라도 누가 어떤 관심과 목적을 갖고 조합하느냐에 따라 전혀 다른 레고블록의 형상이 탄생하듯이, 개인의 의도와 취향에 따라 다양한 문화적 컬러를 어떻게 융합하느냐에 따라 전혀 다른 문화적 삶을 향유할 수 있는 잠재성의 장이 현실화된다는 것이다. 아탈리의 주장에 비추어 볼 때, 21세기를 지배하는 문명과 인류는 다름과 차이를 인정하지 않고 하나의 획일성으로 녹여 내는 '용광로형'이 아니라 각자의 개성을 존중해 주면서 전체적으로 시너지 효과를 추구하는 '모자이크형'으로 진화될 것이다.

아탈리가 예언했던 레고블록 문명은 지금 여기서의 우리와 다른 삶의 방식을 포용하면서 다양한 세계의 공존을 추구하는 화이부동(和而不同)의 문명이다. 논어 자로편에 보면 "子曰 君子和而不同하고 小人同而不和니라."라는 말이 나온다. 글자 그대로 번역하면 군자는 화합하되 동(同)하지 아니하고, 소인은 동(同)하되 화합하지 못한다는 뜻이다. 남과 사이좋게 지내기는 하나 무턱대고 어울리지는 아니한다는 뜻이다. '동(同)'은 지배와 억압의 논리이고 흡수와 합병의 원리지만, '화(和)'의 논리는 관용과 공존의 논리이고, 조화와 평화의 원리다(신영복, 2004). 화합하되 자신의 개성을 유지하면서 다른 개성으로 흡수되지 않는 군자의 덕은 다양성을 포용하고 다름을 인정하는 자세와 철학을 지칭한다. 이런 점에서 21세기의 인간은 자신만의 가치관과 철학을 고수하고 타자를 인정하지 않는 고립된 모습이 아니라, 나와 다른 독특한 상대를 인정하면서 관용의 연대망을 구축하는 모습으로 이해된다. 결국 레비스트로스가 말하는 브리콜뢰르형 인간은 기존의 검증된 과학적 이론과 기술적 노하우에 빠져 다른 가능성을 생각하지 못하는 정주형 인간에서 벗어나 낯선 다름의 세계를 끊임없이 모색하면서 새로운 가능성의 출구를 모색하는 유목형 인간이다. 브리콜뢰르형 인간은 지역적 고립과 문화적 배타성, 영역과 주제의 객관적 구분과 분리, 계층적 위계와 지엽적 차별 등 모든 경계와 벽을 무너뜨리고 가로지르며, 레고 놀이와 같은 자유로운 낯선 조합을 통해 이종결합과 교배에 의한 잡종의 세계를 추구하는 '이연연상형(二連聯想型) 인간'이다.

브리콜뢰르형 인간의 대표적인 모델은 자타가 공인하는 레오나르도 다 빈치다. 사람들은 그를 르네상스적 인간이라고 부른다. 다 빈치에 걸맞는 직업은 참으로 다양하다. 화가, 조각가, 과학자, 수학자, 공학자, 발명가, 해부학자, 건축가, 음악가, 저술가. 어떻게 한 사람이 이렇게 다양한 분야에 걸쳐서 놀라운 성취를 만들어 냈을까? 현대적 의미의 브리콜뢰르는 레오나르도 다 빈치처럼 모든 분야에 천재적인 자질과 역량을 갖고 있지 않지만 맥가이버처럼 어떤 상황에서도 주어진 문제나 과제를 해결할 수 있는 즉흥적 판단력과 임기응변력을 지니고 있다. 다 빈치가 평소에 어떤 사고방식과 노력으로 그렇게 천재적인 기질을 발휘하였는지를 분석해 보고 다 빈치와 브리콜뢰르의 사고방식과 문제해결 방식에서 공통점을 찾아볼 필요가 있다. 브리콜뢰르는 TV 프로그램을 통해 시청자들의 많은 관심을 끌었던 맥가이버와 유사한 점이 많다. 맥가이버는 다 빈치와 달리 모든 분야에 천재적인 기질을 발휘할 수는 없겠지만 어떤 위기 상황도 자신이 보유하고 있는 도구를 활용하여 능수능란하게 탈출하는 탁월한 문제해결사였다.

3. 브리콜라주 대학이 추구하는 전문성: 한 우물 파다 매몰될 수 있다![1]

"지식의 계속적인 파편화와 그것으로 인한 철학의 혼란은
실제 세계의 반영이라기보다는 학자들이 만든 인공물일 뿐이다."
– 에드워드 윌슨(Edward Wilson)

그동안 대부분의 자연과학은 물론 인문사회과학이 저마다의 학문적 경계를 긋고 벽을 높이 쌓았던 탓에 전공 영역 간 소통이 단절되는 현상이 발생해 왔다. 지금까지 축적된 대부분의 지식체계는 전문

1) 이 부분은 유영만(2009)의 내용을 이 글의 목적에 맞게 부분적으로 수정한 내용임을 밝혀 둔다.

화 · 세분화를 통해서 구축된 학문 영역별 전문지식 체계이다. 그러나 이제는 전문화 · 세분화 과정을 통해서 구축된 파편화 · 단절화된 지식을 통합화 · 융합화 과정을 통해 지식의 큰 줄기를 잡는 통섭의 길로 접어들어야 할 시기이다. 물론 통섭에 관해서는 자연과학 중심의 환원론적인 제국주의적 정복이라는 비판이 없지 않다(김흡영, 2008; 박이문, 2009; 최민자, 2010). 그렇기는 해도 새로운 주장과 이론이 출현했다면, 그 이면에는 그것이 나올 수밖에 없었던 시대사적 배경과 그것을 창안한 사람의 근본적인 문제의식을 올바르게 이해하려는 노력이 존중되어야 한다. 진정한 통섭은 학문 분야 간 경계를 넘나들면서 자신의 학문적 관점으로는 보이지 않는 문제와 동원하기 어려운 해결 대안을 다른 학문 분야의 시각과 관점으로 들여다보면서 학문 간 소통하면서 섭렵하는 통섭(通涉)이 필요하다. 통섭(通涉)은 통섭(統攝)과 달리 누가 누구를 포섭하고 통제하기보다 학문 간 소통과 공감을 전제로 단일 학문으로는 설명과 이해가 불가능한 연구 대상을 섭렵하기 위한 학문공동체 간의 공동의 노력을 전제한다. 이는 단순히 학문 간 교류를 지칭하는 간학문적인 노력을 말하는 것이 아니다.

다양한 학문의 통합적 노력을 지칭하는 다학문적 노력을 넘어서 이질적 학문 간에 존재하는 벽을 부수고 경계를 넘나들면서 새로운 이론적 틀과 학문체계를 세워 보려는 초학문적 또는 범학문적(trans-disciplinary) 노력이다. 범학문적 노력의 궁극적인 목적은 특정 학문이 특정 학문을 포섭하고 통제해서 어느 하나의 학문으로 모든 학문적 노력을 흡수하거나 병합하는 데 있지 않다. 오히려 범학문적 통섭은 다양한 학문 간 이종결합(異種結合)을 통해 간학문적 노력에 여전히 존재하는 분과학문 간 경계를 넘어서 학문 사이의 차이를 발견하고 경계에서 새로운 꽃을 피우려는 노력이다.

진정한 의미의 통섭은 '사이'에서 발생한다. '사이'를 무시하면

전서

'사이비'가 될 수 있다. '사이'가 '차이'를 만든다. 사람에 담겨진 본래의 의미를 되살려보면, 어떤 사람을 뜻하는 인(人)은 두 사람이 어깨를 기대고 있는 모습을 형상화한 한자라고 한다.

인간(人間)도 사람(人)과 사람(人) 사이(間)를 지칭하는 인간관계(人間關係)의 약자다. 사람은 결국 사람과 사람 사이에서 다른 사람과 함께 살림살이를 영위해 나가는 존재다. 살림은 사람이 사람을 살리는 것이며 삶을 바로 사는 것을 의미한다. 나아가 사람은 삶+앎이 합쳐져서 된 말에서도 알 수 있듯이 살림살이를 통해서 앎을 추구해 나가면서 깨우침을 터득해 나가는 존재다. 결국 삶도 앎도 모두 나와 다른 사람, 나를 둘러싸고 있는 세계와의 관계 속에서 이루어지는 과정임을 알 수 있다. 동양의 인(仁)은 두 이(二) 자가 하늘과 땅을 의미한다고도 하지만 사람(人) 둘(二)이 모여서 어진 삶을 추구함을 의미한다. 사람과 사람이 서로 어울리고 감흥하면서 만물의 일체감 속에서 살아가는 인간 존재를 나타내는 문자다(이어령, 2003).

동양의 사람과는 다르게 서양에서 얘기하는 개인(個人)의 '개(個)'는 사람이 죽어 딱딱하게 굳어 아무것도 느낄 수 없는 상태를 지칭하고 있다. 사람 속에 사람의 존재가 없어진 상태, 외부와의 소통관계가 끊어지고 철저하게 고립되어 독립적으로 존재하는 상태를 지칭한다.

한마디로 사람과 사람 사이에 관계가 끊어진 관계 고장과 관계 장애가 발생한 상태다. 학문적 발전이 개별 분과학문으로 전문화 · 세분화되면서 학문이 전체적 조망력을 상실하고 딱딱하게 굳어져, 학문적 탐구 대상뿐만 아니라 개별 학문 간 소통 또는 심지어 개별 학문 내 소통조차 불통된 상태로 전락하고 있다. 개별 분과학문 내외적으로 심각한 관계 장애가 발생하고 있다.

사람과 사람 사이, 개별 학문과 개별 학문 사이에 소통이 되지 않고 관계 장애가 발생하면 무엇을 위한 삶이며 무엇을 위한 탐구인지를 망각할 수 있다. 나 혼자만 잘하고 내 분야만 열심히 탐구하면 된다는 생각은 결국 심각한 관계 장애를 불러온다. 다른 사람과 의사소통이 되지 않으며 다른 분과학문과 경계를 넘나드는 학문적 소통을 기대하기 어렵게 된다. 관계 장애와 관계 고장의 상태에서는 사람이 제구실을 못할 뿐더러 그 사람의 인성도 사람다운 인성으로 가꾸어지기 어렵다. 왜냐하면 인성이란 한 인간이 일생을 통해서 맺어 온 관계성의 역사적 투영물이기 때문이다. 즉, "인성이란 여러 개인이 더불어 만들어 내는 장(場)의 개념이다." (신영복, 2004: 42)

인성에는 타고난 선천적 기질이나 성격도 어느 정도 남아 있음을 부정할 수 없지만, 어떤 기질이나 성격을 선천적으로 부여받는다고 해도 그 사람이 어떤 환경 속에서 어떤 사람과 어떤 관계 맺음을 이루어 왔는지에 따라서 인성은 판이하게 다르게 나타난다. 인성과 마찬가지로, 한 인간의 능력은 외부와의 관계가 끊어진 상태에서 자신의 독자적인 노력으로 습득된 독립적 역량이 아니라 그 사람이 발 딛고 서 있는 처지와의 관계 속에서 생성된다(신영복, 2004). 결국 인간도 인간관계 속에서 살아가며 사회도 수많은 인간관계가 또 다른 인간관계와 연결되어 구성되는 거대한 관계망이라고 볼 수 있다. "우리가 깨닫는 것, 즉 각(覺)에 있어서 최고 형태는 바로 세계는 관계라는 사실입니다. 세계의 구조에 대한 깨달음이 가장 중요한 깨달음입니다." (신영복, 2004: 475)라는 말을 곱씹어 볼 필요가 있다. 공부하는 목적도 개별적 사실에 대한 이해를 넘어서서 특정 현상이나 사회 전체를 움직이는 보이지 않는 힘의 관계를 이해하는 데 있다.

세계가 관계라는 사실을 이해하기 위해서는 관계를 맺고 있는 사람과 사람 사이 또는 두 가지 이상의 이질적인 학문적 경계에 존재하는 사이를 이해할 필요가 있다. 함민복(1996) 시인의 '꽃'이라는 시를 보면 "모든 경계에 꽃이 핀다."라는 표현이 나온다. 학문적 경계에 꽃이 피려면 분과학문 사이에 소통이 있어야 한다. 분과학문의 발전이 거듭될수록 분과학문 간 경계는 점차 더 높아져 가고 있다. 분과학문 간 경계가 높아진다는 이야기는 분과학문 간에 소통할 수 있는 가능성이 점차 줄어든다는 이야기다. 자기가 전공하는 분야가 최고라는 인식은 우물 안 개구리, 즉 좌정관천(坐井觀天)형 속 좁은 전문가만 양산하게 되었다. 지금의 시대는 '전문가(specialist)'보다 '전인(whole man)'을 요구하는 시대다. 전문가의 전문성이 깊어질수록 타 분야에 대해서는 전문적으로 문외한이 되어 가면서 각종 병폐와 역기능을 양산하는 장본인으로 작용하는 경우가 많아지고 있다.

자기 분야에 대한 인식의 깊이가 깊어질수록 인접 유관 분야에 대한 몰이해도 함께 깊어 가고 있다. 심지어는 자기 분야 내에서도 사용하는 전문용어의 차이로 인하여 전공 영역의 사이는 점점 더 벌어지고 있다. 전공 영역 간 또는 전문 분야 간 벽이 높아지고 경계가 확연하게 구분되면서 자기 분야 외 타 분야에서는 어떤 시도와 발전이 이루어지고 있는지를 알기 어렵게 되어 가고 있다. 지식은 '아는 사이'다. 사이에 지식이 존재하고 사이에 지식이 흐른다. 지식은 정적 실체로 존재하는 명사라기보다 끊임없는 변신을 거듭하는 동사다. 지식은 전문 분야와 분야 사이, 전문 분야를 연구하는 사람과 사람 사이,

그 사람의 생각과 생각 사이에 끊임없이 흐른다.

김광규 시인의 '생각의 사이'라는 시를 보면 전문 분야별 사람들의 생각 사이를 고민하는 사람이 없으면 생각은 죽은 생각, 즉 사각(死角)으로 전락할 수 있다는 의미심장한 메시지를 던져 주고 있다.

예를 들면, "시인은 오로지 시만을 생각하고 / 정치가는 오로지 정치만을 생각하고 / 경제인은 오로지 경제만을 생각하고 / (중략) // 이 세상이 낙원이 될 것 같지만 사실은 // 시와 정치의 사이 / 정치와 경제의 사이 / 경제와 노동의 사이 / (중략) // 생각하는 사람이 없으면 다만 / 휴지와 / 권력과 / 돈과…… / (중략) 남을 뿐이다"라는 이야기이다.

사이를 고민하는 사람이 많아야 사이를 만들어 가는 분야가 살아 숨쉴 수 있다. 사이는 틈바구니다. 틈바구니는 경계다. 경계에 꽃이 필 수 있도록 경계와 경계 사이를 고민하는 사람이 많아져야 한다. 경계와 경계 사이를 고민하는 사람이 많아질수록 경계는 인위적으로 그어 놓은 구획에 지나지 않는다. 하지만 경계와 경계 사이를 고민하는 사람이 없어질수록 경계는 넘어설 수 없는 한계로 다가온다. 세상은 수많은 사이가 만들어 가는 세상이다. 혼자 독립적으로 존재하는 것 같지만 사실은 다른 존재와의 사이라는 이름의 관계로 존재하는 것이다.

사이는 경계와 경계 사이에서 살아가는 빈틈이다. 사이가 나빠지면 벽은 높아지고 건널 수 없는 경계가 생긴다. 벽이 높아지고 경계가 생기면서 넘을 수 없는 벽과 건널 수 없는 경계가 앞을 가로막는다. 경계가 한계로 바뀐다. 친구 사이가 적대적 관계로 바뀌고, 애인(愛人) 사이가 애증(愛憎)의 관계로 바뀌는 것도 모두 너와 나, 나와 너 사이를 고민하지 않고 나는 나, 너는 너라는 극단적 자기중심적 사고방식 때문이다. 진리는 어느 한 곳에 머물러 있지 않다. 진리는 언제나 사이에 흐르고 있다. 진리가 경계를 넘지 못하고 한계에 부딪히는 순간, 진리는 편협한 생각에 물들어 자기 분야, 자기가 그어 놓은 경계 안에서만 진리로 통용되는 편리함으로 전락된다. 자기 편의주의적으로 이해하고 해석하는 진리는 전문 분야의 사이를 흐르지 못하고 한 곳에 정체되어 편안함과 편리함을 추구하는 편파적 의견으로 전락한다.

통섭이 추구해야 될 진정한 목적은 학문 사이에 철옹성처럼 쌓아 놓은 높은 전공의 벽과 담을 무너뜨리고 선명한 학문적 경계선을 불투명하게 하거나 모호하게 하는 데 있다. 그래야 학문적 소통이 이루어지고 공감이 가능해진다. 학문과 학문 사이에 이동의 상상력이 발휘되고, 학문 간 이종결합이 자유자재로 이루어지면서 창조의 열매가 열리는 것이다. 미래 융합 또는 통섭 대학이 필요로 하는 교수방식은 자기 전공 영역에 대한 깊이 있는 지식을 추구하면서도 타 전공 영역과의 상호 의존성이나 상호 관계성에 대한 통찰력을 제공하는 가르침에서 자아정체성을 찾는 방식이다. 미래의 전문가(specialist)는 자기 분야 한 가지에 대한 깊이를 추구하는 사람이 아니라 전공에 대한 깊이는 물론 동시에 인접 유관 분야에 대한 넓이를 동시에 추구하는 '스페셜 제너럴리스트(special generalist)'나 '제너럴 스페셜리스트(general specialist)'[2)]이다. 깊이 없는 넓이는 가벼우며, 넓이 없는 깊이는 옹졸할 수 있다. 깊이가 전제된 넓이라야 의미심장할 수 있다.

2) 『생각의 탄생』이라는 책을 쓴 루트-번스타인과 루트-번스타인(Root-Bernstein & Root-Bernstein, 2007)은 "창의적 인재란 미술, 음악, 시 등 다른 영역의 세계도 자유자재로 활용할 수 있는 사람"들이라면서 "국가든 기업이든 한 분야의 전문가보다 모든 분야를 자유자재로 넘나들 수 있는 신르네상스인을 키워야 한다."고 주장했다. 신르네상스인이 바로 '스페셜 제너럴리스트(special generalist)'나 '제너럴 스페셜리스트(general specialist)'라고 볼 수 있다.

깊이 없는 넓이를 추구하면 이것저것 조금씩 알 수 있지만 핵심과 본질을 잃을 수 있다. 넓게 파기 시작해야 종국에는 깊이 팔 수 있다. 미래 융합대학은 바로 이 점에서 학생들로 하여금 자기 전공 분야에 대한 깊이 있는 전문지식을 습득하기 위한 세로 지르기는 물론 타 전공 분야와의 관계성에 대한 통찰력을 습득할 수 있도록 가로 지르기를 가르쳐야 한다. 미래 융합대학의 교수방법이 강조해야 할 포인트는 세로 지르기를 통해 전공에 대한 깊이를 추구하면서 동시에 가로 지르기를 통해 자기 분야에 매몰되지 않도록 폭넓은 안목과 식견을 습득해야 된다는 점이다.

"한 우물을 파라."는 말은 이제 "한 우물 파다가 매몰될 수 있다."는 말로 바뀌어야 한다. 이 점에서 김광규 시인의 '생각의 사이'라는 시는 브리콜라주 대학이 지향해야 되는 포인트를 제시하고 있다는 점에서 의의가 있다. 자기 분야 전공에 대한 생각에 갇히면 '생각의 감옥'에 갇힐 수 있다. 생각 감옥에 갇힌 생각은 외부와의 소통과 교류가 단절되기 때문에 자신의 생각을 다른 생각에 비추어 판단하고 평가할 수 있는 기회를 상실하게 된다. 생각은 다른 생각과의 교류를 통해서 성장하고 발전한다. 내 생각이 반드시 옳지 않을 수 있다는 생각과 함께 내 생각의 옳고 그름을 판단할 수 있는 비교의 기준이 되는 다른 생각이 필요하다는 생각이 중요하다. 미래 융합대학의 교수방법은 생각의 감옥 속에 갇힌 생각의 편린들을 밖으로 끄집어내어 다양한 학문 분야와의 빈번한 소통과 교감을 통해 자아정체성의 본질에 대한 새로운 깨달음을 촉진하는 매개체가 되어야 한다. 생각은 생각하는 사람과 사람 사이에 끊임없이 흘러야 한다. 사람과 사람 사이, 전공과 전공 사이에 지식과 지식에 대한 생각이 흐르지 않으면 생각의 감옥에 갇힌 생각은 더욱 위험해질 수 있다.

한 우물 파다가 매몰되기 이전에 자신이 도대체 무엇을 위해서,

왜 우물을 파고 있는지를 근본적으로 되돌아볼 필요가 있으며, 더 깊이 파고들어 가기 전에 인접 학문 분야와의 통합적 관계성과 구조적 연관성을 파악할 필요가 있다. 전문성은 정체성 확보의 필요조건이지만 충분조건은 아니다. 예전에는 전공 분야에 대한 깊이 있는 지식을 습득하는 길이 해당 분야의 전문가가 되는 유일한 길이었다. 그러나 이제 전문가는 자기 전공 분야에 대한 깊이 있는 지식은 물론 인접 유관 분야에 대한 폭넓은 식견과 안목을 갖추지 않으면 학문적 소통뿐만 아니라 현장의 다양한 현실적 요구를 충족시키는 데 한계가 따른다.

교수는 자기 전공에 대한 전문가이면서 동시에 다른 전공 분야를 자기 전공 분야와 접목시켜 다양한 논의와 토론을 전개할 수 있도록 촉진하는 전문가여야 한다. 전공에 대한 전문가일 뿐만 아니라 타 전공과의 접목 가능성과 이를 타진하는 무대를 마련하는 전문가가 바로 미래 융합대학 교수의 전문가상이다. 교수 혼자서 다양한 학문 분야를 섭렵하는 것은 불가능에 가까울 정도로 전공 분야별 지식은 폭증하고 있다. 교수님의 '논(論)'에 학생들이 자유롭게 토를 달 수 있는 분위기와 여건이 조성될 때 지식창고에 갇힌 지식은 밖으로 나와 세상과 소통할 수 있다. 내가 알고 있는 지식도 도전받을 수 있고 내 상식과 편견의 울타리에 갇힐 수 있다는 인식이 학생과의 자유로운 소통과 공감을 가능하게 만드는 원동력이 될 수 있다.

4. '소통'과 '창조' :
'틀 밖의' 물음표(?)가 '뜻밖의' 느낌표(!)를 낳는다!

"진정한 발견의 항해는 새로운 땅을 찾는 것이 아니라
새로운 눈을 갖는 것이다."
– 마르셀 프루스트(Marcel Proust)

르네상스 시대에는 유독 천재적인 기질과 재능을 갖고 있는 사람이 많았다. 대표적인 인물이 바로 레오나르도 다 빈치다. 〈모나리자〉와 〈최후의 만찬〉을 그린 그는 그림뿐만 아니라 예술, 수학, 물리, 천문, 식물, 해부, 토목, 기계, 군사 등 세상의 모든 것에 천재적인 기질과 재능을 발휘했다. 그야말로 그는 닥치는 대로 세상의 거의 모든 것에 관심을 갖고 평생 동안 놀이를 즐기는 영원한 어린아이였다. 어린아이는 어리석은 아이의 줄임말이라고 한다. 세상 사람들이 보기에 어리석어 보이지만 어리석은 생각과 행동이 어리석지 않은 평범한 사람들의 생각과 행동에 영향을 미친다. 어린아이의 마음속에 자라는 어리석음이 호기심을 불러일으키는 원동력이다. 호기심은 세상의 모든 것에 대해서 물음표를 던지는 마음이다. 물음이 있어야 답이 나온다. 나이가 들면서 물음이 없어진다. 궁금한 것이 없어지고 당연히 그렇고, 원래 그렇고, 물론 그래서 물음은 이제 서서히 없어지기 시작한다. 물음이 죽으면 호기심도 죽는다. 엉뚱한 질문, 바보스러운 질문, 멍청한 질문이라고 생각되는 물음이 세상을 다르게 볼 수 있는 출발점이다. 다른 물음이 다른 답을 찾게 해 준다.

다 빈치는 언제나 모든 것에 물음표를 던지고 메모하면서 남다른 문제의식을 갖고 살았다. 지칠 줄 모르는 호기심과 꺼지지 않는 열정이 남다른 발상을 하게 만들어 주었다. 남다른 발상은 남다른 질문에서 나온다. 남다른 질문으로 생긴 남다른 발상이 구체적인 창조로 연결되기 위해서는 남다른 관심을 갖고 낯선 자극에 의도적으로 자신을 노출시켜야 한다. 여기서 낯선 자극은 남들이 읽지 않는 책, 남들이 가 보지 못한 길, 남들이 보지 못한 영화, 남들이 만나지 않았던 사람, 남들이 무심코 지나친 일상을 남다르게 관찰하는 관심이다. 마음속에 궁금한 것이 많은 사람, 호기심이 넘쳐흘러서 주체할 수 없는 사람이 해박한 식견과 안목을 갖게 된다.

호기심은 새로운 분야는 물론 익숙한 분야를 남다르게 바라본 사람이 그 분야를 알고 싶어서 견디지 못하는 마음이다. 호기심은 다른 말로 표현하면 지금 내가 갖고 있는 지식으로는 이해가 가지 않는 분야에 대한 지적 탐구 욕구다. 즉, 뇌가 지식 결핍을 느껴서 외부에서 새로운 지식을 요구하는 일종의 신호다. 보통 사람들이 호기심이 없는 이유는 알고 싶은 욕구가 없거나 뇌가 언제나 평형상태를 유지하고 있어서 새로운 정보나 지식을 필요로 하지 않기 때문이다. 뇌의 평형상태를 깨뜨려야 뇌는 평형상태를 회복하기 위해서 비로소 새로운 정보나 지식을 찾는다. 뇌의 평형상태를 깨기 위해서는 틀 밖에서 뜻밖의 질문을 던져야 한다. '틀 밖의' 물음표(?)가 '뜻밖의' 느낌표(!)를 낳는다!(유영만, 고두현, 2011)

창의적 사고는 시대를 불문하고 인간이 갖추어야 될 가장 중요한 능력으로 인정되어 왔다. 그만큼 창의적인 사람들은 불가능하다고 생각되는 한계에 도전해서 전대미문의 새로운 창조적 업적을 만들어 왔다. 오늘날 인류가 누리는 문명도 남과 다르게 생각하는 창의적인 사람들의 몰상식한 발상에서 비롯된 것이다. 상식적인 사람들이 모여서 회의를 하면 금방 식상해진다. 상식적인 사람들에게는 도저히 이해가 되지 않는 몰상식한 아이디어가 시간이 지나면서 상식으로 받아들여지는 것이다. 새로운 문명발전을 이룩한 사람이나 학문발전을 이룩한 사람들은 모두 상식적인 사람들의 생각의 수준을 넘어서는 몰상식한 사람이었다.

몰상식한 사람이야말로 상식에 시비를 거는 사람이며 상식을 뒤엎어 새로운 가능성을 생각해 내는 창의적인 사람들이다. 창의적인 아이디어는 처음에는 심한 저항과 비난, 조소와 조롱을 받는 경우가 많다. 시대를 앞서서 새로운 아이디어를 제시하기 때문에 보통 사람의 눈으로는 받아들이기 어렵기 때문이다. 21세기는 보통 사람의 눈에는 엉뚱하다고 생각되는 색다른 상상력을 발휘하면서 새로운 가능성에 도전하는 창조화 사회다. 창조화 사회는 다양한 가능성을 꿈꾸는 상상력, 상상한 세계에 대해서 남다른 생각으로 다양한 아이디어를 쏟아내는 창의력, 그리고 창의적인 아이디어를 현실로 구현해 내는 창조성이 중시되는 사회다. 남다른 상상력과 창의력이 남다른 창조의 기쁨을 맛보게 해 준다.

인류가 이룩한 뛰어난 과학적 업적이나 문명발전은 모두 창의적인 사람들의 남다른 생각을 현실로 구현시킨 결과다. 그만큼 어제와 다른 오늘, 오늘과 다른 내일을 기다리는 설렘은 오늘과는 다른 창조의 세계가 기다리고 있기 때문이다. 오늘과 아무런 차이가 없는 내일이라면 기다림과 설렘은 존재하지 않는다. 창의적 사고는 이런 점에서 오늘을 사는 즐거움을 맛보게 해 줄 뿐만 아니라 오늘과 다른 새로운 미래를 여는 원동력이라고 볼 수 있다. 그런데 창의적 사고라고 하면 대부분 어려운 문제라고 생각하거나 머리 좋은 사람들이 발휘하는 능력이라고 생각하기 쉽다. 이는 아마 창의력을 이제까지 존재하지 않는 새로운 것을 생각해 내는 능력으로 정의하고 있기 때문이 아닐까. 창의적 사고는 두 가지 이질적 사물, 정보, 지식 등을 엮어서 새롭게 보여 주는 가운데 발휘될 수 있다.

창의적 사고에서 가장 중요한 것은 바로 관계없는 두 가지 이상의 것을 관계 있는 것으로 엮어 내는 이연연상이나 이종결합이다. 예를 들면, 실내화와 걸레는 아무 관계없는 두 가지 이질적인 일용품이다. 그런데 누군가가 관계없다고 생각되는 실내화와 걸레를 결합시켜 실내화 걸레를 만들었다. 실내화 밑바닥에 걸레를 부착시켜 실내화도 되고 걸레도 되는 새로운 실내화 걸레를 창조한 것이다. 창의적 사고란 바로 남들이 보기에 전혀 관계없다고 생각되는 두 가지 이상의 이질적인 물건이나 물체, 또는 기존의 아이디어와 아이디어, 정보와 정보를 조합시키는 상상력을 발휘하여 이제까지 존재하지 않는 새로운 것을 탄생시키는 사고다. 결국 창조는 '무(無)'에서 '유(有)'를 만들어 내는 것이 아니라 이미 존재하는 두 가지 이상의 '유'와 '유'를 엮어서 '제3, 제4의 유, 즉 '새로운 유'를 만들어 내는 활동이다(유영만, 2008).

남다른 생각으로 세상을 놀라게 하는 아이디어를 내는 사람은 아이디어의 원료인 다양한 경험을 갖고 있다. 경험은 직접 몸으로 부딪히는 체험과 독서나 영화 등을 통해 남의 경험을 간접적으로 느껴 보는 경험으로 나뉜다. 경험이 풍부하다는 이야기는 창의적 사고를 할 수 있는 원료가 풍부하다는 이야기다. 경험은 일종의 창의적 데이터베이스 역할을 한다. 창의적 데이터베이스에 남다른 재료를 풍부하게 보유하고 있는 사람은 그렇지 못한 사람에 비해서 창의적 아이디어를 남다르게 제시할 가능성이 높다. 하지만 모든 것을 직접 경험해서 창의적 데이터베이스를 채울 수 없다. 직접 경험할 수 없는 영역은 간접 경험을 통해 어느 정도 보완할 수 있다.

간접적으로 경험할 수 있는 가장 강력한 방법은 바로 독서다. 책을 읽으면 책을 쓴 사람의 경험과 고뇌, 문제의식과 색다른 아이디어의 샘물을 만날 수 있다. 내가 읽은 책의 수준과 다양성이 내가 제시할 수 있는 아이디어의 수준과 다양성을 결정한다. 책을 읽으면 남이 쓰지 않는 어휘력을 구사할 수 있다. 어휘력의 수준이 상상력의 수준을 결정하며 창의적 사고의 가능성을 지배한다. 내가 사용하는 단어의 세계가 내가 창조할 수 있는 세계의 한계를 결정한다(words create worlds). 이제까지와 다른 가능성을 상상해서 상상한 가능성의 세계를 현실로 구현하려면 언어로 표현해야 한다. 내가 표현할 수 있는 가능성은 전적으로 내가 사용할 수 있는 어휘력 수준과 직결된다. 창의적 사고를 키우려면 책을 읽어야 한다. 내가 읽은 책이 바로 나다. 나의 가능성은 내가 읽은 책이 결정한다. 내가 발휘할 수 있는 창의적 사고의 수준은 내가 읽은 책의 다양성과 수준에 따라 결정된다.

창의적 사고는 또한 물음 속에서 자란다. 엄밀히 말해, 창의적 사고는 물음표와 느낌표 사이에 살아간다. 물음표가 느낌표를 탄생시킨다. 즉, 느낌표는 물음표가 낳은 것이다. 물음표는 '틀 밖의' 사고에서 비롯된다. 틀 안에 갇혀 살면 물론 그렇다고 여기거나 당연한 것이며 원래 그렇다고 생각한다. '틀 밖의' 사고를 해야 '뜻밖의' 결과를 낳는다. '뜻밖의' 결과는 틀 밖에서 물음표를 던지면서 궁리에 궁리를 거듭해야 나온다. '틀 밖의' 물음표가 '뜻밖의' 느낌표를 동반한다. 여기서 물음표는 호기심을 갖고 남들이 당연하다고 생각되는 것에 끊임없이 의문을 던지고 질문을 제기하는 상상력이다. 해결하고자 하는 문제에 대한 답을 찾기 위해 남들이 당연하고 원래 그렇다고 생각되는 것이나 물론 그렇다고 생각하는 틀에 박힌 사고에 시비를 걸면서 물음표를 던질 때 어느 순간 우리가 원하는 아이디어가 떠오르는 것이다.

당연한 세계, 익숙한 세상, 틀에 박힌 사고에 시비를 걸면서 질문을 던지는 것이다. 물음표(?)를 뒤집으면 낚싯바늘 모양이 된다. 다른 고기를 잡으려면 낚싯바늘을 바꿔야 되는 것처럼, 지금까지와는 다른 답을 구하려면 지금까지 던지지 않은 질문을 던져야 한다. 질문의 성격과 방향이 내가 얻을 수 있는 답의 성격과 방향을 결정한다. 내가 세상을 향해서 던지는 질문의 수준이 내가 얻을 수 있는 답의 수준을 결정한다. 비슷한 생각과 아이디어가 나오는 이유는 예전에 던졌던 질문과 비슷한 질문을 반복해서 던지기 때문이다. "하느님, 기도하는 도중에 담배 피워도 되나요?" 라는 질문을 던진 사람은 담배를 피우지 못하지만 "하느님, 담배 피우는 도중에 기도해도 되나요?" 라는 질문을 던진 사람은 담배를 피울 수 있다. 창의적 사고는 남다른 질문을 던지는 가운데 비롯된다. 남다른 창의적 사고는 이제까지 그 누구도 던지지 않은 질문 속에서 나온다. 창의적 사고를 키우고 싶거든 남이 경험해 보지 못한 색다른 경험을 하면서 이제까지와는 다른 질문을 던져야 한다. 물음 속에 창조의 싹이 자란다.

'절박' 한 질문이 '대박' 아이디어를 낳는다. 창조적인 생각을 방해하는 최대의 걸림돌은 경험 의존적인 범주화다. 범주는 상상의 무덤이다(Berns, 2008). 두뇌는 범주화를 통해 지름길을 택하는 경향이 있기 때문에 이제까지와는 색다른 질문을 의도적으로 뇌에게 제공해야 한다. 세상을 뒤집는 아이디어는 한가롭고 여유로운 가운데 이루어지기보다 절체절명(絶體絶命)의 위기 상황, 더 이상 참을 수 없는 한계 상황에 직면했을 때 나온다. 뇌는 평소에 편안한 상태를 유지하면서 대부분의 시간을 보낸다. 뇌는 평소에 익숙한 정보나 자극이 입력되면 뇌 안에 축적된 기존의 단어나 이미지, 기억을 떠올린다. 이미 있는 것을 엮어서 외부 자극에 반응을 한다. 그래서 뇌는 평소 머리를 쓰지 않는다. 엄밀히 말해서 머리를 쓸 필요가 없다.

뇌는 선천적으로 게으르고 효율을 추구한다. 외부에서 색다른 자극이 들어오지 않으면 늘 익숙한 방식으로 반응한다. 익숙한 자극이 뇌 내로 입력되면 뇌 안의 프레임은 기존의 방식과 절차대로 빠르게 움직여 자극에 대한 반응을 보여 준다. 익숙한 자극이 뇌 내로 입력되면 기존 고정관념을 근간으로 일정한 단계와 절차로 프로그램화된 회로가 습관적으로 돌아간다. '습관적'이라는 말은 '습관'이 '적'이라는 말이라고 한다. 뇌는 평소에 습관의 적에 의해서 움직인다. 그런데 우리 몸이 위험에 노출되었거나 마음이 심각한 불편함을 느낄 때 뇌도 긴장 모드로 전환된다. 이제까지 경험해 보지 못한 낯선 환경적 자극이 뇌에 입력되면 뇌는 비로소 머리를 쓰기 시작한다.

뇌는 한계 상황에 놓여 있을 때 발 빠르게 작동하기 시작한다. 절박한 상황에 내몰리면 기존의 정보나 경험적 기억으로는 벗어날 수 없다는 판단을 한다. 이미 있는 정보나 생각으로 이제까지 경험해 보지 못한 위기나 한계 상황을 돌파할 수 없다는 판단을 하면 이제까지와는 다른 방식으로 뇌가 작동하기 시작한다. 배수진을 치고 한계 상황을 돌파할 수 있는 색다른 방법을 모색하기 시작한다. 극도의 긴장감이 감돌고 전혀 다른 발상으로 위기 상황을 탈출할 수 있는 방안을 모색하기 시작한다. 지금까지 조합해 보지 않았던 방식으로 기존의 생각과 경험을 연결해 본다. 이런저런 시도로 뇌는 바빠지기 시작하는 것이다. 절박한 상황의 강도가 높아질수록 뇌는 극도의 긴장상태를 유지하면서 이런저런 방식으로 위기 탈출 방안을 분주하게 시도해 본다.

궁즉통(窮卽通), 즉 궁하면 통한다. 뇌는 지금까지 시도해 보지 않은 색다른 방식으로 이연연상을 추구해 보고 이종결합 실험을 반복하다 어느 순간 묘안을 떠올린다. 일명 세렌디피티(serendipity), 영감이 갑자기 번개처럼 왔다가 천둥처럼 지나가기를 반복한다. 어느 날 갑자기 대안적 아이디어가 떠올랐지만 사실 어느 날 갑자기 아이디어가 떠오른 것은 아니다. 그동안 '고민'에 고민을 거듭하고 온몸으로 '고뇌'를 하면서 참을 수 없는 '고통' 체험 끝에 불꽃이 튀기는 것처럼 창조적 스파크가 눈 깜짝할 사이에 튄 것이다. 몸살을 앓고 난 뒤에 몸이 새롭게 태어나듯이, 창조적 진통과 산통을 경험하고 나면 한동안의 고요함이 찾아온다. 잠시 머리를 짓누르는 두통이 한바탕의 진통 끝에 말끔히 사라진다.

이제까지 받아 보지 못한 색다른 자극을 받았을 때, 이제까지 만나 보지 못했던 익숙지 못한 사람을 만났을 때, 이제까지 가 보지 못한 낯선 곳을 가 봤을 때, 이제까지 읽어 보지 못한 책을 읽었을 때, 이제까지 경험해 보지 못한 심각한 위기 상황과 한계 국면을 맞이할 때, 뇌는 비로소 이제까지와는 다른 방식으로 프레임을 작동시킨다. 결국 남다른 아이디어를 내는 유일한 방법은 남다른 자극을 뇌에 끊임없이 제공하는 방법밖에 없다. 뇌에 주는 자극이 달라야 반응이 달라진다. 다른 답을 얻고 싶으면 다른 자극으로 뇌에 주먹질을 해대라. 일상이 지루하면 의도적으로 한계 상황을 만들어 그 속으로 몸을 던져 돌파구를 찾아보라. 그러면 삶이 다이내믹해지고 드라마틱해진다.

5. 시작하는 결론: 남과 다르지만 남들이 알아주지 않으면 아무것도 아니다!

"사람들은 타인과 달라지려고 필사적으로 노력한다.
동시에 타인과 같아지기를 필사적으로 원한다.
모순일까? 그렇다. 인간 행동의 모순이다."
– 해리 스티븐스(Harry Stebbins)

역사를 뒤바꾼 위대한 혁신과 창조는 다양한 문화가 교차하는 접경지역에서 발생했다(Johansson, 2004). 노벨상 수상자를 9명이나 배출한 미국의 래드랩(radiation laboratory: Rad-Lab)의 성공 비결은 분야가 다른 과학자들이 수행한 협동 연구였다(홍성욱, 2008). 래드랩 사례는 전문성의 깊이 추구로 만들어진 높은 벽과 깊은 경계를 넘나들면서 다른 사람의 이견(異見)을 존중하고 배려해 주는 가운데 소통하려는 노력이 위대한 창조를 일으키는 원동력이라는 점을 말해 주고 있다. 창의성은 개인의 외로운 노력으로 발휘되는 독창성(獨創性)이 전제되지만, 결국 한 시대의 흐름을 꺾는 전대미문의 창조는 독창(獨創)이 독재(獨裁)로 흐르지 않도록 서로 나누고 협력하는 협창성(協創性)에서 발현된다. 나는 미처 생각하지 못한 아이디어가 다른 사람과 소통하는 가운데 우연히 어느 순간 갑자기 떠오르는 경우가 많다. 아이디어는 지금까지 내가 갖고 있는 지식과 경험 수준을 넘어설 수 없다.

나와 다른 지식과 경험을 보유하고 있는 다른 사람과의 소통은 쌍방 간 지식융합과 경험통합을 통해서 제3의 새로운 아이디어를 잉태시킬 수 있는 중요한 촉진제이자 원동력이다. 아이디어는 이미 있는 기존의 지식과 경험을 색다른 방식으로 조합하거나 의외의 방식으로 결합하는 가운데 나온다(유영만, 2008). 색다른 아이디어가 색다른 조합이나 결합에서 나온다면 색다른 조합과 결합의 재료가 필요하다. 내가 모든 분야를 경험하거나 모든 분야에 능통할 수 없기 때문에 나와 다른 분야를 전공하는 사람과 끊임없이 소통할 필요가 있다. 경험적 한계와 지식의 편협성이나 편견을 극복하기 위해서 나와 다른 분야를 경험했거나 다른 지식을 갖고 있는 사람과 소통하는 길만이 색다른 창조를 낳는 가장 효과적인 방법이 아닐 수 없다. '소통'하는 가운데 '능통'으로 가는 길이 열린다.

소통을 통한 창조는 자기 당착적(自己 撞着的) 편견과 편협의 함정에서 빠져나오게 할 뿐만 아니라 새로운 아이디어가 사회적 설득력을 가질 수 있는지를 판단하는 중요한 채널을 제공해 준다. 독창적인 아이디어라도 대중이 알아주지 않으면 무용지물이다. 내가 보기에는 새로운 아이디어이지만 이미 어딘가에 있을 법한 아이디어일 수도 있고, 내가 생각하는 것만큼 참신한 아이디어가 아닐 수도 있다. 더 나아가 색다른 아이디어가 대중에게 호소력을 지니지 못하는 난해한 아이디어일 수도 있다. 대중과의 열린 소통을 통해 대중의 잠재 욕구와 욕망을 포착하여 충족시켜 주기 위해서는 뭔가 다르지 않으면 안 된다. 남과의 차이를 드러내지 못하면 차상품에 머문다. 차상품에 머물면 사람들은 차상품이 보여 주는 상품과의 차이를 주목하지 못한다. 차별화해서 아예 차원을 달리하는 상품을 만들면 그 상품은 작품이 되고, 작품이 되면 모든 사람이 갖고 싶은 명품으로 승격된다.

상품에는 상표가 있지만 명품에는 상징이 각인되어 있다. 누구나 갖고 싶은 상징적 명품이 되려면 그 첫 단계는 달라야 한다. 다르지 않으면 아무것도 아니다. 또 다름을 보여 주는 데에는 성공했지만 남들이 모르면 아무것도 아니다. 누구나 가지고 있으면 아무것도 아니다. 아무도 모르면 아무것도 아니다(권민, 2010). 다르게 보여 주는 방법은 최초로 시도하는 것이다. 물론 최초로 시도한다고 언제나 최고가 될 수 있는 것은 아니다. 그런데 최고는 언제나 남과 다르게 최초로 시도한다. 최초로 시도하는 아이디어라서 일반 대중에게는 낯설고 이해되지 않을 수 있다. 최초로 시도한 혁명적인 생각과 창의적인 아이디어가 색다른 창조로 꽃을 피우기 위해서는 대중과의 소통을 통해 익숙하게 다가가야 한다. 최초의 낯선 생각과 아이디어가 최고로 살아남기 위해서는 평범함과 익숙함으로 무장해야 한다. 낯선 생각과 아이디어가 익숙하지 않으면 대중은 외면한다. 바로 이 점이 창조가 소통하는 가운데 꽃이 필 수밖에 없는 이유이다.

참고문헌

권민(2010). 브랜드 직관력. Unitas BRAND, 15. 서울: 유니타스 브랜드.

김흡영(2008). 통섭을 반대한다: 한국 윌스니안 통섭론의 오류들. 전상인, 정범모, 김형국 공편. 배움과 한국인의 삶. (pp. 332-346). 서울: 나남.

박이문(2009). 통합의 인문학: 둥지철학을 향하여. 서울: 知와 사랑.

신영복(2004). 강의: 나의 동양고전 독법. 서울: 돌베개.

유영만(2008). 상상하여? 창조하라!: 지식생태학자 유영만의 생각혁신 프로젝트. 서울: 위즈덤하우스.

유영만(2009). 미래 대학의 교수법: Teaching 2.0 시대, '가르침'의 본질에 대한 성찰. 김광웅 편. 우리는 미래에 무엇을 공부할 것인가. (pp. 320-325). 서울: 생각의 나무.

유영만, 고두현(2011). 곡선이 이긴다: 직선들의 대한민국에 던지는 새로운 생존 패러다임. 서울: 리더스북.

이어령(2003). 기업과 문화의 충격. 서울: 문학사상사.

이진경(2005). 철학과 굴뚝 청소부: 데카르트에서 들뢰즈까지, 근대 철학의 경계들(개정증보판). 서울: 그린비.

정재승, 진중권(2009). 크로스: 무한상상력을 위한 생각의 합체. 서울: 웅진지식하우스.

최민자(2010). 통섭의 기술. 서울: 모시는 사람들.

함민복(1996). 모든 경계에 꽃이 핀다. 서울: 창비.

홍성욱(2008). 홍성욱의 과학에세이: 과학, 인간과 사회를 말하다. 서울: 동아시아.

Attali, J. (1998). *Dictionnaire du XXIe SIECLE.* Paris, France: FAYARD. 편혜원, 정혜원 역(1999). 21세가 사전: 자크 아탈리의 미래 읽기. 서울: 중앙M&B.

Berns, G. (2008). *Iconoclast: A neuroscientist reveals how to think differently.* 김정미 역(2009). 아이코노클라스트: 상식의 틀을 깨고 최초가 된 사람들. 서울: 비즈니스맵.

Gelb, M. (1998). *How to think like Leonardo Da Vinci.* New York: Random House. 공경희 역(1999). 레오나르도 다 빈치처럼 생각하기. 서울: 대산출판사.

Johansson, F. (2004). *The Medici effect: Breakthrough insights at the intersection of ideas, concepts, and cultures.* 김종식 역(2005). 메디치 효과. 서울: 세종서적.

Levi-Strauss, C. (1962). *La Pensee Sauvage.* 안정남 역(1999). 야생의 사고. 서울: 한길사.

Root-Bernstein, R., & Root-Bernstein, M. (2007). 박종성 역(2007). 생각의 탄생—다 빈치에서 파인먼까지 창조성을 빛낸 사람들의 13가지 생각도구. 서울: 에코의 서재.

13

영재기업인(IP-CEO) 프로젝트

13

영재기업인(IP-CEO) 프로젝트

이민화

1. 들어가면서

한국은 전 세계가 인정하는 '한강의 기적'을 이룩하였다. 기 소르망(Guy Sorman) 교수는 "한국의 발전은 인류의 문화유산"이라고 하지 않았는가. 이러한 발전의 원동력은 한국의 유일한 자원인 인재였다. 한국은 시대마다 그 시대를 이끌어 온 인재들이 있었다. 경제성장을 시작한 1960년대에는 시골에서 상경한 여공들이 단순 가공품인 가발, 봉재의 수출 역군들이었다. 1970년대 들어 세계 기능올림픽을 석권한 우리의 자랑스러운 기능공들이 그 바통을 이어받았다. 여공과 기능공의 피땀 어린 제품을 가지고 전 세계를 누빈 대기업 종합상사의 상사맨들에 이어, 1990년대 들어서 자체 기술개발을 통한 국가 경쟁력을 엔지니어들이 이룩해 냈다. 지금도 한국은 이들 엔지니어의 날밤 세우는 희생을 바탕으로 성장하고 있다. 한국을 먹여 살리는 반도체, 자동차, 휴대폰, 디스플레이, 조선의 경쟁력은 그들의 엄청난 노력의 결과이다. 그들은 다시 엔지니어링에 기업가 정신을 겸비한 벤처 기업인으로 진화해 나갔다. 한국의 미래 먹거리와 현재의 대기업 경쟁력의 기반에는 그들의 보이지 않는 역할이 지대하다. 이미 벤처 산업은 매출 200조가 넘고, 천억대 벤처가 400개에 육박하고 1조 벤처는 4개가 탄생하였다.

여기에서 질문을 해 보자. 여공, 기능공, 상사맨, 엔지니어에 이어 한국의 다음 성장을 이끌 주역은 누구인가? 쉽게 답이 나오지 않는다는 것이 우리의 고민이다. 이미 이공계의 경쟁력은 중국에 거의 추격당하고 있다. 한국에서는 최고급 인력들이 이공계를 기피하고 있으나, 중국과 인도는 지금도 최고급 인력들이 이공계로 몰리고 있다. 기술 자체만으로 한국의 경쟁력은 이제 한계에 도달하고 있다는 느낌이다.

과연 한국의 미래를 이끌어 갈 새로운 인재상은 어떠한 것일까? 우리의 교육은 이제 새로운 패러다임에 도전해야 할 때가 된 것이 아닌가 한다. 지금까지 한국의 인재상은 성실하고 열심히 일하는 사람이었다. 한국의 지금까지의 성장 동력은 새로운 혁신적 아이디어가 아니었다. 우리는 그저 미국, 일본이 간 길을 열심히 따라가면 되었던 것이다. 창조성 있는 괴짜보다는 성실한 인재가 더 대우를 받았다. 우리는 정답을 잘 맞추는 모범적인 학생들을 길러 왔다. 그러나 이제는 창조성에 기반한 새로운 인재상이 필요한 때가 된 것이다.

창조성과 기업가 정신이 결합한 애플의 스티브 잡스나 페이스북의 마크 주커버그 같은 인재가 우리가 키워 내야 할 새로운 인재상이라는 생각으로 도전을 시작해 보았다. 영재와 기업인이 결합한 인재인 것이다.

지금까지의 한국 경제는 대기업 주도의 요소투입 경제로 성장해 왔다. 그러나 경제사는 요소투입 경제의 성장의 한계를 명백히 지적하고 있다. 국민소득 2만 불을 넘는 선진국 진입은 혁신적인 기업가 정신에 기반해야 한다. 전 세계 통계에 바탕을 둔 GEM(global entrepreneurship monitor)의 연구에서는 "4만 불대 선진국 진입의 핵심은 기업가 정신과 창조성"이라는 결론을 제시하고 있다. 중진국 진입 방정식과 선진국 진입 방정식은 완전히 다르기에 우리가 육성할 인재도 완전히 다른 패러다임으로 임해야 한다는 것이다.

요소 경제에서는 이미 선진국이 가 본 길을 가므로 실패를 배제하고 있다. 10명이 실패 없이 열심히 노력하여 각자 1억씩 벌어서 총 10억을 벌자는 것이 요소 경제의 패러다임이라면, 10명 중 8명이 실패하더라도(미국 실리콘밸리의 성공률은 20%) 성공한 2명이 각자 10억씩을 벌어서 총 20억을 벌자는 것이 혁신 경제의 패러다임이다. 혁신은 모두가 성공하지는 않는다. 모두 성공하는 혁신은 이미 혁신이 아니다. 그러나 성공한 소수의 혁신이 거대한 부가가치를 창출한다는 것이 혁신 경제의 지향점인 것이다. 따라서 혁신 경제에서는 실패는 오히려 학습의 수단이요, 성공으로 가는 길인 것이다.

한국의 학생들은 정답을 신봉한다. 틀리는 것을 두려워한다. 이러한 정답 신봉의 신화는 혁신을 죽이고 있다. 안정을 추구하는 학생들은 당연히 창조적 도전을 두려워한다. 이러한 문제의 극복 대안을 학생들에게서 찾는 것은 오류일 것이다. 문제는 교육 시스템이다. 정답이 없고 해답은 여러 개 있다는 가정하에 각기 다른 창조적 문제 해결을 추구하게 해야 할 것이다. 실패를 학습으로 인식하고 끊임없는 재도전을 할 수 있게 할 것이다.

이러한 관점에서 카이스트에서 특허청의 지원을 받아 중·고등학생 100명을 대상으로 창조성과 기업가 정신을 결합하는 특허기반 영재기업인 사업을 시작하게 된 것이다.

2. IP-CEO(IP based Entrepreneur) 과정 기획

혁신은 창조성과 도전정신의 결합이다. 창조성은 있으나 도전정신이 없으면 몽상가가 되고, 도전정신은 있으나 창조성이 없으면 문제아가 된다.

창조성은 융합기술에 바탕으로 두고 있다. IP-CEO와 거의 동시에 시작한 미국의 특이점 대학 프로그램의 핵심도 융합기술과 기업가 정신임을 참고하자. 그러나 특이점 대학에서 추구하는 융합기술 기반의 창조적 기술이 사업화되는 데는 특허라는 징검다리가 필요하다는 것이 우리의 생각이었다. 창조성 발현의 표상이 바로 특허라고 볼 수 있다. 이미 세계 경제는 기술 중심에서 지식재산권(Intellectual Property 특허 등) 중심의 창조 경제로 전환하고 있다. 기술은 메타기술의 발전으로 기업의 핵심 차별화 역량에서 벗어나고 있다. 세계 첨단기업들의 기술개발 투자가 줄고 기술 아웃소싱이 증가하는 것이 이를 단적으로 입증하고 있다. 반면에 특허 거래 규모는 2005년 1,500억 불에서 이미 7,000억 불을 넘어서고 있으며, 세계 첨단기업 가치의 2/3 이상을 차지하고 있다. 앞으로 특허의 경쟁력을 갖는 인재 육성이 목표의 한 축이 된 이유이다.

한편 도전정신은 바로 기업가 정신이다. 기업가 정신은 기회를 보면 자원이 부족하더라도 도전하는 정신이다. 그러나 도전이 모두 성공하지는 않는다. 실패하더라도 학습을 통하여 재도전을 하여 결국 성공을 이루어 내는 것이다. 미국의 성공한 벤처의 평균 실패 횟수가 1.8회라는 통계의 의미는 바로 실패를 지원하는 국가가 혁신 경제의 리더가 된다는 것을 보여 주고 있다. 기업가 정신을 실제의 사례를 통하여 교육하는 프로그램이 제공된 이유다. 그러나 기업가 정신의 바탕에는 미래사회의 가치이동을 보아야 한다는 점에서 미국의 특이점 대학이 제공하지 않는 미래학과 인문학도 교육에 반영하게 되었다. 이제는 '왜'라는 가치가 '어떻게'라는 수단보다 더 중요해지는 시대에 돌입하고 있다.

이와 같은 과정을 거쳐 융합기술, 미래인문학, 특허, 기업가 정신 과목을 기본 교과목으로 편성하게 되었다. 미래를 이끌 중·고등학생을 대상으로 하기에, 실제 학교생활과 병행하기 위한 대안으로 강좌는 온라인 강좌로 준비하기로 하였다.

한편 연간 총 200시간 매월 평균 1회의 오프라인 캠프를 통한 창조성 훈련을 기획하였다. 창조성은 재미(FUN)가 있어야 하는데 작금의 한국교육에서는 재미가 사라졌다. 틀리지 않는 정답 위주의 주입식 교육은 창조성을 말살시키고 있다. 이제는 가르치는 교육에서 깨우치는 학습으로 전환되어야 한다는 생각으로 강의는 최대한 줄이고 집단토론을 통한 창조성 학습을 기획한 것이다. 1박 2일 캠프 기준 총 15시간 중 강의는 3시간을 배정하고 하나의 주제에 대한 다른 시각의 두 가지 강의에서 현황과 문제를 제시하게 하였다. 강의 이후 각자 팀을 이루어 인터넷을 검색하면서 문제를 발굴하고 해결방법에 대한 집단토론을 하게 한 것이다. 영재에 대한 현재의 편견 중 하나가 영재들은 협동심이 약하다는 것이다. 실제로 현장에서 일어나는 대부분의 문제해결 과정은 개인 혼자의 일이 아니라 집단의 협업으로 이루어진다. 실제 상황에 맞추어 문제 발굴 및 해결 과정을 소집단의 창조성과 인터넷 항해를 통한 열린 사고로 해결하도록 한 것이다.

이러한 집단토론을 통한 창조적 대안을 만드는 과정을 거쳐 다음날 아침에는 전원이 발표를 하고 상호 평가를 하는(PEER REVIEW) 방식을 도입하였다. 상호 평가는 그 자체가 다른 친구들은 어떻게 문제를 발굴하고 해결했는가에 대한 학습과정이다. 이를 통하여 각자 발표역량도 배가시키고자 한 것이다. 신사업의 설명을 요령 있게 하는 것은 기업가로서 반드시 갖추어야 할 기본 자질인 것이다. 특히 소셜 네트워크와 스마트폰 시대는 웹 2.0으로 대표되는 개방과 공유의 시대다. 개방적 문제 발굴과 해결 방식을 연습하는 것이 인터넷에서 즉시 검색이 가능한 정보를 외우는 것보다 소중한 것은 두말할 필요가 없지 않겠는가? 더 나아가 생각의 범위가 개인의 뇌에 머무르지 않는다는 것이 새로운 창조성의 이론이다. 주변 사람들과 생각이 자기조직화하는 네트워크 지능의 시대가 전개되고 있다. 이에 맞는 적절한 교육개발이 필요하지 않겠는가?

열정과 리더십은 기업가 정신의 가장 큰 항목이다. 인생의 성공에서 지적 능력은 열정, 리더십과 더불어 세 가지 중요한 요소 중 하나에 지나지 않는다. 현재의 교육은 지적 능력에 지나치게 치우쳐서 막상 사회에서 꼭 필요한 열정과 리더십을 키워 주지 못하고 있다. 열정은 사랑에서 나온다. 열정은 외부에서 오는 것이 아니라 내부에서 창발된다. 알을 깨뜨리는 것이 아니라 깨고 나오게 해야 한다. 사랑은 더불어 살아가는 힘이다. 영재가 자신의 능력을 개인의 영달에만 사용한다면 한국은 일류국가가 되기 어렵다. 세상에 대한 사랑을 깨우치게 해야 한다는 점에서 다양한 특강을 제공하기로 한 것이다. 리더십은 경영의 역순이다. 경영학이 타인을 활용하여 목표를 달성하는 것이라면, 리더십은 목표 달성을 위하여 타인을 활용하는 것이라고 할 수 있다. 리더십 훈련은 비전 제시, 동기부여 등 인간의 마음을 움직이는 교육이다. 세상을 이끌어 가는 소수의 영재에게 개인의 한계를 넘어서는 생각의 확대가 필요하다는 점에서 멘토-멘티 제도를 포함한 다양한 리더십 프로그램을 준비하였다. 진정한 행복은 소유가 아닌 나눔에서 온다.

이러한 기획하에 마침내 2010년 2월 첫 번째 1기 학생교육을 시작하였다. 1년간의 성과는 기획한 입장에서도 놀라운 것이었다. 중·고등 수준을 뛰어넘는 창조성, 조교들인 카이스트 학생들조차 놀라게 한 아이디어와 사업 계획, 발표능력 등등. 특히 불과 1년만에 1인당 평균 4건의 특허 출원은 괄목할 만한 성과라고 보여진다. 여타 영재교육보다 100배는 재미있다는 한마디로 이 기획의 성과를 대변하며, 상세한 진행과정을 서술하고자 한다.

3. 학생 선발

IP영재기업인교육원에서는 미래의 영재기업인으로서의 자질과 역량을 가진 학생들을 선발한다. 차세대 영재기업인은 '창조경제시대를 맞아 자신만의 독창적인 지식재산을 생산하고, 이를 기반으로 기업을 설립·운영하여 부가가치를 창출하는 사람'이라 정의할 수 있다. 마이크로소프트(MicroSoft)의 빌 게이츠(Bill Gates), 구글(Google)의 세르게이 브린(Sergey Brin)과 래리 페이지(Lawrence E. Page), 페이스북(Facebook)의 마크 주커버그(Mark Zuckerberg) 등이 차세대 영재 기업인의 롤모델이라 할 수 있다.

IP 영재기업인의 주요 특성은 기본 학습역량을 바탕으로 인지적 능력과 정의적 특성, 사회적 특성으로 구분할 수 있다. 인지적 능력은 창의적 문제 해결력, 지식재산 전문성이며, 정의적 특성은 자기주도 학습 능력, 도전정신(동기), 윤리의식이다. 사회적 특성으로는 리더십, 커뮤니케이션 능력 등이 있다. 이 중 선발 시에는 창의적 문제 해결력, 자기주도학습 능력, 도전정신, 커뮤니케이션 능력, 리더십 등을 중점적으로 평가하여 선발하고 지식재산 전문성과 기업가 정신 등은 교육을 통해 집중적으로 육성하고 있다.

선발 시 중점사항은 기본 학습역량, 도전정신, 리더십, 창의성 등과 영재기업인으로서의 특정 역량 등 여러 가지 측면에서의 평가를 종합적으로 고려하게 된다.

IP 영재기업인의 선발은 ① 서류전형, ② 캠프 수행관찰 및 구술면접의 2단계에 걸쳐 이뤄지며, 단계별로 IP 영재기업인으로서의 역량과 자질을 평가한다.

1단계 서류전형은 입학사정관제를 도입하여 실시하며 지원자의 자기소개서, 추천서, 우수성 입증자료 등을 바탕으로 IP 영재기업인으로서의 잠재성을 평가하며 도전정신, 리더십, 창의성 및 기본 학습역량 등을 중점적으로 평가한다.

2단계 캠프 수행관찰 및 구술면접은 1단계 서류전형을 통과한 학생들을 대상으로 실시하게 된다. 2단계 캠프 수행관찰은 개인별 검사, 개인 과제, 팀 과제, 그룹면접, 개별면접으로 구성된다. 개인별 검사는 IP 영재기업인의 성향검사를 통해 IP 영재기업인의 기본적 자질을 평가한다. 개인 과제는 논리적 사고와 윤리의식을 측정할 수 있는 논술형 과제로 창의적 문제 해결력 및 윤리의식을 평가한다. 팀 과제는 5명이 2박 3일간 지속적으로 해결하는 장기 과제로 창의적 문제 해결력, 리더십과 커뮤니케이션 능력 등을 종합적으로 평가한다. 개별면접은 1차 서류전형 제출 서류를 바탕으로 자기소개서와 제출 서류에 대한 확인 및 동기와 도전의식 등을 평가한다. 그룹면접은 팀 과제 해결과 관련하여 그룹 내에서의 역할과 기여도를 평가하게 된다. 2단계 캠프 수행관찰 전형은 개인면접, 프레젠테이션 및 집단토론, 팀 과제 참여도, 과제해결 능력을 고려하여 최종 정원을 선발한다.

IP 영재기업인 선발전형의 평가는 1차 서류심사의 경우 박사급의 영재교육 전문가와 입학사정관이 참여한다. 2차 캠프 수행관찰 전형은 과제의 주제에 대한 전문가와 교육원 선정심사위원회 위원이 참여하여 평가한다. 2박 3일간 KAIST 학부 및 대학원생으로 구성된 조교가 조별로 배정되며 과제해결 과정에서 학생들을 직접 관찰하여 팀 활동에 대한 기여도 및 태도 등을 기록하고 평가에 반영한다. 개별면접은 교육원 선정심사위원회 위원이 담당하여 평가하게 된다. 최종적으로 다양한 평가 결과를 종합적으로 반영하여 교육원 선정심사위원회에서 최종 정원을 선발한다.

4. 온라인 교육

IP영재기업인교육원은 IP-CEO 육성을 위해 인문소양을 바탕으로 미래 통찰력, 지식재산, 기업가 정신을 함양하기 위한 교육과정을 구성하고 있다.

1년차 기본과정의 경우 IP-CEO의 기본 역량 신장을 목표로 기본 지식 함양, 특허 출원 전반에 대한 기술 습득 및 실습을 진행하고 있다.

온라인 교육의 경우는 크게 온라인 강의와 온라인 활동으로 구성되어 있다. 온라인 강의는 미래기술(중)/지식융합(고), 지식재산권, 기업가 정신, 미래 인문학으로 구성이 되어 있다. 온라인 강의 교과의 내용은 〈표 13-1〉과 같다.

온라인 강의는 2주에 2~3강좌씩 제공되며 학생들은 해당 온라인 강의를 수강하고 제시되는 과제를 담당 조교에게 제출한다. 조교는 제출된 과제를 평가하고 피드백을 하게 되는데, 2주의 기간 동안 학생들은 조교의 피드백을 통해 여러 번 과제를 수정할 수 있으며 보다 수준 높은 과제를 제출할 수 있다.

〈표 13-1〉 IP 영재기업인교육원의 온라인 강의 교과내용

교육 분야	목표	교육내용
미래기술(중)/ 지식융합(고)	미래 기술 변화에 대한 통찰력 향상	2030 Trends, NT · ET · BT · GT · ST · IT의 이해, 지식융합, 과학기술과 상상력 등
지식재산권 (중/고)	지식재산 창출 역량 함양 및 창의적 사고기법 학습	발명과 창의력, 저작권의 이해, 특허제도와 출원서 작성
기업가 정신 (공통)	IP를 기반으로 기업을 설립하고 운영하는 도전정신과 리더십 함양	시장조사와 소비자 인터뷰 등을 통한 자본주의 시장경제 체제에 대한 이해, 기업가 인터뷰와 사업 아이디어 탐색
미래 인문학 (공통)	미래사회의 변화에 대한 통찰력과 창의적 아이디어 생성 역량 향상	기업발달사: 앤드류 카네기, 소니와 전자산업의 혁명, 빌 게이츠와 IT 혁명, 기업가의 역할 등

평가 점수 및 평가 의견이 공지되며 과제 제출기간이 끝난 후 모든 학생의 과제를 공개하여 다른 학생들의 과제를 열람할 수 있도록 한다. 또한 해당 강의 수강기간 동안 학생들은 SNS를 통하여 강의에 대한 소감을 작성하게 되고 이를 담당 교과 강사에게 다시 피드백하여 양방향 수업이 진행될 수 있도록 유도하고 있다. 조교는 KAIST 학부 및 대학원생으로 구성되어 있으며, 조교 1인당 약 8명의 학생들을 전담하여 관리한다.

온라인 교육은 중 · 고 학교급에 따른 과정의 차이는 없으나 일부 교과의 내용이나 과제 난이도에 차이를 두어 운영하고 있다.

온라인 활동은 온라인 토론, 커뮤니티 활동, 개인 블로그 활동, SNS 활동으로 구성되어 있다. 온라인 토론은 쟁점 토론을 통한 의사소통 역량 강화 및 건전한 사회의식 고취를 통한 집단지능의 구현을 목표로 한다. 예를 들어, 사형제도에 대한 토론이나 다수결 원칙의 타당성에 대한 토론 등을 통해 의사소통 역량을 신장시키고 건전한 사

회의식과 윤리의식을 함양한다. 개인 블로그 활동으로는 미래기술 중 관심 분야에 대한 전문지식 강화를 위해 학생 개인의 관심 영역에 대해 자료를 수집하여 해당 분야에 대한 전문성을 함양한다. 개인 블로그 활동과 연계하여 관심 영역이 유사한 학생들끼리 커뮤니티를 형성하도록 하여 정보 교류 및 전문성 신장의 장으로 확대하고 있다. 또한 트위터, 구글 버즈, 페이스북 등의 SNS를 통한 교류로 인적 네트워크를 형성하고 교육 동기를 고취하도록 하고, 교육에 대한 의견을 개진하게 하여 양방향 교육을 실현하고 있다.

한편 IP영재기업인교육원에서는 사회 전반의 인식을 제고하고 저변을 확대하며 우수학생을 발굴하기 위해 온라인 강의에 대한 공개교육을 운영하고 있다. 희망하는 학생은 누구나 공개교육에 참여할 수 있으며, 교육 성과가 우수한 학생에게는 별도의 평가과정을 거쳐 교육원 심화과정(2년차)에 편입의 기회를 제공한다. 2010년 공개교육에 참여한 학생은 총 95명이며 이 중 8명의 공개교육 학생이 2011년 심화과정에 선발되었다. 향후 공개교육의 대상을 확대하여 보다 많은 학생이 IP-CEO로서의 자질을 함양하여 사회에 기여할 수 있는 초석을 마련하고자 한다.

5. 오프라인 교육

2010년 KAIST IP영재기업인교육원의 기본과정 오프라인 캠프는 선발 캠프를 포함하여 총 10회에 걸쳐 이뤄졌다. 오프라인 캠프에서는 6T(IT, BT, NT, ST, ET, CT) 미래기술 분야별 주제에 따라 조별 활동을 통해 창조적 아이디어를 도출하는 프로젝트 활동과 전문가들의 특강, 특허 작성 및 출원 교육, 멘토 교육 등이 이뤄졌다. 학생들은 평소 온라인 교육을 통해 얻은 지식과 역량을 오프라인 교육에서 실제 기술 분야에 적용하여 문제를 해결하면서 활용하게 된다.

조별 프로젝트 활동은 기존의 여러 협업학습 모형을 수정하여 본 교육을 위해 새롭게 개발한 IP-C-E-O 협업모형에 따라 이뤄진다. IP-C-E-O 협업모형은 학생들 스스로 문제를 설정하고 해결 방향을 찾을 수 있도록 두 명의 전문가가 서로 다른 관점에서 쟁점을 제기하는 것으로 시작한다(Issue-Posting). 예를 들어, IT 기술 중 스마트폰에 대해서 전문가 A는 과학기술 및 공학적 관점에서 차세대 플랫폼으로서의 스마트폰의 역할과 발전 방향에 대해 다루고, 다른 전문가 B는 사회적 · 역사적 과점에서 스마트폰이 인류의 삶과 문화에 미치는 영향에 대해 소개한다. 전문가의 쟁점 제기를 바탕으로 학생들은 조별로 협력하여 문제를 설정하고 해결 방안을 도출하는 활동을 한다(Collaboration). 밤늦은 시간까지 자료조사와 토론을 거쳐 얻어진 결과물은 관련 분야 전문가와 동료 학생들 앞에서 발표되고, 평가와 피드백을 받으면서 정교화 과정을 거치게 된다(Elaboration). 정교화 과

	교육단계	내 용	IT 기술 분야 사례 (주제: 스마트폰)
1	IP Issue-Posting	교육을 통한 문제 제기	차세대 플랫폼으로서의 스마트폰/류한석 HOMO-MOBILIANCE/이민화
2	C Collaboration	조별 토의를 통한 아이디어 도출	스마트폰 관련 문제를 설정하고 문제를 해결할 수 있는 특허 및 사업 아이디어 도출
3	E Elaboration	발표, 전문가 평가 및 피드백	전문 투자자 및 스마트폰 전문가의 평가 및 피드백
4	O Outlying	사후관리를 통한 실적화	아이디어 구체화 및 정교화 후 특허출원 진행

[그림 13-1] IP C-E-O 협업교육 모형

정을 거친 학생들의 결과물은 특허나 사업계획서 등 구체적인 결과물로 만들어져서 특허출원이나 관련 대회 등에 참여하여 수상 실적 등으로 이어져 남들과 차별화된 성취를 얻게 된다(Outlying).

선발 캠프와 2월 캠프에서는 환경공학(ET)을 주제로 하여, 향후 우리나라의 녹색성장을 위한 독창적이고 효과적인 새로운 세부전략을 수립하는 활동을 하였다. 선발 캠프에서는 녹색기술(Green Technology), 녹색가치(Green Value), 녹색정책(Green Policy)의 3G 전략을 큰 축으로 세부 전략을 도출하였으며, 2월 캠프에서는 KAIST의 온라인 전기자동차에 대해 활용 방안 및 개선 아이디어를 발표하였다. 4월 캠프의 주제는 정보기술(IT)로서 당시 국내에 폭발적으로 확산되던 스마트폰을 세부 주제로 선정하여 이뤄졌다. 학생들은 두 전문가의 쟁점 제기로부터 다양한 애플리케이션 아이디어와 사업모형을 발표하였다. 강연과 심사를 맡은 기술문화연구소 류한석 소장은 학생들의 아이디어에 대한 피드백과 조언은 물론이고, 일부 아이디어에 대해서는 더욱 발전시켜 사업화할 수 있도록 개별적인 지원을 약속하기도 하였다. 7월 캠프는 '로봇과 인간의 미래'를 주제로 한국과학기술연구원의 지원을 받아 KIST에서 개최되었다. 학생들은 현재 우리나라의 로봇 개발의 현황과 향후 과제에 대해 KIST 인지로봇센터 유범재 소장과 과학문화연구소 이인식 소장의 쟁점 제기를 바탕으로 농업용 로봇이나 인간과 감성적으로 교류하는 로봇 등을 제안하여 전문가들의 호평을 받았다. 8월 캠프는 방학을 이용하여 4박 5일간 진행되었는데, KAIST 주변의 연구원들의 협력을 받아 다양한 분야의 교육경험을 학생들에게 제공하였다. 항공우주연구원, 정보통신연구원, 생명공학연구원 등의 연구원들과 해당 분야 KAIST 교수님들이 참여하여 우주기술(ST), 정보기술(IT), 생명공학기술(BT) 등에 대한 활동을 수행하였다. 11월 캠프에서는 문화기술(CT)을 주제로 스토리텔링과 미디어아트 활동을 수행하였다.

조별 프로젝트 이외에도 다양한 전문가의 특강을 통해 학생들에게 동기부여와 사고의 전환을 꾀하였다. 본 교육원의 자문위원인 백만기 변리사는 지식재산의 중요성과 학생들의 역할을 일깨워 주었으며, 꿈/희망/미래재단의 김윤종 대표는 학생들의 도전정신을 북돋아 주었다. UN미래포럼의 박영숙 대표는 학생들이 주역이 될 20~30년 후 미래사회의 모습을 제시하여 학생들이 구체적인 미래계획을 수립할 수 있도록 하였으며, 이화여대 이인화 교수는 창의성 발현에 필요한 인문학적 측면을 강조하였다.

학생들의 창의적 아이디어가 사업화되는 데 필요한 징검다리로서 특허에 대한 온라인 강의와 더불어 오프라인 교육에서도 특허출원에 필요한 실습교육이 이뤄졌다. 5월 캠프에서는 특허명세서 작성 및 기존 특허 검색에 대한 교육이 이뤄졌고, 7월 캠프에서는 온라인 전자출원에 대한 교육이 이뤄졌다. 이를 통해 학생들은 과거에는 단순히 이런 것들이 있으면 좋겠다고 생각에 그치던 것에서 직접 특허 검색을 해보고 자신의 아이디어를 발전시켜 출원할 수 있는 능력을 갖게 되었다. 두 교육기간 중 학생들은 조별 또는 개인별로 약 100건의 특허를, 9월 캠프와 겨울 집중 캠프에서 각 150건의 특허를 출원하여 100명의 학생이 총 400건의 특허를 출원하였다.

최근 학생들의 장래희망을 조사하면 대학교수, 연구소 연구원, 공무원 등 변화가 적고 안정적인 직업이 대다수를 이룬다. 이는 실패한 기업가에 대한 부정적인 사회 인식에 크게 기인하는데, 본 교육원의 학생들도 처음에는 이러한 안정적인 직업에 대한 희망이 높게 나타났다. 개인의 아이디어를 지식재산으로 만들어 권리를 보호하고, 이를 바탕으로 산업화하는 것에 대한 긍정적 인식과 기업가로서의 동기부여를 위해 본 교육원에서는 멘토 교육을 실시하였다. 멘토는 크게 두

부류로 이뤄져 있는데, 하나는 기업가 멘토로서 젊은 기업 CEO 10명이며, 다른 하나는 특허출원 실적이 우수한 KAIST 교수 15인이다. 학생들은 2월 캠프에서 기업가 멘토와의 만남을 통해 평소에 만나기 어려운 기업가들을 만나 실제 기업을 설립하고 운영하는 과정에서의 어려움과 극복과정을 들으면서 기업가에 대한 꿈을 가지게 되었다. 8월 캠프에서는 KAIST 특허교수 멘토와의 만남을 통해 새로운 기술을 개발하고 이를 지식재산으로 만드는 과정에서의 에피소드와 특허의 내용 및 활용 등에 대해 알게 되면서 특허출원과 권리화의 중요성을 깨닫는 시간이 되었다.

6. 교육 성과(특허출원 및 진학)

IP 영재기업인 양성이라는 교육목표에 따라 높은 수준의 지식재산 창조를 성과의 기본 지표로 삼고 있다. 목표 달성을 위해 특허 교육 및 실습이 이루어지고 있으며 특허 3건 이상 출원을 목표로 하고 있다. 이를 위해 특허 아이디어 도출에서 기획, 작성 및 출원의 전 과정을 스스로 수행할 수 있는 역량을 신장시키기 위한 교육을 실시하고 있다. 온 · 오프라인 교육을 통해 습득한 지식과 창의성을 바탕으로 특허 아이디어를 도출하고 특허를 작성하여 출원하게 된다.

2010년의 경우 상반기에 지식재산권 온라인 강의를 수강하고 과제를 해결하여 기본적인 아이디어 도출과 명세서 작성 등에 대해 학습하였다. 또한 2회에 걸친 지식재산권 창출 집중교육을 통해 도출한 아이디어에 대해 명세화 및 온라인 전자출원 교육을 실시하여 특허출원 역량을 함양하였다.

그 결과, 2010년도에 100여 명의 교육원생이 총 400여 건의 특허를 출원하여 1인당 약 4건의 특허를 출원하는 성과를 거두었다. 그중 몇몇 학생은 10건 이상의 특허를 출원하기도 하였다.

학생들의 지식재산 창출 역량은 특허출원에만 그치지 않고 다양한 대외활동을 통해 두각을 나타내기도 하였다. 교육을 통해 도출한 특허 아이디어를 LG, ETRI, 발명진흥회 등에서 개최하는 발명대회에 출품하여 우수한 성적으로 입상을 하였으며 국내외 창의력 산출대회에서도 다수의 수상 실적을 거두었다. 2011년 1월에 실시된 오프라인 캠프 교육에서 도출한 아이디어 중 '택시 잡기 어플'과 '안전 디스크 장착 주사기 캡'은 OBS 경인방송의 〈경제 스페셜 – 기업 프로젝트〉에 소개되기도 하였다.

본 교육이 국가적으로 필요하고 학생들에게 장기적으로 도움이 된다는 데에는 학생들이 모두 공감하지만, 대학진학을 앞둔 고등학생들과 과학고/영재학교 진학을 목표로 하는 중학생들에게는 진학과의 연계성이 낮아 고민의 대상이 되기도 하였다. 특히 학부모들은 기존 수학 · 과학 위주의 영재교육원은 실제 학교 성적이나 진학에도 도움이 되지만, 특허와 기업가 정신, 미래기술과 인문학을 강조하고 많은 시간을 온 · 오프라인 교육에 할애해야 하는 본 교육원이 진학에 도움이 안 될까 우려하여 진학에 대한 상담을 자주 하곤 하였다. 교육원에서는 좋은 교육을 받은 학생들이 진학에서도 도움을 얻을 수 있을 것이라고 확신하였으며, 온라인 교육을 통해 광범위한 학습과 오프라인 교육을 통해 창조성과 협력성을 강조한 교육을 실시하였다. 그 결과 29명의 고2 학생들 가운데 6명의 학생이 KAIST와 서울대의 고2 전형에 응시하였으며, 그중 5명이 합격하는 쾌거를 이루었다. 특히 고2의 대학진학이 많은 과학고 출신은 2명인 반면 일반고 학생은 4명이 응시하여 3명이 KAIST에 진학하였는데, 이는 놀라운 성과이다. 1차 서류전형을 통과한 3명의 학생이 2차 면접전형에서 모두 합격한 것인데, 실제 합격한 학생들은 조별 활동을 통해 새로운 아이디어를 얻고, 전문가와의 상호작용을 통해 아이디어를 발전시키고 성과를 얻어 내는 본 교육원의 활동이 크게 도움이 되었다고 하였다. 2010년에 입학사정관제를 도입한 과학고와 영재학교 진학에 있어서도 50명의 중학생 가운데 7명이 합격하여, 학생의 관심 분야에 대한 꾸준한 노력과 특허, 사업계획서 등 차별화된 활동들이 진학에 도움이 됨을 확인할 수 있었다.

IP영재기업인교육원의 1년차 기본과정 교육에서는 지식재산 창출을 위한 기본 역량을 습득하는 것이 목표이기 때문에 높은 수준의 특허보다는 생활 발명 중심의 특허가 주를 이루었다. 2년차 심화과정에서는 블로그 활동 및 커뮤니티 활동을 통해 전문성을 신장하고, 분야별 전문가로 구성된 멘토와의 긴밀한 연계를 통해 보다 높은 수준의 지식재산 창조를 목표로 하고 있다. 뿐만 아니라 각 분야의 기업과의 연계를 통해 기업에서 요구하는 특허 아이디어를 도출하여 실제적 역량을 신장시키고자 한다.

7. 나오면서

말콤 글래드웰(Malcolm Gladwell)의 『아웃라이어(Outliers)』에서 볼 수 있듯이, 어릴 적부터 만 시간 이상 창조성을 훈련한 영재집단들로 10년 후 한국의 성장 동력을 키우는 것이 필요하다. 선진국은 강한 것을 더욱 강하게 하고 있다. 한국인의 강점인 창조성을 더욱 활성화하는 지식재산 기반 창조 영재의 육성은 우리나라의 미래를 위한 가장 적합한 전략적 선택이 되는 한편 기존 교육에 새로운 방향을 제안하는 하나의 우수 사례가 될 것임을 확신한다.

14
대학의 역사와 인성교육, 인문학

14 대학의 역사와 인성교육, 인문학

이배용

1. 인성교육과 인문학의 본질

인성교육이란 사람다운 사람이 되도록 하는 일종의 가치교육으로서, 사람 됨됨이, 인격, 성격, 행동 습관, 태도, 가치관 등을 올바르게 기르기 위한 모든 교육이 포괄된다. 이러한 인성교육은 교육의 본질을 가장 명료하게 구체화하는 것으로, 교육과정에서 지속적으로 논의되어야 할 주제이자 실천되어야 할 과제이다.

그런데 이러한 인성교육은 인문학적인 성찰에 의해 뒷받침될 때에만 비로소 온전한 의미를 찾을 수 있다. 인간을 어떻게 바라볼 것인지, 또 인간에 대한 이해를 어떻게 교육적으로 실천할 것인지에 대한 사회적 합의와 고려가 전제되어야 인성교육의 구체적 지평을 그릴 수 있기 때문이다.

그러나 오늘날의 교육 현실은 인문학적 소양이나 인성교육과는 상당한 거리가 있다. 입시 위주의 지식편중 교육, 교육을 수단으로 인식하는 도구주의적 교육관, 획일적인 암기 위주의 주입식 교육방법 등은 오늘날 한국의 교육 현실이 안고 있는 문제들이다. 그 여파는 대학교육에까지 미치고 있어서, 인간다움과 그 가치가 실현되는 사회를 꿈꾸는 교육의 본질은 아직도 제자리를 찾지 못하고 있다.

인간다움이란 인간으로서 살아가는 데 분명한 지표가 되어야 하며, 바람직한 인간을 양성하려는 노력도 계속되어야 한다. 그렇다면 과연 어떻게 오늘날의 교육 현실을 극복하고 인간다움을 회복할 수 있을 것인가? 대학교육 내에서 인성교육은 어떻게 구체화될 수 있는가? 그것은 어떻게 인문학과 연계되어야 하는가?

대학은 지식을 창출하고 전수하는 기능과 더불어 시대정신과 역사의식, 바람직한 가치관을 세우며 다음 세대로 이어가게 하는 곳이어야 한다. 선진국의 주요 대학들은 교육과 연구의 궁극적 목적을 '세상을 모두가 행복한 곳으로 바꾸는 것'으로 삼고 있다. 학생들로 하여금 인간과 자연을 소중하게 여기며 생명, 자유, 평등, 정의, 공동체 등의 가치를 체화하도록 하고 있다. 대학을 졸업한 후 학생들이 전공과 다른 직업을 얻는 비율이 늘어나고, 급변하는 환경에 대한 적응능력과 소양이 중요하게 되면서 대학의 학부교육에서는 기초 · 교양교육을 더욱 강화해 나가며 다른 인종, 언어, 문화의 이해를 강조하고 있다.

하버드 대학의 해리 루이스(Harry Lewis) 전(前) 학장이 "우리는 학생들에게 인간이 가지는 의미에 대해 이해할 수 있도록 돕는 인문학을 가르치는 걸 잊었다."라고 하며 대학교육에서의 인문학의 중요성을 피력하고 있는 것이나, 예일 대학 법대의 앤서니 크론먼(Anthony

Kronman) 교수가 "삶의 의미에 대한 질문은 대학에서 크게 제한되고 있다. 특히 학생들에게 무엇을 위해 살아야 하는지에 대해 고찰해 보도록 교육할 교수들은 그들의 의무에 대해 자신감을 잃었다."라고 지적하는 것은 모두 이와 맥락을 같이하는 것이라 생각한다.

2. 서양 대학의 역사

그러면 이러한 과제를 풀어 가기 위해 우선 대학의 역사와 교육 내용을 살펴볼 필요가 있다.

한국 전통사회에서도 나름의 대학이 있었지만 요즘 대학들의 형태는 실제로 서양의 대학, 미국의 대학을 기본 모델로 삼고 있다. 이런 면에서 우선 서양 대학의 역사를 살펴보면, 12세기 말쯤에 대학의 역사가 시작된다. 그러나 당시에 있었던 대학은 실제로 우리가 지금 생각하는 'university' 개념은 아니었다. 당시 대학은 하나의 길드로서 교수조합과 학생조합이 합쳐진 교육 길드에 해당되었다. 이 시기에 왜 그러한 대학이 필요하게 되었는가를 보면, 가장 기본적인 배경은 경제적인 발전에 있었다. 도시와 상업의 발달은 인간의 끊임없는 지식의 탐구와 같은 욕구를 자극하게 된다. 즉, 경제력이 향상됨으로써 사람들은 교육과 학문에 대한 필요성을 더욱더 절감하게 되었고, 한편으로는 인적자원에 대한 사회적 수요도 늘어나 대학들의 전문인 양성이 필요하게 된다.

중세 시기에 대학의 가장 기본적인 기능은 끊임없는 진리의 탐구였다. 이는 동서고금을 막론하고 대학의 가장 본질적인 기능이 아닌가 생각한다. 이러한 진리 탐구 기능에 기초하여 이 시기의 대학에서는 보편성과 자율성, 그리고 진리에 대한 탐구 같은 것들이 주류를 이루고 있었다. 지금은 세계화, 국제화 등이 보편성을 갖지만, 당시의 보편성은 기독교였다. 근대로 가면 종교개혁 때문에 분산이 되면서 국가주의가 되지만 그 시기에 유럽은 일맥상통하는 보편적 가치를 가지고 있었다. 또한 자율성과 진리의 탐구에서는 끊임없이 종교단체 등의 구속에 얽매이지 않기 위해서 파리 대학을 중심으로 진리의 자유를 상당히 추구하게 되었다.

이와 관련된 대표적인 인물로는 중세의 파리 대학 교수였던 피에르 아벨라르(Pierre Ablard)가 있었는데, 이 사람이야말로 연구라는 것, 진리 탐구라는 것에 하나의 기둥을 세웠다고 볼 수 있다. 한 예를 들면, 당시에는 신에 대한 진리는 절대적인 진리였지 상대적인 진리가 아니었는데, 아벨라르는 "인간과 신의 상호적인 진리의 교육방법은 고전을 외우는 것과 같은 습득식의 강의가 아닌 토론의 방식이다." "상대적인 진리를 택하자."와 같은 주장을 하였다. 그리하여 정부에서는 이를 막기 위해 아벨라르가 파리의 땅에서 강의하는 것을 금지하였다. 이렇게 규제를 하자, 그는 "나무 위에 올라가서 하면 땅은 안 밟은 것이다."라며 나무 위에 올라가서 강의를 하였다. 이에 정부는 땅과 나무에서도 아벨라르는 강의를 못한다고 명령을 내렸고, 그는 세느강에서 배를 타고 강의를 하기에 이른다. 강 언덕에 파리의 학생들뿐만 아니라 유럽 각지에서 그에게 교육을 받고 싶어 하는 사람들이 구름 떼같이 몰려들었다.

이러한 그의 이야기는 학문의 자유, 진리를 지켜내고자 하였던 하나의 사례이다. 대체로 이러한 1단계 시기의 대학에서는 보편성, 자율성, 진리 탐구의 이념, 그러한 순수한 진리 탐구가 강조되었다. 그러다가 2단계인 16세기에서 19세기 전반까지 르네상스라든가 산업혁명과 과학혁명 등을 거치면서 오히려 대학은 침체기에 빠지게 된다. 그 이유는 일련의 변화들과 같은 모든 효율적인 내용이 대학 내에서가 아니라 대학 밖에서 이루어졌고, 대학이 절대군주의 왕정체제에서 국가의 구속을 받게 되었기 때문이다. 자율이 있다 하더라도 그것이 구속을 받게 되면 학문의 자유는 축소되게 된다. 그러면서 산업혁명과 같은 조짐 속에서 대학교육은 실용주의, 공리주의 위주로 가게 되어 이 시기에 대학의 연구력은 대폭 떨어지게 되고, 오로지 그야말로 교양인을 만드는 교육만이 전개되게 된다. 그러나 교육도 중요하고 사회봉사도 중요하지만 연구가 없으면 대학의 생산력, 대학의 지적 순환은 떨어지게 되어 있는 것이다. 그렇기에 2단계인 16세기에서 19세기 초까지를 대학의 침체기라고 할 수 있다. 이후 3단계로 가면 이전까지 대학이 지나치리만큼 실용주의적 · 공리주의적으로 빠진 것에 대한 반성을 통해 결국 다시 연구에 초점을 맞추어 창의성을 주제로 하는 연구가 부각되고, 이와 더불어 전인적 교육 등이 강조되면서 대학은 상아탑의 영역을 철저하게 쌓기 시작한다. 그다음 4단계인 20세기 후반부터 우리가 소위 'multiversity'라고 이야기하는 새로운 풍조가 대학사회에 등장한다. 현대의 새로운 풍조인 'multiversity'는 대학이 교육, 연구, 사회봉사 영역까지 포함하는 것을 의미한다. 이것이 산학 연구 같은 것들과 상당히 연결되는 것이다(김영한, 2007: 172, 179-181 참조).

결국 대학의 이념이 시대에 따라 변하거나 그 강조점이 변한다는 것은 분명한 사실인데, 대학이 어느 시대에는 그 시대의 사회적 역할을 잘 수행하고 어느 시대에는 그렇지 못한가를 결정하는 가장 핵심적인 가치는 '진리 탐구'라고 생각한다. 즉, 대학이 '진리의 탐구'라는 정신을 잃어버렸을 때, 그리고 시대와 지나치리만큼 야합했을 때, 대학의 그런 역할은 제대로 수행되기 어렵다고 본다.

3. 한국교육의 전통

한편 한국 대학의 전통에서는 국학, 태학, 국자감을 이어 조선시대에 성균관이 일종의 최고 학부로서 대학의 기능을 했다고 할 수 있다. 이는 물론 서양의 제도와는 다르다. 하지만 대체로 우리 전통의 교육, 최고 학부에서의 교육은 윤리 · 도덕에 대한 인문학적 가치, 인간다움과 같은 것이 가장 지배적이었고 또한 국가와의 관계가 아주 긴밀하였다. 최고 학부에서 양성하는 인재들은 모두 관료가 되기 위해 과거시험을 준비하였고 또 그 속에서 유교 경전과 같은 것을 어떻게 잘 표현하고 그것을 실생활에서 어떻게 실천하느냐에 대한 노력을 했다는 점에서, 관료적이지만 한편으로는 도덕 · 윤리를 내세우면서 그 시대의 지표가 되는 역할도 했다고 볼 수 있다. 즉, 전통 유학교육은 우선 교육방법에서 수신을 통해 인격적으로 완성된 인간을 추구한다. 둘째, 교육내용 면에서 문학 · 역사 · 철학 · 예악 · 정치 · 사회 등 다양한 영역을 포괄하여 균형감각을 갖추어 인성과 지도력을 함양하는 데 힘썼다. 셋째, 유교교육의 지향점은 자기 충실과 타인과의 조화, 인간과 자연의 조화의 지혜를 일깨워 주었다는 것이다.

전통 유학사상에서 학문의 목적은 바로 자기 자신의 완성에 있다. 학문의 중심에 인간이 있어서, 인간을 성찰하고 인간다움을 회복하기 위한 통합적 교육이 실천되고 있었던 것이다. 이는 곧 인성교육에 다름 아니며, 인간에서 비롯된 모든 것을 탐구하는 인문학과도 상통하는 내용이다. 바로 이 점에서 인문학과 인성교육, 유학교육의 접점이 이루어질 수 있다고 본다.

물론 유학은 동양 왕조사회의 질서 속에서 형성되고 발전해 온 사유체계라는 점에서 현대사회의 교육과는 양립할 수 없는 점을 분명히 포함하고 있다. 21세기 첨단 과학기술사회에서 지식정보화 사회이자 전 세계가 시대정신을 공유하는 지구촌사회는 분명 과거와는 완전히 다른 패러다임이 지배하는 세계이기 때문이다.

그러나 오늘날 우리의 교육체제는 전통사회 교육문화의 연장선상에 놓여 있으며, 유학적 사유체계는 현대사회에서도 생명력을 가질 만큼 보편성을 가지고 있다는 점에서, 오늘날의 인성교육에도 충분한 시사점을 줄 수 있을 것이라고 생각한다.

인문학은 모든 학문과 인생사에 가장 필요하고 기본적인 소양이다. 무엇보다도 인간들이 하나의 성숙한 인격체로서 인간의 존엄성을 인식하도록 하고, 그런 주체들이 모여서 아름다운 공동체를 만들게 하는 원동력으로서의 고양된 지식과 실천력을 기르도록 요구하는 학문이다.

이와 같은 관점에서 본다면, 유학은 인문학의 정체성에 가장 부합하는 학문이라 할 수 있다. 유학이야말로 인간 중심을 표방하는 사상이기 때문이다. 인간의 본질을 탐구하되, 인간의 선한 본성과 자율성을 확신하며 인간의 완성을 추구하고, 그것을 일상적인 인간의 삶에서부터 실현하려는 것이 바로 유학의 기본 정신인 것이다. 그리고 이러한 유학의 정신은 인성교육에서 지향해야 할 목적이기도 하다.

유학에서는 인간의 올바른 도리를 넓혀 갈 수 있는 성인과 군자를 양성하기 위한 교육을 매우 중시하였다. 이를 위해 공자는 일찍이 제자들에게 육경(六經)과 육예(六藝)를 가르친 것으로 알려져 있다. 그 중 육경은 시경(詩經), 서경(書經), 역경(易經), 악경(樂經), 예기(禮記), 춘추(春秋)를 말하는데, 악경 대신 주례(周禮)를 넣기도 한다. 육경은 공자에 의해 정리되어 성인의 가르침을 담은 유학의 근본 문헌으로 확정되었다고 알려져 있다(신창호, 2006: 30).

육경의 내용을 구체적으로 살펴보면, 『시경』은 주나라를 중심으로 하는 여러 나라들의 정치 생활과 풍토, 민정(民情)을 알려 주는 중요한 시가(詩歌) 선집(選集)이다. 『서경』은 하(夏) · 상(商) · 서주(西周)의 역사 사건에 관한 기록이고, 『예기』는 고대국가의 예와 제도에 관한 기록이다. 『악경』은 음악에 관한 책이며, 『역경』은 인간과 우주에 관한 철학사상을 풍부하게 담은 책이다. 『춘추』는 공자가 저술한 노(魯)나라의 역사이다. 육경은 곧 정치, 역사, 풍습, 의례, 음악, 사상 등 다방면에 걸쳐 고대 중국의 문화를 반영하고 있는 서적이라 할 수 있다. 상고(上古)시대 이래의 학술 사상 및 제도에 관한 자료가 갖추어져 있을 뿐 아니라 인륜, 정치 · 사회적 안정과 질서에 관한 규범 및 도리들도 함축되어 있는 경서들이다(신창호, 2006).

분류하자면 문학(文學) · 사학(史學) · 철학(哲學) · 예악(禮樂) 등으로 구분될 이 경서들은 인간의 행위 지침을 제시하고 규제하며 인도하는 효용성이 있는 것으로 평가된다. '시'를 통하여 사람들은 여러 부류에 속한 사람들의 마음가짐과 몸가짐을 배우고 닦을 수 있으며, '예'를 실천함으로써 자신의 사사로운 욕심을 끊임없이 조절하여 어떤 상황에서도 적절한 행동을 할 수 있다. 또 사람들은 '음악'을 통하여 비인간적인 일체의 독소를 정화시키고 개인 간의 대화의 문을 열 수 있게 된다고 여겼다. 그리고 '서경'을 통하여 시대별 임금들의 정치와 문화를 익힐 수 있고, '역'을 통하여 우주 자연의 이치와 인간 세계의 변화를 추리하고 예측하며 사회운영의 원리를 깨우칠 수 있는 근거를 발견할 수 있다고 이해하였다. '춘추'는 인간의 올바른 길이 무엇인지 역사적 사실을 통해 모범을 보이고 경계를 늦추지 않도록 단속할 수 있게 해 준다. 그중에서도 공자는 "시(詩)에서 흥기(興起)하고, 다음에 예(禮)를 통해 스스로 자립하고, 마지막으로 악(樂)을 통해 학문을 완성한다."라고 하여 시 · 예 · 악을 통하여 구현되는 질서와 조화를 중시하며 사회적인 인간의 모습까지 강조하고 있다.

이와 같이 유학의 교육내용은 인간으로서 살아가는 데 필요한 인간과 자연의 이치 탐구, 역사적 경계, 도덕성 함양을 위한 규범을 제공하며, 인간의 감정을 풍부하게 하고 본성을 회복하기 위한 정서교육까지 포함한다. 더불어 육체적으로도 조화롭게 균형 잡힌 인간, 곧 전인적(全人的) 인간을 지향하였다. 동시에 예와 악을 통해 인간 간의 조화로운 삶을 강조하는데, 이는 유학이 개인적인 인격의 완성과 함께 사회적인 조화를 추구하는 인간을 지향하였다는 것을 보여 준다.

우리의 전통교육에서 추구하는 인성교육의 본질에는 자연과 인간의 조화 속에서 기본 가치를 체득하고 실천하는 깊은 의미가 담겨 있다. 즉, 자연의 이치라고 할 수 있는 목(木), 금(金), 화(火), 수(水), 토(土)의 원리에서 인간 심성의 기본인 인(仁), 의(義), 예(禮), 지(智), 신(信)이 상호 합일(合一) 되는 과정을 매우 중요한 덕목으로 삼고 있다. 즉, 목(木), 나무를 통해서 사람은 인(仁)을 배우고, 쇠(金)를 통해서 의로움(義), 정의 그리고 의리를 배우고, 불(火)를 통해서 예(禮)의 질서를 배우고, 물(水)을 통해서 배움, 즉 깨달음(智)을 알게 되는데 물이 낮은 곳으로 또 넓은 곳으로 바다를 향해 부단히 흐르듯이 겸손과 포용의 자세를 배우게 되고, 흙(土)은 만물이 딛고 생성하는 토양이 되듯이 인간관계에서 기본은 무엇보다도 믿음(信)이라는 데서 인성의 가치를 제공하고 있는 것이다.

4. 인문학의 기능과 역할

인문학적 사유를 통해 우리가 확보하게 되는 중요한 특질은 내면성과 자기성찰성이다. 인문학의 많은 저술은 이러한 인간 내면성과 깊이 연관되어 있다. 이러한 내면성의 함양이 배양시키는 능력은 다음과 같이 정리해 볼 수 있을 것이다.

첫째는 사유능력의 함양이다. 생각은 누구나 할 수 있는 듯 보이지만, 그냥 앉아 생각한다고 해서 생각할 수 있는 것이 아니다. 인문학은 인간의 역사 안에서 생각의 여러 갈래 길들을 만들어 놓았다. 이러저러한 갈래들 속에서 우리는 생각하는 힘을 키울 수가 있는 것이다. 생각하는 힘이 키워지면 우리는 새로운 생각의 길을 만들어 낼 수도 있으며, 그럼으로써 우리 뒤에 오는 사람들은 더 많은 생각의 길을 갖게 될 것이고 그들의 사유는 더욱 풍요로워질 것이다.

둘째는 분석능력의 함양이다. 새로운 것을 창조하기 위해서는 과감히 새로운 변화를 위해 버릴 것은 버리고 지킬 것은 소중히 가꿀 수 있는 균형 잡힌 판단력을 갖추어야 한다. 생각의 여러 갈래 길을 걸었던 사람은 그에 비추어 사물과 현상을 평가할 수 있는 여러 눈을 가질 수 있으며, 이에 따라 분석력과 비판적 안목을 가질 수 있다. 비판은 무조건 부정적 측면이 아니라 정밀한 사물의 객관적 분석력이 전제되어야 한다. 그래야 새로운 창조를 위한 합리적 사고가 정립될 수 있다.

셋째는 상상력의 함양이다. 인간의 도덕적 능력에 있어서 중요한 것은 역지사지의 태도이다. 역지사지의 능력은 인간관계 기술을 함양시키고 나아가 자신의 행동에 대한 자기의식적 반성을 가능하게 한다. 역지사지의 능력은 상상력의 일환인데, 이러한 상상력은 새로운 세계를 창조해 내는 예술적 능력에만 관여하는 것이 아니라 타자와의 소통능력에도 매우 중요한 역할을 한다.

넷째는 배움능력의 함양이다. 『논어』는 "때때로 배우고 익히면 그 아니 즐겁지 아니한가."라는 말로 시작하고 있다. 배움의 능력을 갖고 있다는 것은 인간이 살아 있음을 입증하는 것이다. 스스로 묻고 잘못된 것을 고치고 새로운 것을 배우는 것이야말로 인간의 문명을 지금껏 견인해 온 힘인 것이다. 이 근원적 호기심과 배우고자 하는 동기는 자기 자신 안에서 주어지는 것으로서 인간의 근원적 내면성의 표현이다.

다섯째는 문제해결 능력의 함양과 예지력의 키움이다. 인문학적 사유는 단순히 자기 속에 침잠하여 묵상하는 사유가 아니다. 그것은 자신으로부터 동기를 부여받아 자신의 삶에 적극적으로 개입하려는 의지와 맞닿아 있다. 다양한 인간 삶에 대한 이해는 우리가 시시각각 마주하는 문제들에 대한 해결능력을 높일 것이며, 예측할 수 없는 인간 삶의 우연성에 대처할 수 있는 예지력을 키워 줄 것이다.

21세기 대학의 교육은 실용성도 중요하지만 창조적으로 세상의 문명을 선도하면서 이끌어 가는 진리 탐구의 정신을 잃어버리지 않아야 한다. 학생들에게 창의력과 팀워크의 정신을 일깨워 글로벌 시민으로 육성하고 다문화적 소양을 키워 주고 미래를 향해 글로벌 사회에 기여할 수 있는 인성을 심어 주어야 한다. 21세기의 대학은 지식의 전문화뿐 아니라 윤리와 가치관 그리고 정직과 도덕성을 기반으로 하는 '인간교육'으로 더불어 사는 협력공동체 교육을 시행해야 할 것이다.

또한 미래에 대한 혜안을 가질 수 있도록 높은 이상과 넓은 가슴을 갖고 깊이 있는 사고를 할 줄 아는 사려 깊은 인재를 배출해야 할 것이다.

참고 문헌

김영한(2007). 서양의 대학, 역사와 이념. 한국사 시민강좌, 제18집. 일조각.

신창호(2006). 공자의 성인교육론. 교육발전연구, 22.

안재호(2002). 맹순 인성론의 체계와 의미. 동서철학연구, 24.

정창우(2010). 인성교육에 대한 성찰과 도덕과 교육의 지향. 윤리연구, 77.

15
목표지향적 자기계발 프로그램

15
목표지향적 자기계발 프로그램

김현기

1. 배 경

인간이 살고 있는 사회에는 어떤 형태로든 인간의 지식과 신념, 가치관 등이 포함된 생활양식이 존재한다. 인류학자들은 이를 문화라고 정의하면서 조직의 문화는 조직 구성원들의 행동양식과 전통 그리고 의식구조를 결정하며 정신적 활동의 근간이 된다고 생각한다.

특히 어떤 조직보다 투철한 사명감과 위계질서를 중요시하는 군(軍)조직에서 문화가 차지하는 비중은 매우 클 수밖에 없다. 그러나 현재 우리나라처럼 징병제(徵兵制)하에 입대하는 병사들의 의식구조는 본인이 자원해서 선택한 것이 아니라 법률에 의해서 강제적으로 선택당한 것이라는 인식 때문에 당연히 직무 만족도와 조직 몰입도가 낮을 수밖에 없다. 그리하여 자발적인 생각과 태도 등 내적 통제에 의해서 나타나는 조직 시민행동보다는 임무 우선적인 외적 통제에 의존하는 위계 지향적인 문화가 강하게 작용하는 조직의 성격을 띠게 된다.

따라서 우리 군은 창군 이래 60여 년 동안 많은 변화와 발전을 거듭해 왔음에도 불구하고 근본적으로 군대(軍隊)라는 조직이 추구하는 목표와 각개 병사나 초급 간부들이 추구하는 개인의 목표 사이에 발생하는 생각의 차이 때문에 군생활은 사회와는 단절된 인생의 공백기라는 부정적인 사고를 가지고 있다. 심지어 일부 병사들은 군복무를 하면서 과격한 훈련으로 인해 자신이 가지고 있던 지식을 망각해 버릴 수 있다는 불안감마저 가지고 있다.

또한 일과시간 이후 자유시간 보장, 주5일제의 도입으로 인한 여유시간 확대, 병영 내 사이버지식정보방 설치 등 학습 여건을 개선했음에도 불구하고 자유시간에 대한 효율적인 활용이 미흡하다. 그래서 변화가 없는 단조로운 병영생활 속에서 자유시간을 P · X 이용이나 게임, 오락, TV 시청 등으로 무의미하고 지루하게 보내고 있으며, 이로 인하여 병영 저편에는 일부 부조리와 악 · 폐습이 사라지지 않아 악성사고 발생 가능성이 항상 내재되어 있다.

간부들 또한 작전활동과 교육훈련 · 부대관리 등 주간 위주의 임무수행으로 인하여 주로 병 상호 간에 이뤄지고 있는 일과 이후의 내무생활까지 관찰하거나 통제하기에는 현실적으로 어려운 실정이다.

더구나 그저 2년 동안 그저 몸 건강하고 편하게 있다가 전역하겠다는 생각을 가진 병사들과 그들을 직접 통제하여 강한 군대 육성을 위한 주어진 임무를 완수하려고 하는 초급 간부들 사이에도 보이지 않는 갈등이 존재하고 있다.

결국 병사들의 부정적인 생각과 피동적인 행동 그리고 무의미한 일과 이후 및 자유 시간의 활용계획 미흡이 병영 내 악·폐습 발생의 근본 원인이 되고 있으며, 전투력 창출에도 부정적인 영향을 미치고 있다. 그러므로 병사들의 생각을 긍정적으로 변화시키고, 일과 이후 병영생활만큼은 병사들이 의미 있고 자율적으로 활용할 수 있는 프로그램을 개발하는 것만이 근본적인 문제를 해결해 나갈 수 있는 열쇠라고 할 수 있다.

2. 목표지향적 자기계발 프로그램

'목표지향적 자기계발 프로그램'의 목적은 우리 군에 절대적인 가치인 병영 내 악·폐습을 몰아내고 존중과 배려, 칭찬과 격려, 자율과 책임의 '선진 병영문화 정착'과 싸워서 이기는 '강한 군대'를 육성하는 데 있다.

이를 위해서는 군생활은 인생의 공백기라는 부정적인 생각을 긍정적인 생각으로 변화시키고 개인의 목표 달성이 조직의 목표 달성 쪽으로 승화되도록 해야 한다.

"세상을 바꾸는 것은 사람이고, 사람을 변화시키는 것은 교육이다."라는 평범한 진리 속에서, 생각이 바뀌면 행동이 바뀌고 행동이 바뀌면 습관이 바뀌고 나아가 성격이 바뀌게 된다.

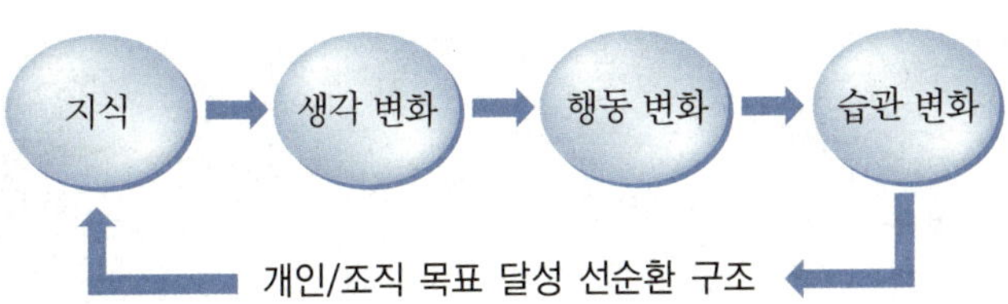

[그림 15-1] 의식 변화 흐름

그렇다면 사람의 생각을 변화시키는 데 핵심적인 요소(key point)는 무엇일까? 이와 같은 문제를 놓고 나름대로 연구하던 중, 필자는 사람의 생각을 바꾸는 핵심이 '지식'이라는 사실을 『논어』 속에서 깨닫게 됐다.

여기서 '지식'은 학교교육식의 기본 지식이 아니라 개개인의 인생목표를 향한 지식을 말한다. 지식은 사람의 부정적 생각을 긍정적으로 변화시키는 시발점으로서, 지식 함양으로 생각의 변화를 유도하고 행동으로 실천하여 성공하는 습관을 체득시키기 위한 프로그램을 개발하게 되었다.

인간의 수명이 늘어나면서 인생은 속도가 아닌 방향성이 중요하고, 남에게 보여 주기식의 삶이 아니라 자신이 좋아하는 삶을 추구하게 되면서 인생목표의 중요성은 더욱 중요시되고 있다.

따라서 '목표지향적 자기계발' 프로그램이란 각개 병사에게 인생의 목표를 설정하고 인생목표에 부합하는 군생활 목표를 설정하며 전역 후 1년, 5년, 10년, 20년까지의 인생 로드맵을 설계하게 한 후, 매주 주간계획서를 작성하여 일과시간 이후 자유시간을 활용하여 매일 한 시간 이상씩 목표를 향해 학습을 실시하는 실천 위주의 학습 프로그램이다.

그러나 병사들 중 약 90%는 명확한 인생목표가 없다. 대부분 병사들의 인생목표는 돈을 많이 버는 것, 멋지게 사는 것, 부모님께 효도

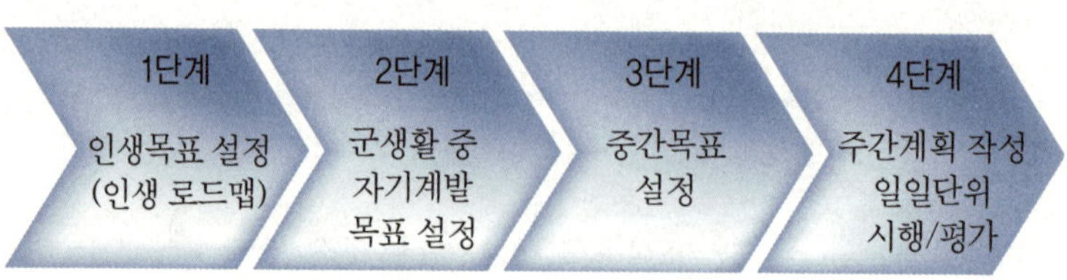

[그림 15-2] 자기계발 목표설정 단계

하는 것, 무사히 전역하는 것 등 추상적인 것들이다.

"목표는 사람을 끄는 힘이 있다."라고 했듯이 목표지향적 자기계발 프로그램에서 제일 중요한 것은 바로 자신의 인생목표를 설정하는 것이며 자기계발 계획서를 통해서 그것을 구체화하는 것이다. 계획서는 꿈을 이루기 위한 자신의 철학이자 신념이며 흔들림 없이 실천하겠다는 자신과의 약속이다. 실례로 한 일병의 자기계발 계획서를 제시해 본다([그림 15-3) 참조].

인생목표는 자신의 희망과 능력, 취미, 성격, 부모 의견을 고려하여 설정하되 SMART 요소를 고려하여 구체적(Specific)이고 측정 가능(Measurable)해야 하며, 또한 성취 가능(Attainable)해야 할 뿐만 아니라 현실적(Realistic)이면서 마감기간이 정해져(Time-bounded) 있어야 한다.

자기계발을 위한 여건 보장도 매우 중요하다. 이에 부대에서는 학습 장소를 마련해 주고 매일 일과시간 이후 20시부터 21시의 한 시간 동안은 야간 근무자를 제외하고 전체 인원을 통제하여 자기계발 시간을 부여하고 있으며, 시간을 더 달라고 하는 병사들의 요청에 따라서 연등을 위한 학습실을 준비하여 야간근무가 없는 병사들에게 22시부터 24시까지 연등을 허가해 주고 있다. 또한 사이버지식정보방을 이용하여 사이버 강좌 및 학점 취득 학습이 가능토록 하였고, 국가공인 자격증 취득을 위해서는 휴가나 외출을 허락해 주고 응시인원이 많을 경우에는 해당 기관 및 지역상공회의소와 협조하여 부대로 출장시험을 유도하고 있다.

한 시간의 학습은 집중력이 더해져 사회에서의 몇 시간의 효과를 발휘할 수 있었으며, 한 시간씩은 매일 당직계통의 통제하에 실시함으로써 100일 정도가 지나면서 자연스럽게 습관화가 되도록 하였다.[1)]

자기계발 계획서

【일병 ○○○】

• 목표 설정

인생목표	KBS 보도본부장
군생활 목표	토익 900점, 컴퓨터 활용 1급
중간목표	• 일병: 토익 700점, 컴퓨터 활용 3급 • 상병: 토익 800점, 컴퓨터 활용 2급 • 병장: 토익 900점, 컴퓨터 활용 1급

• 주간계획: 토익 문제집 1과 종합문제 풀이

일 자	내 용	자기평가
5. 10(월)	총정리 문법풀이	◎
5. 11(화)	총정리 어휘풀이	×
⋮	⋮	⋮
5. 14(금)	종합평가	△

• 전역 후 나의 모습

일 자	나의 모습
1년 후(25세)	영어권 해외탐방
10년 후(35세)	KBS 미국 특파원
10년 후(35세)	KBS 보도본부장

[그림 15-3] 자기계발 계획서

프랑스의 계몽주의 철학자 몽테뉴(Michel de Montaigne)는 "습관은 제2의 천성이다."라고 했고, 스티븐 코비(Stephen R. Covey)는 "성공하려고 노력하지 말고 습관을 고치기 위해 노력하라."라고 했다. 이러한 습관은 밧줄과 같아서 처음에는 실처럼 가늘지만 행동을 반복할수록 밧줄처럼 굵어진다. 그렇게 만들어진 습관은 너무 굵어 끊을 수 없으며, 처음에는 내가 습관을 만들지만 나중에는 습관이 나를 만들어 가게 된다.

자기계발 프로그램을 시행하는 과정에서 같은 분야를 공부하는 병사끼리 자연스럽게 서로 노하우와 정보를 교환하게 됨으로써 병영 내에 내용(contents)이 있는 대화가 생기게 되고, 자격증 시험이나 검정고시 등에 도전하는 전우들을 위해 선·후임병을 떠나 서로 도와줌으로써 생활관 내에 계급과 서열 의식이 사라지고 군대예절을 바탕으로 한 존중과 배려의 분위기로 변화되고 있다. 이에 따라 악·폐습이 자연스럽게 사라지고 사고율이 급격하게 감소되고 있다.

또한 개인적으로 국가공인 자격증과 검정고시, 학점 등을 취득하게 되면서 성취감과 자존감이 높아지며, 자신의 행동에 대한 책임감이 강해지고, 주어진 임무나 교육훈련에도 적극적으로 임하게 됨으로써 정예강군 육성에도 큰 효과를 나타내고 있다.

슐레(E. C. Schleh)는 "조직 속의 인간은 개인의 목표와 조직의 목표를 융합시켜 나갈 때 인간으로서 흥미와 욕구의 만족은 물론 조직 목표를 성취하고자 하는 긍정적인 동기가 부여된다."라고 말했다. 마

1) 전입신병은 '100일 관리 프로그램'을 통해 병영생활에 적응하고 있다. 이 프로그램은 그동안 전입신병들의 관찰을 통하여 그들이 새로운 환경에 적응하는 데 약 100일의 시간이 소요된다는 연구 결과를 바탕으로 만들어진 것이다. 목표지향적 자기계발 프로그램도 이 근거에 의거해 약 100일 동안 간부들의 밀착 지도하에 강력히 시행되고 있다.

치 큰 포도송이가 작은 포도알들로 이루어지듯, 이것은 조직도 구성원의 목표가 달성될 때 궁극적으로 전체 목표의 달성이 가능하다는 사실을 의미한다.

목표지향적 자기계발 프로그램을 시행해 본 결과 개인의 목표 달성 정도에 따라 조직의 목표성취도도 점점 극대화되어 가고 있으며, 특히 전역 후에도 모든 일을 목표 지향적으로 생각하고 추진하는 습관이 생겼다는 데에 당사자는 물론 부모들도 놀라워하고 있다.

3. 목표 설정이 곧 창의다

21세기는 개성과 창의(創意)를 발휘해야만 개인과 사회가 발전할 수 있는 시대라고 볼 때 한 개인이 자생적으로 무엇을 할 수 있느냐의 자기주도적 사고와 학습 태도가 필요하다고 본다.

목표지향적 자기계발 프로그램을 시행한 결과 목표 설정이 곧 주도적인 학습이요 장병들의 창의성 발현의 시작이라는 것을 발견했으며 의외의 성과를 거둘 수 있었다.

우선 목표 설정이 곧 창의적 사고와 창의성 발현으로 연결된다는 연구를 살펴보자. 하라키위츠(Harackiewicz) 박사는 개인이 자발적인 목표 설정을 통해 목표 달성에 대한 동기화가 이루어지고 이것이 창의적 사고 및 창의적 문제해결의 기반을 이룬다는 연구논문을 발표했다(Harackiewicz, Barron, Pintrich, Elliot, & Thrash, 2002). 그는 "개인이 스스로 결정하거나 수용한 목표는 잠재의식과 행동에 의미를 부여하고 능동적으로 행동의 조직자 역할을 수행하여, 결국 목표는 의식과 무의식의 전 영역에 영향을 발휘하며 수행의 극대화를 통해 창의적 사고가 발현된다."(Locke & Latham, 2006)라고 주장했다.

목표지향적 자기계발 프로그램도 장병들이 스스로 결정한 목표를 위해 주도적 학습을 실시하므로 하라키위츠의 연구 결과와 일맥상통한다고 할 수 있다. 실제로 육군3사관학교 예하 생도연대에서는 연대본부 생도들이 자체 토의를 통해 임무 수행철을 제작하여 자율적인 자치지휘근무제도[2]를 정착시켰으며, 이로 인해 올해 과학화 훈련 결과 일반 보병부대보다도 단결력과 전투 지휘능력이 훨씬 더 우수하게 측정되었다(국방일보, 2010. 6. 18). 근무지원단 시설대 군무원과 병사들은 재활용 자재를 활용하여 태양열을 이용한 온수공급 장치를 개발하여 에너지 절약과 저탄소 녹색학교 조성에 자발적으로 참여하고 있다. 또한 유격대에서는 조교들이 중심이 되어 코스에 맞는 유격체조를 선별·적용하여 교육생들의 부상을 예방하고 훈련 성과를 극대화하였으며, 종합장애물 코스에서 로프의 장력을 향상시키고, 적정 수준을 유지하도록 고안된 체인 블록을 개발하여 로프의 수명도 연장시키면서 안전사고 예방에 크게 기여하고 있다.

이러한 성과는 군에 입대했기 때문에 체험할 수 있는 매우 큰 교육적 가치라고 판단된다. 결국 목표지향적 자기계발 프로그램은 군이 사회적 책임을 다하면서 개인의 목표 달성은 물론 창의적 인재 양성에 기여하고, 국민들에게 군에 대한 부정적인 인식을 불식시키고 대군 신뢰와 지지를 증진하는 가교가 되고 있다.

2) '자치지휘근무제도'란 생도들의 자율 및 책임 정신과 지휘통솔 능력 배양을 목적으로 훈육관의 지도하에 선발된 지휘관 및 참모생도들이 동급생 및 하급생을 지휘/통제하는 것이다.

4. 사관 캠프를 통한 노하우 확산

미래사회가 요구하는 인재상은 인성을 바탕으로 지식을 축적하고, 이를 바탕으로 타인과 공유하여 사회발전에 이바지하는 글로벌 리더다.[3] 이는 전인교육(全人敎育)하에서만 육성될 수 있는 인재상이다. 그러나 현재 우리나라의 교육현장에서는 전인교육이 활성화되어 있지 않은 것이 사실이다. 육군3사관학교에서는 이러한 상황에서 전인교육에 중점을 둔 인재 육성에 노력하고 있다.

언젠가 한 정치인이 "군대생활은 젊은이를 썩게 만든다."라고 극언을 한 적이 있다. 결코 군대가 그렇지 않다는 것을 모든 사람에게 인식시키기 위해서는 군도 이제 국민에 대한 사회적 책임(military social responsibility: MSR)을 질 때가 됐다고 생각한다. MSR은 군이 국민에게 국가관과 안보관을 함양하고 가치관 확립과 심신수련의 기회를 제공하며 이를 통해 건전한 시민을 육성함으로써 사회교육에 기여할 책임을 일부 부담해야 한다는 의미이다. 군에서는 장병들에게 지·덕·체를 골고루 성장시키기 위해 인성교육을 통한 공동체의식과 가치관 확립 그리고 각종 훈련을 통한 체력과 극기력, 책임감, 리더십을 배양하고 자기계발을 통해 인생의 꿈을 실현해 나가는 인생의 종합대학으로서의 역할을 해야 한다. 따라서 군은 입대 장병들에게는 물론이고 군의 외연을 확대하여 일반 학생들에게도 이런 교육 프로그램을 제공해야 된다고 생각한다.

육군3사관학교에서는 이제 목표지향적 자기계발 프로그램을 학교 장병뿐만 아니라 청소년들에게까지 보급함으로써 미래 인재 육성에

3) http://www.han.ac.kr/index.html(한동대학교 '工'자형 교육모델) 참조.

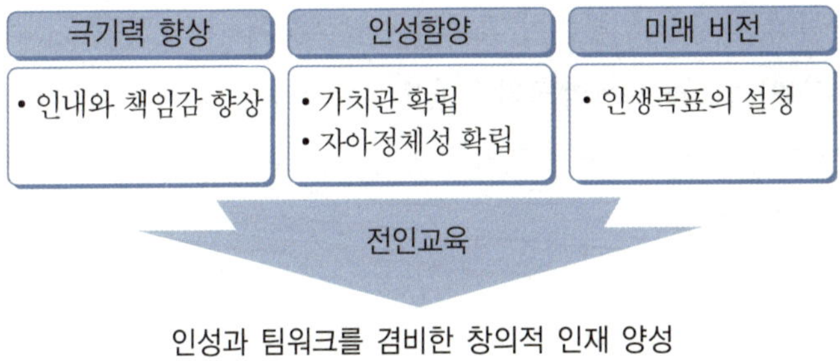

[그림 15-4] 사관 캠프의 개념도

기여하고자 한다. 인생목표를 보다 젊은 나이에 설정하고 실천해 나간다면 훨씬 효과적일 것이다. 따라서 사관 캠프는 청소년들이 스스로 인생목표를 발견하고 설정하여 미래의 인재로 성장하도록 지도하는 데 그 목적이 있다. 그들이 장차 군에 입대하여 군의 문화를 혁신하고 강군 육성의 기초가 될 것이며, 또한 전역 이후에는 국가발전을 선도하는 인적자원이 될 것이다.

따라서 사관 캠프는 기존의 다른 부대들의 극기력 위주의 병영 캠프와는 달리 극기력 향상뿐만 아니라 인성 함양 및 자기계발 목표 정립에 주안을 두고 시행되고 있다.

2010년 8월에 실시한 고등학생과 대학생 대상 사관 캠프 이후 설문 결과에서 93%의 학생들이 국가관과 안보관 함양뿐만 아니라 체력의 중요성과 자신감의 향상은 물론 인생목표에 좀 더 구체적으로 다가갈 수 있는 기회였다고 응답했다. 또한 응답자의 86%는 부모님과 가족의 중요성을 되새기는 계기가 되었다고 답변했다.

또한 사관학교가 가지고 있는 교육역량을 장교교육에 국한하지 않고 청소년들에게까지 확대하여, 사관 캠프를 통하여 미래 지향적 인재 배출을 목표로 창의적인 교육 커리큘럼을 개발하여 차별화된 교육 기회를 제공하고, 일관성을 유지하고 외부 대학과 연계하여 추진하면서 상생 협력하는 생산적 파트너십을 구축해 나갈 것이다. 궁극적으로 사관 캠프는 사관학교의 교육방식과 다양한 교육요소가 일반 학교교육의 단점을 보완함으로써 우리나라 교육의 발전에 기여할 수 있으리라 확신한다.

5. 맺음말

목표지향적 자기계발 프로그램은 군생활이 인생의 공백기가 아니라 인생의 기반을 구축해 나가는 기회로서, 개인의 발전은 물론 국가 인적자원 개발에 기여하면서 군의 궁극적인 목표인 '선진 병영문화 정착'과 싸워 이길 수 있는 '정예강군'을 육성해 나가는 대안임을 확신한다. 그리고 이 프로그램을 군이 가지고 있는 역량(infra)과 접목시킨다면 청소년의 국가관, 안보관 그리고 가치관 함양에 밑거름이 될 수 있을 것이다. 동시에 21세기가 요구하는 개성, 자율성, 그리고 독자성을 가진 글로벌 인재로 육성하는 국가시책에 다소나마 도움이 될 것이라 생각한다.

아울러 국민들에게도 군에 대한 부정적인 인식을 불식시키고 당사자가 가고 싶은 군대, 부모는 보내고 싶은 군대를 만들어 감으로써 국민이 신뢰하는 강한 군대가 될 것이라 확신한다.

참고문헌

국방일보(2010. 6. 18). 전역 후 나의 1년… 5년… 10년… 20년, 육군사관학교 목표지향적 자기계발 프로그램.

Harackiewicz, J. M., Barron, K. E., Pintrich, P. R., Elliot, A. J., & Thrash, T. M. (2002). Revision of achievement goal theory: Necessary and illuminating. *Journal of Educational Psychology, 94*, 638-645.

Locke, E. A., & Latham, G. P. (2006). New directions in goal-setting theory. *Current Directions in Psychological Science, 15*(5), 265-268.

http://www.han.ac.kr/index.html(한동대학교 'エ' 자형 교육모델) 참조.

16

디자인 관점에서 바라본 창의력의 의미와 교육방법

16

디자인 관점에서 바라본 창의력의 의미와 교육방법

홍영복

21세기에 이르러 각 영역에서 다양한 변화가 진행되고 있다. 그 변화의 특질, 파급 속도와 범위를 살펴보면 그것이 개별 영역에 한정된 현상이 아니라 전체 시대의 틀거리가 바뀌는 구조적 변화에서 파생된 결과임을 알 수 있다. 미국대학연합이 발간한 보고서(Association of American Colleges and Universities, 2007)에서는 시대 구조적 변화의 주요 요소로 과학기술의 발달과 글로벌 경제체제를 지적하며, 21세기 현실의 특징을 '예측 불가능'하고 '세계 의존적(global interdependence)'이라고 진단한다. 이러한 시대적 특징은 19세기 산업시대, 20세기 지식시대가 가졌던 시대적 특징(Pink, 2006)과 크게 구별됨으로써 시대가 요구하는 자원으로서의 인간 능력(human capacity, Robinson, 2001)에 대해 새로운 이해와 개념의 재정립을 요구한다. 근래에 발생한 세계 경제위기, 환경 관련 문제들은 시대적 특징을 반영하는 구체적 현안으로, 기존의 학력(academic intelligence) 중심의 인간 능력이 시대적 문제를 해결하기에 역부족임을 드러냈다. 이러한 맥락에서 전 세계적으로 활발히 논의되고 있는 '창의력'이란 이 시대가 요구하는 대안적 인간 능력으로서 복합적 의미를 내포하고 있다.

어떤 시각에서 창의력을 보느냐에 따라 그 개념은 다양하다. 그러나 창의적 인재 양성을 위한 전반적 미래교육의 방향을 논의하기 위해서는 창의력에 대한 합의된 이해와 가치가 전제되어야 한다. 이 장에서는 모든 분야가 처해진 시대적 맥락 안에서 창의력과 그와 관련된 개념들을 논함으로써 공통된 이해의 틀을 마련하고, 동시에 문화예술 분야에서 이루어지고 있는 시도를 소개함으로써 다학제적 교육방법의 가능성을 제시하고자 한다. 이 장은 다음과 같이 구성되었다. ① 창의력의 일반적 개념: 이론적 관점에서 바라본 창의력이란 무엇인가, 실제 우리 사회에서 일반적으로 이해되는 창의력은 어떤 의미인가? ② 창의력의 시대적 개념: 예측 불가능, 관계 의존적으로 요약되는 시대적 특성과 관련해 창의력의 구체적 의미는 무엇인가? ③ 미래교육의 방향: 불확실하고 관계 의존적인 시대가 요구하는 창의력을 배양하기 위한 교육 방향과 방법론은 무엇인가?

1. 창의력의 일반적 개념은 무엇인가

창의력은 크게 두 가지 관점(perspective)에서 설명될 수 있다. 창의력을 문제 해결을 위한 능력으로 보는 실리적 관점과 개인의 정신적 통찰 또는 그에 관한 표현의 형태로 보는 관점이다. 루바트(Lubart,

1999)는 이러한 두 가지 관점을 동 · 서양의 문화적 차이로 서술하고 있다. 그러나 이는 창의력의 목적을 어디에 두는가에 대한 가치관의 차이로 볼 수도 있겠다. 두 관점은 지향하는 목적적 가치는 다르지만, 창의력의 근원적 가치(intrinsic value)가 유 · 무형의 긍정적 결과물의 산출(productive construction, Weisberg, 1999)에 있다는 점에서 공통된 전제를 갖는다.

실리적 관점에서 정의하는 창의력이란 새롭고(novel, original, unexpected), 적합한(appropriate, useful, adaptive) 결과물을 생산할 수 있는 능력을 의미한다(Sternberg, 1988). 이 관점에서 바라보는 창의력의 가치는 그 결과물(product)이 문제 해결을 위한 방안으로 적합한가, 결과물이 포함하는 혁신성이 사회적인 평가(social judgment) 체계 내에서 합의될 수 있는가(Hughes & Drew, 1984)에 따라 확보된다. '적합성'은 문제 해결이라는 실리적 가치를 반영함으로써 창의력에 대한 또 다른 관점과 확연한 구분을 짓는 세부 개념이다. 실리적 관점에서 바라보는 창의력이란 일정 소수의 개인 또는 분야에서만 발견될 수 있는 능력이 아니다. 모든 인간에게 보편적으로 존재하는 능력이라는 전제하에 예술, 문학, 비즈니스, 과학 그리고 일상생활을 아우르는 다양한 영역에서 개발될 수 있다고 본다.

또 하나의 대조적인 관점에서 바라본 창의력은 정신적 영감 또는 깨달음으로 이해된다. 심리학에서 의미하는 자아구현(self-actualization)과 근접한 개념으로, 개인이 가진 최고점의 능력이 구현된 상태를 의미한다. 창의력의 가치란 자아, 현상, 사물에 대한 본질적 통찰을 목적으로 하며, 실리적 관점과 달리 결과물보다는 통찰이 이뤄지는 구도적인 과정에, 사회적으로 합의된 평가보다는 개인의 정신적 성취에 초점이 맞춰져 있다(Chu, 1994).

이 두 가지 관점은 창의력에 대한 끊임없는 이분법적 이해를 생산해 왔다. 창의력은 자유로운 영혼의 예술가에게 어느 날 떠오르는 영감이거나 하얀 실험복을 입은 과학자들의 혁신적인 개발품으로 간주되어 오곤 했다. 과연 이 두 가지 형태의 창의력은 상반된 개념인가? 또한 이들 개념은 이 시대가 의미하는 창의력과 온전히 일치하는가?

2. 창의력의 시대적 개념은 무엇인가

1) 불확실성

불확실성이란 아직 존재하지 않거나 또는 존재하되 정의되지 않은 가능태의 특성이다. 그것은 창의적 결과물(productive construction)을 구성하는 본질적 속성이기도 하다. 창의적 결과물은 존재하지 않는 것에 대한 새로운 창조이거나 또는 이미 존재하는 것에 대한 재해석 · 재발견을 통해 생산되는 유무형의 가치이다. 창의적 결과물은 불확실한 가능태를 바탕으로 인류 역사를 통해 지속적으로 생산되어 왔다. 21세기의 창의적 결과물이 당면하고 있는 불확실성은 이전 세기부터 존재해 왔던 불확실성과 어떤 차별점을 가지는가? 그 답은 불확실성의 강도(intensity)에서 찾을 수 있다. 네트워크 테크놀로지는 물리적 지형의 경계를 허물고 다양한 문화적 · 사회적 공동체를 형성함으로써 유무형의 가치를 새롭게 분배 · 생산하는 구조적 변화를 가져왔다. 개별 분야가 아닌 세계로 확대된 시스템 전반의 변화는 그 과도기적 과정 안에서 강렬한 불확실성을 동반해 왔다. 비균질적(heterogeneous)이며 지속적인 변화 속에서 기존의 의미체계(categories)는 더 이상 유효하지 않게 되었다. 의미의 준거를 잃은 사회에서 창의적 결과물의 형태와 그 적합성에 대한 예측은 그 어느 때보다 어려워졌다.

불확실한 시대적 속성이 요구하는 창의력은 예측 불가능하고(unpredictable) 모호한(ambiguous) 가능성의 요소들을 분석 · 통합하여 새로운 가치를 만들어 낼 수 있는 사고능력을 의미한다. 계몽주의 시대 이후, 교육계를 포함 사회문화 전반에 자리 잡은 이성주의의 전통은 이미 존재하는 사실 또는 지식 기반을 전제로 한 순차적 사고와 지식의 습득, 논리적 문제 해결을 강조함으로써 불확실한 가능성을 다루는 데 제한적인 사고 형태를 배양해 왔다. 일시적인 아이디어나 영감으로 이해되는 창의력 역시 시스템 전반에 연계되어 있는 불확실성을 다루는 데 역부족이다. 따라서 기존의 과학적 논리 대 예술적 상상력으로 표현되는 두 가지 사고 유형은 시스템 전반에 내재된 불확실한 가능성을 다루는 데 있어 분리가 아닌 보완적 관계로 이해되어야 할 것이다. 이러한 측면에서 최근에 출판된 책들, 예를 들면 『상반된 마음(Opposable Mind)』(2007), 『새로운 생각(A Whole New Mind)』(2006)에서 논의되고 있는 통합적 사고(integrative thinking)의 개념은 21세기의 창의적 사고에 대한 대안적 형태로 참고될 만한다. 통합적 사고란 분석적(analytical)인 동시에 생성적(generative)이며, 수렴적(convergent)인 동시에 확산적(divergent)이다. 이러한 다양한 사고의 형태가 문제해결 과정을 통해 결합 · 전개된다는 특징을 갖는다.

2) 관계 의존성

프리드먼의 책(Friedman, 2007)에서 묘사되었듯이, 전 세계는 커다란 연동구조 안에 묶이게 되면서 관계 의존적 시대를 맞게 되었다. 여기서 언급하는 관계 의존적이란 사람들 간의 관계를 포함해 지식, 기술 간의 관계에 이르기까지 모든 유 · 무형의 요소가 상관관계 안에 존재하게 됨을 의미한다. 관계 의존적 시대가 요구하는 창의력이란 문제가 놓인 상황 속에 연관된 요소들을 인지하고 연결점을 찾을 수 있는 능력을 의미한다. 이러한 관계에 대한 능력은 상황에 대한 이성적 · 감성적 인지, 협력(collaboration)하는 과정에서 요구되는 타인에 대한 이해, 의사소통의 기술, 집단의 사고를 이해하고 새로운 의미를 도출해 낼 수 있는 능력들을 포함한다.

불확실하고 관계 의존적인 시대적 특성을 틀거리 삼아 이 시대가 의미하는 창의력을 간략히 살펴보았다. 21세기가 요구하는 창의력이란 문제해결력과 동일어가 아니라 보다 확대된 개념의 인간 능력임을 알 수 있다. 미래의 인재는 실리적 문제해결 능력과 함께 상황을 통한 인간과 사회에 대한 깊숙한 이해, 그로부터 의미와 가치를 구성할 줄 아는 능력을 갖춰야 한다. 창의력에 대한 기존의 이분법적 이해 대신, 실리적 관점의 창의력과 통찰적 기능의 창의력이 21세기가 요구하는 창의력 배양을 위해 보완적 방법론으로 접근되어야 할 이유이다.

3. 창의적 인재 양성을 위한 미래교육의 방향과 방법은 무엇일까

1) 불확실성에 근거한 창의력: 통합적 사고능력을 키워야 한다

창의적 인재에 대한 시대적 요구가 커지면서 창의력 발달에 대한 다양한 시도가 이루어지고 있다. 사회 전반에 걸친 창의력에 대한 관심은 긍정적 현상이지만, 그 자체에 대한 접근방법으로는 균형적 접근이 필요한 듯 싶다. 지난 세기를 거쳐 이성적 논리가 지배적 사고의 형태로 여겨졌던 것처럼, 현재 창의력에 대한 논의는 확산적 사고에 집중된 경향이 있다. 그렇다면 통합적 사고는 어떻게 교육될 수 있을까?

많은 사람이 창의력이라고 하면 쉽게 '예술적' 창의력을 떠올린다. 이는 특정한 분야를 통해 반영되는 창의력의 일반적 이해로 볼 수 있는데, 다음과 같은 문제점을 내포한다. '예술적' 창작과정은 개인의 내면적 과정으로, 일관적인 사고의 형태와 흐름을 구체화하기가 어렵다고 여겨진다. 과정에 대한 불분명한 이해는 상대적으로 가시적인 요소들, 또는 결과물에 집중된 이해를 발생시킨다. '예술적' 창의력은 창작자의 일탈적 행동이나 창작물과 동일시되면서, 이러한 요소들이 가진 확산적 특징이 창의력을 대변하게 되었다. 아이디어 개발기법이나 예술적 표현을 통한 창의력 개발 등이 이러한 확산적 창의력에 기반한 접근들이다. 이미 논의되었듯이, 이런 편향적 접근은 시스템 전반에 연계되어 있는 불확실성을 다루는 데 한계점을 갖는다.

예술적 창의력에 대한 일반적 이해와 달리, 창의적 과정에 개입되는 사고의 형태에 주목한 월러스(Wallas)의 모델[1)]은 통합적 사고 교육에 대한 방법적 실마리를 제시한다. 월러스가 분석한 예술가의 창작과정과 과학자의 발명과정은 동일하다. 그 동일성의 근거는 창작과정에서 이루어지는 구체적 행동이나 결과물이 아니라 그 저변을 이루는 사고의 형태와 흐름에서 비롯된다. 확산적 사고와 수렴적 사고, 분석적 사고와 생성적 사고가 그것이다. 분야를 떠나 모든 창조적 과정 안에 공통된 사고 형태가 존재한다면, 왜 예술적 사고는 보다 확산적이고 생성적이라고 여겨지는가? 반대로 왜 과학적 사고는 수렴적

1) 월러스의 창의적 과정은 다음과 같은 네 단계로 나뉜다. Preparation(창의적 활동의 필요나 욕구가 형성되는 단계), Incubation(창의적 결과물에 대한 가능성을 탐험하는 단계), Illumination(창의적 결과물에 대한 선택이 이루어지는 단계), Verification(창의적 결과물을 구현하는 단계).

이고 분석적이라고 여겨지는가? 인간 능력은 균일하지 않다는 점에서 그 답을 구할 수 있다. 마이어스-브릭스(Myers-Briggs)의 의사결정을 위한 심리검사는 인간마다 문제 해결에 있어 선호하는 능력이 다르다는 것을 입증한다. 직관력이 강한 사람이 있는 반면에 사고력이 강한 사람이 있는 경우이다. 이런 차별적 인간 능력은 산업사회를 특징짓는 전문화 · 세분화를 통해 분야별 교육체계 내에서 고립 · 강화되어 왔다. 결과적으로 각 분야는 개별적 지식과 편향된 사고양식을 가진 분리체로 남게 되었다. 21세기가 요구하는 통합적 사고력은 차별적 인간 능력이 갖는 한계를 넘어서 모두에게 학습 가능한 것일까?

실리적 관점에 의하면, 통합적 사고력은 문제해결 과정이라는 틀을

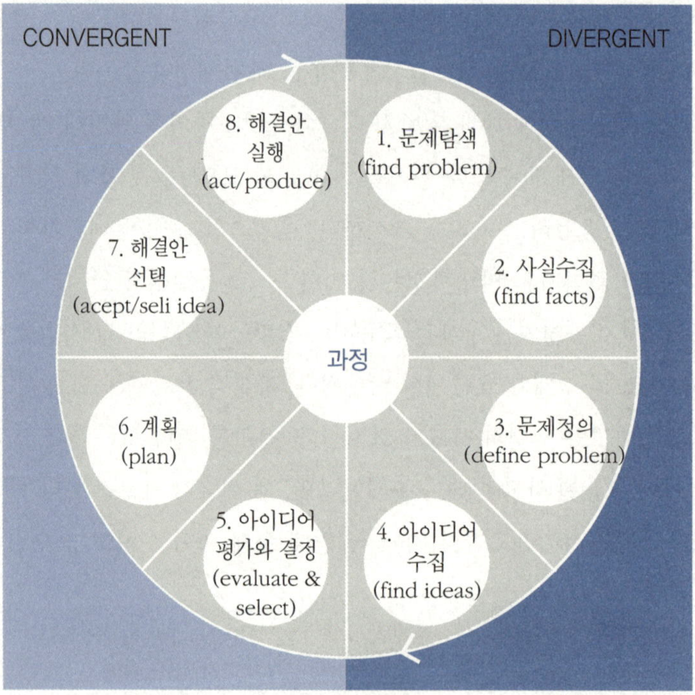

[그림 16-1] 창의력의 투자이론(inverstment theory)에 근거한 창의적 문제해결 모델

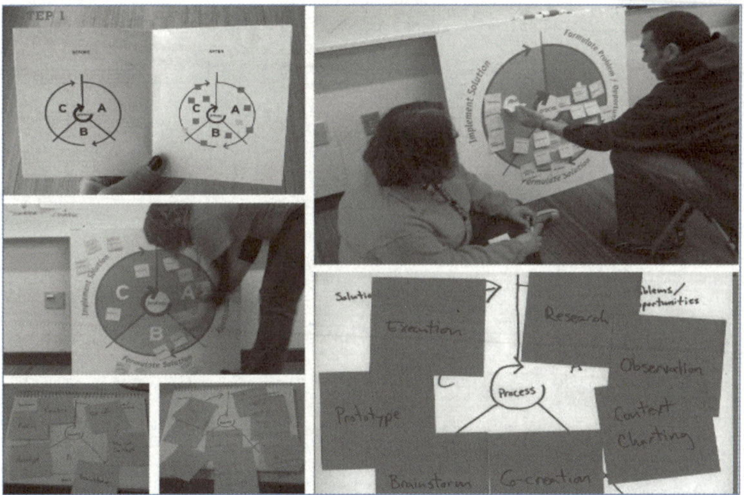

창의적 문제해결 모델이 실제 교육과정에서 적용된 경우
헤론(Herron)스쿨의 디자인 전공 수업 상황

통해 훈련 · 개발 가능하다고 본다. 이러한 관점을 반영하는 창의적 문제해결(creative problem solving) 모델은 근래 디자인계를 포함해 여러 분야에서 활발히 연구 · 적용되고 있는 분야이다. 창의적 문제 해결에 관한 여러 모델이 존재하나, 사고적 측면에서 바라본 기본 구조는 대부분 월러스의 모델과 일치한다. 통합적 사고력 개발을 위한 교육적 도구로서 창의적 문제해결 모델은 다음과 같은 특징을 갖는다.

(1) **과정 중심적 학습**(process-focused learning)

- 문제를 정의하고 해결방법을 구현하는 일련의 과정은 통합적 사고의 흐름과 형태를 익히는 조건으로 접근된다. 결과물 도출을 위한 구체적 행동지침과 구별된다.
- 내용 중심의 전달 학습과 달리 '과정' 중심의 학습방법은 학제적 구분을 넘어 적용될 수 있는 교육법이다.
- 창의적 문제해결 과정은 문제가 가진 복합성 때문에 점진적이거

나 단선적(linear)이지 않다. 따라서 사고의 흐름은 다양한 역동성을 띠게 된다. 연속적이거나 비연속적이며, 직선적이거나 반복적이며, 순서적이거나 동시적인 속성을 갖는다. 기존의 순차적 논리에 기반한 문제 중심적 교수법에서 훈련되는 사고 유형과 차별된다.

- 공동 문제 해결(collective problem solving) 방식으로 다양한 사고의 형태를 경험할 수 있다. 사고력 측정(profile assessment)을 통해 개인의 선호능력을 파악하고 그에 따라 팀 구성을 함으로써, 문제 해결이라는 공통된 경험 속에 다양한 사고력을 교류 · 학습할 수 있는 기회를 제공한다.

(2) 문제 중심적 학습(problem based learning)

- 학습자의 주도적 역할이 요구되는 자기발견적(heuristic) 학습 모델이다.
- 탐구(inquiry)과정이 기반되는 학습법으로, 특정한 지식의 습득이 그 자체 목적이 되기보다는 새로운 지식의 생산과 발견, 또는 문제 해결을 위한 과정의 숙달이 목적이다.
- 문제 해결을 위해서는 정황(context)에 대한 깊이 있는 이해가 요구된다. 그 이해의 과정은 지식을 통한 이해를 넘어 경험을 통한, 그리고 협력을 통한 입체적 학습과정을 동반한다.
- 입체적 학습과정 속에서 다양한 학습 형태(암기, 이해, 적용, 분석, 평가, 창작을 포함, Bloom, 1956)를 경험할 수 있다.
- 문제해결 중심적 학습은 암기교육의 필요성 또는 내용 중심의 학습과 대립적 관계로 이해되는 경우가 있다. 학습과정의 연속선상에서 볼 때, 문제해결 중심의 학습은 개인의 탐구과정을 기반으로 한 성숙된 단계의 학습 형태로, 내용 중심의 기초학습 단

계를 포함한다. 존 듀이(John Dewey)는 진정한 배움이란 피동적 지식의 습득보다는 멘토를 통한 발견과정에서 이루어진다고 했다(Johnson, Johnson, & Smith, 1991). 다양한 매체를 통해 지식의 생성 및 접근이 수평적으로 열려 있는 시대적 특성을 고려할 때, 교육자가 내용을 전달하고 피교육자가 주어진 내용을 학습하는 고전적 교수법은 한계점을 갖는다. 문제 해결을 통한 학습자의 주도적 탐구과정을 강조하는 창의적 문제해결(creative problem solving) 모델이 이러한 시대적 맥락 안에서 주목받는 이유이다.

2) 관계 의존성에 근거한 창의력

(1) 정황적 이해력을 키워야 한다

관계 의존적 사회는 의미를 인지하고 생성하는 인식의 출발점에 변화를 가져왔다. 다양한 요소 간의 관계는 상황(situation) 속에서 전개되고, 상황을 구성하는 요소들 간의 역동적 상호관계는 맥락이라고도 불리는 정황(context), 즉 상황에 대한 의미적 특성을 형성하게 된다. 창의적 결과물은 절대적 기준이 아니라 정황적 근거 안에서 얼마나 적합한 의미와 가치를 갖느냐에 따라 판단된다. 창의력의 또 다른 시대적 의미라고 할 수 있는 정황적 이해력은 어떻게 개발될 수 있는가?

정황적 이해력이란 상황을 총체적으로 읽고, 그 안에서 관계적 의미를 구성할 줄 아는 능력이다. 교과서에 명확하게 서술된 지식의 습득에 반해, 이해의 대상으로서 상황이란 혼돈스럽고 불분명하다. 따라서 정황적 의미를 파악하기도 쉽지 않다. 이와 관련된 효과적 교수법 개발을 위해 체험학습(experience learning) 모델은 유용하다. 구성주의적 시각에 근거하여 경험을 통해 새로운 의미와 지식이 형성된다고 보는 체험학습 모델은 문제 중심적 교수법과 밀접하게 연계되어 있다. 이는 배운 지식을 응용·확인하는 현장 실습이나 견학과는 구분된다. 콜브(Kolb, 1984)의 체험학습 모델이 가장 널리 사용되는데, 직접적인 경험과 그에 대한 사유(reflection)를 통한 학습이 주요 개념을 이룬다. 존 듀이와 피아제(Piaget)의 교육철학과 이론에 근거한 체험학습 모델은 이미 많은 연구가 이루어진 분야로, 교수법 개발에 참고가 될 구체적 이론과 방법론들을 축적하고 있다.

이 외에도 디자인, 예술 분야에서 개발되어 온 시각적 사고론(visual thinking, McKim, 1980) 역시 정황적 이해력을 높이기 위한 대안적 교수법으로 고려될 수 있겠다. 시각적 사고론은 현상을 통한 감각적 인지를 또 다른 유형의 사고 형태로 보고, 시각언어를 현상에 대한 이해의 도구, 사고의 도구로 접근한다. 현재 활발히 논의·실행되고 있는

정황에 대한 이해를 돕기 위한 비주얼 시나리오 도구
헤론(Herron)스쿨의 디자인 방법론 수업 결과물 중의 한 예

비주얼 센스 메이킹(visual sense making), 디자인 인류학, 정황적 탐구(context inquiry) 방법론 등은 이러한 인지적 측면에서 시각언어를 적용한 분야들이다. 시각언어를 포함해 소리, 연기행위 등 예술 전반에 존재하는 비언어적 요소들이 주로 표현적 기능을 통해 이해되었다면, 그것들이 지닌 인지적 기능은 대안적 학습방법으로 새롭게 접근 · 개발될 수 있는 영역이다.

(2) **협력에 대한 이해력과 수행력을 키워야 한다**

지식, 기술을 포함한 많은 관계적 요소 중, 사람 간의 관계가 '협력(collaboration)'이라는 용어를 빌려 시대적 화두로 떠올랐다. 모든 관계적 요소가 파생되는 주체라는 점에서 파급력도 갖지만, 사람 간의 관계적 구조가 갖는 급격한 변화는 미래 인력 양성에 있어 반드시 숙지되고 논의되어야 할 주제이다. 여기서 언급하는 사람 간의 관계는 문제 해결적 관점에서 볼 때 두 가지 형태가 있을 수 있다. 문제적 상황에 놓인 사람들과 문제를 해결하려는 사람들 간의 관계 그리고 문제를 해결하려는 사람들 간의 관계이다. 기존의 문제해결 구조가 전문지식을 갖춘 사람(problem solver)과 일반인(beneficiaries)이라는 분명한 역할로 이루어졌다면, 현대사회는 일반인의 참여능력과 접근성을 통해 새로운 관계구조를 맞이하게 되었다. 집단지성(collective intelligence), 집단 결정(collective decision)은 이러한 현상을 반영하는 용어들이다. 또한 전문지식 그룹 내에서 이루어지고 있는 관계 변화는 다학제적(interdisciplinary), 초학제적(transdisciplinary) 접근이라는 용어를 빌려 나타나는 학제적 의존성으로 요약될 수 있다. 이 두 가지 관계 내에 존재하는 공통적 요소는 수평적 관계 안에 놓인 '협력자(collaborator)'에 대한 개념이다. 그렇다면 수평적 협력을 수행할 수 있는 능력은 어떤 요소로 구성되어 있으며, 어떻게 학습될 수

지역공동체를 기반으로 한 연구 프로젝트의 예로, 지역 구민센터의 프로그램을 개발하기 위해서 연구 학생이 지역 구민의 경험을 인터뷰하고 있는 상황

있을까? 앞에서 논의된 통합적 사고력, 정황적 이해력이 인지적 관점에서 배양될 수 있는 항목이라면, 협력을 이룰 수 있는 능력은 보다 복합적인 관점을 통해 접근 · 교육되어야 할 항목이다.

텍스트를 통한 협력자, 협력에 대한 학습은 학습자의 관념적 이해 안에 갇혀 실제적 역량으로 연결되는 데 한계점을 가진다. 공동체의 문제에 기반한 학습 모델(service learning model)은 실재하는 공동체 현장을 학습과 연구가 이루어지는 확장된 교육 공간으로 접근한다. 공동체에 대한 사회봉사적 개념과는 구분됨으로써, 학생들은 공동체와 함께 문제를 해결하는 과정에서 협력의 가치, 접근방법, 수행 방법과 기술 등을 배우게 된다. 어니스트 보이어(Ernest L. Boyer, 1990)의 공동체를 중심으로 한 교육철학은 미국 대학교육에 커다란 영향을 끼쳐 왔으며, 그 결과로 220여 개의 대학이 이와 관련된 연구소, 프로그램을 갖고 있다.

4. 결 론

이 장에서는 시대적 맥락을 통해 창의력을 세 가지 형태의 구체적 역량—통합적 사고력, 정황적 이해력, 협력—으로 정의해 보았다. 이 같은 역량들이 어떻게 교육될 수 있는가에 대한 탐색과정에서, 미래교육의 방향은 또 다른 지식의 주입보다 어떻게 가르칠 것인가(pedagogy)에 대한 논제임을 알게 되었다. 앞에서 간략하게 언급·논의된 교육 모델들과 방법론들은 학제적 구분을 넘어 널리 선택, 응용, 탐구되고 있는 영역들이다. 창의적 인재 양성을 위한 구체적인 교육방법을 개발하는 데 참고가 되었으면 한다.

창의력 교육의 개발은 단계적 접근과 다양한 영역의 참여를 통해서 실현될 수 있는 과제이다. 이번 주제가 창의적 미래 인재의 양성에 있어 교육 방향이라는 거시적 관점의 논의였다면, 실질적인 교육 시스템의 구현 방안, 체계적인 평가 시스템의 수립과 같은 주제가 다양한 분야의 교류 속에서 연계성을 갖고 논의되어야 할 것이다. 이 글이 앞으로 이어질 논의에 대한 기본 전제를 마련하는 데 도움이 되었기를 바란다.

참고문헌

Bloom, B. S. (1956). *Taxonomy of Educational Objectives: The Classification of Educational Goals*. Susan Fauer Company, Inc.

Boyer, E. L. (1990). *Scholarship Reconsidered: Priorities of the Professoriate*. The Carnegie Foundation for the Advancement of Teaching.

Chu, Y. (1970). Oriental views on creativity. In A. Angoff, & B. Shapiro (Eds.), *Psi factors in creativity* (pp. 35-50). New York: Parapsychology Foundation.

Friedman, T. L. (2007). *The World Is Flat: A Brief History of the Twenty First Century*. Farrar Straus & Giroux.

Hughes, A. O., & Drew, J. S. (1984). A state creative? Papers in the social science, 4, 1-15.

Johnson, D. W., Johnson, R. T., & Smith, K. A. (1991). Cooperative learning: Increasing college faculty instructional productivity. (ASH-ERIC Higher Education Report No. 4). Washington, DC: George Washington University.

Kolb, D. A. (1984). *Experiential Learning*. Englewood Cliffs, NJ: Prentice Hall.

Lubart, T. I. (1999). *Creativity Across Cultures*. Cambridge University Press.

McKim, R. (1980). *Experiences in Visual Thinking*. Thomson Brooks/Cole.

Pink, D. (2006). *A Whole New Mind* (pp. 48-49). Riverhead Books.

Robinson, K. (2001). *Out of Minds: Learning to be Creative* (pp. 201-203). Capstone Publishing Limited.

Sternberg, R. J. (1988). *The Nature of Creativity: Contemporary Psychological Perspectives*. Cambridge University Press.

The Myers Briggs Type Indicator (MBTI) assessment. http://www.myersbriggs.org/

The National Leadership Council for Liberal Education & America' Promise. (2009). *College Learning for the New Global Century*. Association of American College and Universities.

Weisberg, R. W. (1999). *Creativity and Knowledge*. Cambridge University Press.

17

미래 구상을 위한 학자의 역할

17

미래 구상을 위한 학자의 역할

Richard Ernst

이 글에서는 좀 더 깊이 있게 다루고자 하는 두 가지 내용에 대해 논의하고자 한다. 첫째는 대학과 산업체 간에 매우 중요한 협력관계에 관한 것이고, 둘째는 우리가 살고 있는 이 어렵고 단절된 시기에 세계가 재앙으로 끝나지 않도록 보호해야 하는 학자들의 임무에 대한 것이다.

우리는 자연을 연구하고 탐구하는 것이 기본적인 인간의 고유한 발전 동력이라는 것을 모두 알고 있다. 이런 의미에서 우리 인간은 모두 본능적으로 타고난 연구자이며 이런 점이 인류가 오늘날에 이르게 된 원동력임을 잘 알고 있다. 오늘날 연구는 자연을 이해하기 위해 꼭 필요하며, 한편으로는 산업발전을 이끌기 위해 없어서는 안 될 필수 요소이다. 연구는 지속 가능한 성장, 에너지나 물과 같은 자원 절약,

세계적인 건강 증진, 고용보장을 통한 빈부 격차 해소 등의 임박한 과제들을 풀어 가는 데 빼놓을 수 없는 필요한 일이다.

1. 산학 협동(interaction of university-industry)

이제 대학과 산업체 간 상호 협력관계가 유익한 것이 될 수 있게 하는 조건들에 대해 자세히 말해 보고자 한다. 협력은 사람들의 교류에 의해서만 가능하며, 이메일, 전화, 미팅만으로는 부족하다. 교류는 양방향으로 이루어져야 한다. 개인적으로 산업 분야에서 적어도 1년 이상 직접 일해 보지 않고 학생들을 가르치는 교수나, 연구년을 보내 보지 않거나 회사를 설립해 보지 않은 박사 후 연구자를 생각할 수 없다. 이런 경험 없이는 학생들에게 앞으로의 산업 과제를 수행할 수 있도록 적절하게 지도할 수 없다. 한편 과학자와 엔지니어들은 규칙적으로 대학의 연구실로 돌아와서 새롭게 강의를 하고, 공동 프로젝트를 수행하여 현실적인 대학교육이 되도록 그들의 경험을 제공해야 한다. 일반적으로 모두를 위한 평생학습 차원의 계속적인 교육이 산학 간에 수행되어야 할 중요한 과제이다.

대학이나 산업체에서 창의적이기 위해 우리는 무엇이 필요할까?

- 호기심, 질문 또 질문
- 그 해답을 찾는 노력
- 창의적 긴장의 유지

청년기의 호기심을 유지해 온 사람이라면 연구자나 혹은 운이 좋은 경우에는 예술가가 될 것이다. 또 무엇이 더 필요할까?

• 넓은 시야
• 여러 분야의 지식
• 다학제간 사고
• 유추에 의한 영감

진정 전문성과 열정에 기반한 교류는 혁신적인 사고에 매우 중요하다. 무엇이 더 필요할까?

• 불안과 모순의 감정
• 자신감 대 자기비판
• 완고함 대 유연함
• 집중 대 여유

완고한 자세는 멀리 있는 목표를 향해 나아가고 어려움을 헤쳐 가기 위해 필요하지만, 막다른 길에 다다르거나 갑자기 새로운 길이 나타나 기대하지 못한 우연한 발견을 할 때에는 유연함이 요구된다. 그러나 우리에게는 그 이상으로 필요한 것들이 있다.

• 함께 토의할 수 있는 파트너
• 열린 대화
• 비평에 대한 열린 자세
• 자신을 향한 정직함
• 타인을 향한 정직함

매우 기초적인 연구를 할 때에도 사회적 · 산업적 적절성을 반영하는 자세는 늘 갖춰져 있어야 한다.

이제 대학-산업체 협력의 예로 매우 개인적인 두 가지 경험을 말해 보겠다.

2. 대학-산업체 협력의 예

1) 스탠퍼드 산업공단과 배리언 제휴사

1950년의 스탠퍼드 대학은 재정이 부족했으나 사용하지 않는 부지를 많이 보유하고 있었다. 대학은 8천 에이커(약 천만 평)의 부지를 신규 개업 회사들에게 임대하기로 결정했다. 배리언 제휴사(Varian Associates)가 첫 회사로 들어왔고, IBM, 휴렛팩커드(Hewleett-Packard), 록히드(Lockheed), 페어차일드 반도체(Fairchild Semi-conductor), 나사 연구소(NASA Research), 신텍스(Synthex) 등이 그 뒤를 이었다. 이것이 바로 실리콘밸리(the Silicon Valley)가 탄생하는 순간이다.

특별히 주목할 만한 사례는 배리언 형제인 러셀(Russel)과 시거드(Sigurd)에게서 볼 수 있다. 러셀 배리언(Rusel Varian)은 속도변조관의 발명자로 스탠퍼드 대학에서 일하고 있었다. 형제는 스탠퍼드 대학에 재임 중이던 스위스 물리학자 페릭스 블로흐(Felix Bloch)가 새로 발명한 핵자기공명(nuclear magnetic resonance: NMR)의 특허권을 얻도록 하였고, 이것을 스탠퍼드 산업공단(Stanford Industrial Park)에 처음으로 입주한 창립 회사인 배리언 제휴사에 양도하도록 설득했다.

배리언 제휴사는 과학자, 특히 스탠퍼드 학자들의 지도하에 순조롭게 성장했다. 핵자기공명 신호가 화학적으로 예민하여 대부분의 화학성분을 파괴하지 않고 화학분석을 가능하게 해 주는 것으로 판명되어, 핵자기공명을 다루면서 상품을 개발하고자 했던 그 회사는 여러모로 운이 좋았다. 첫 핵자기공명 분광계 개발 상품인 HR-30이 1952년에 상용화에 성공해 판매되었고, 1961년에는 A-60이 제작되었다.

나도 1963년 회사에 참여하기 시작해 페릭스 블로흐의 전 동료이자 상사인 웨스턴 앤더슨(Western Anderson)과 함께 핵자기공명의 민감성을 향상시키는 연구를 하였다. 우리는 신호 진동이 원자핵을 즉시 활성화한다는 점에 착안하여 푸리에 변형 핵자기공명(Fourier transform NMR)의 유용성을 발견했다. 그로 인해 발생한 신호가 수학적 푸리에 변형에 의해 분리될 수 있었다. 이것은 핵자기공명의 민감성을 두 단계 정도 향상시킬 수 있었다. 이는 핵자기공명의 적용 범위를 넓혀 주고 실용화 성공에 핵심적인 것임이 판명되었다. 우리는 특허 신청을 했으나 당시 배리언 자회사는 그 중요성을 인정하지는 않았다. 그리고 푸리에 변형 핵자기공명의 첫 상용화 작업은 경쟁사인 독일과 스위스의 브루커-스펙트로스핀(Bruker/Spectrospin)에서 1970년경에 이루어졌다.

언제나 발명이 곧바로 상용화의 단초가 되는 것은 아니라는 것을 지적하고 싶다. 아이디어는 소위 국제적인 아이디어 창고로 보내지고 현명한 사용자가 거기서 필요한 아이디어를 취하는 것이라고 보면 된다. 그 유용성이 분명하지 않을 경우에는 특허권조차도 늘 도움이 되는 것은 아니다.

하지만 이 발명은 1991년 내가 노벨 화학상을 받도록 해 주었는데, 발명한 지 25년 후의 일이었다. 매우 간단한 아이디어의 중요성을 인정받는 것에는 시간이 좀 걸렸다.

1968년 나는 떠나왔던 ETH 취리히로 돌아가서 좀 더 학문적인 연구환경에서 핵자기공명 연구를 계속했다. 나중에 자세히 설명하겠지만 나는 이 기간 동안 의학에 적용 가능한 푸리에 영상을 만들어 낼 수 있었다. 그리고 새 특허권을 얻었고, 당시에는 그 중요성을 이해한 사람은 없었지만 다시 배리언 제휴사에 200달러를 받고 양도하였다. 결국 이것이 후에 회사가 수백만 달러의 로열티를 받는 금광으로 판명되었지만 개인적으로는 너무 늦었다.

2) 취리히 연방공과대학과 브루커-스펙트로스핀 협력 (Collaboration ETH Zürich-Bruker-Spectrospin)

나는 ETH 취리히의 대학원생으로 재학 중일 때 이미 산학 협력에 참여하였다. 그 협력은 한스 하인리히 군타르트(Hans Heinrich Gunthard) 교수가 자신만의 디자인으로 현대적인 핵자기공명 분광계를 만들고자 하면서 시작되었다. 군타르트 교수는 어떤 종류의 교육을 받은 적이 없는데도 그 분야에서 천재적인 두각을 보였던 한스 프리마스(Hans Primas)를 동료 연구자로 선임하였다. 결국 프리마스는 이후에 학위가 없이도 ETH 취리히의 교수가 되었고, 나의 논문 지도 교수로 그에게는 없던 박사학위를 나에게 제공해 주었다. (그는 개인적인 능력이 어떤 타이틀보다도 더 중요하다는 것을 보여 주었다.) 분광계 디자인은 매우 독창적인 아이디어들을 갖고 있었지만 다 성공적인 것은 아니었다. 그럼에도 불구하고 상용화가 결정되었고, 취리히에 있는 트룹-타우버 주식회사(Trub-Tauber & Co)가 프리마스의 핵자기공명 분광계 모델을 생산해 판매하기 시작했다. 판매량은 저조했고 회사는 당시 다른 이유로 파산했다. 핵자기공명 부서는 군터 라우키엔(Gunther Laukien) 교수가 이끄는 BAMGK로 넘어갔다. 그는 이 회사를 취리히 인근의 팔란든에서 스펙트로스핀 AG(Spectrospin

AG)로 전환시켰다. 오늘날 브루커-바이오스핀(Bruker-Biospin)으로 알려진 이 회사는 핵자기공명 분광계를 생산하는 회사 중 세계시장의 72%를 점유하는 선도적인 기업이 되었다. 그야말로 산학 협력의 매우 성공적인 사례가 되었다.

핵자기공명 기법의 개발은 내가 1968년 취리히로 돌아가서도 계속되었다. 분자생물학자인 쿠르트 비트리히(Kurt Wuthrich) 박사와 바이오 분자의 삼차원 구조를 규명할 수 있는 방법들이 개발되었다. 이것은 다시 분자상의 형태를 측정하는 데 매우 성공적인 기술로 판명된 이차원적 핵자기공명으로 발전되었다. 핵자기공명은 분자생물학을 혁신적으로 바꾸었고, 단백질이나 핵산과 같은 고분자의 생물학적 기능을 연구하는 학자들에게는 없어서는 안 될 도구가 되었다. 광우병과 같은 위협적인 프리온 분자의 삼차원 구조를 규명한 것은 성공적인 적용 예 중 하나일 뿐이다. 이 방법론적 발견은 쿠르트 비트리히 교수에게 노벨상을 안겨 주었다.

이 기간 동안 이루어진 ETH 취리히의 나와 비트리히 교수 팀, 브루커-바이오스핀 사이의 긴밀한 협조는 처음 언급했던 배리언 제휴사 등의 경쟁자에 앞설 수 있도록 도왔다.

1970년대에는 폴 라우터버(Paul Lauterbur) 교수가 1973년 처음 착안했던 아이디어를 기반으로 하여 자기공명영상(magnetic resonance imaging: MRI)이 개발되었다. 비균질 자장을 적용하여 임의의 기울임 각도에서 핵 스핀 밀도의 투사치 측정을 가능하게 했고, 여러 개의 투사를 활용한 재구성 과정을 거쳐 영상을 다시 재구성할 수 있다는 것이 판명되었다. 라우터버 교수는 이로 인해 2003년 노벨 의학상을 수상했다. 하지만 그 과정은 완벽하지 못했고, 나는 라우터버 교수의 강의를 들은 후에 또 다른 개념을 개발했다. 푸리에 영상이라 불리는 새 방법은 이전의 이차원 핵자기공명과 공통점이 많았다. 이는 후에 다양한 방법을 이용한 자기공명영상 기법의 개발을 가능하게 하는 계기가 되었고, 이는 앞에서 언급했던 배리언 제휴사의 특허로 이어졌다.

아마도 자기공명영상을 적용한 가장 흥미로운 경우는 기능적 자기공명영상(fMRI)을 이용한 뇌의 연구라 하겠다. 이 방법으로는 소리, 영상 혹은 기계적인 자극을 통해 활성화된 특정 부분의 뇌활동을 모니터할 수 있다. 지난 10년 동안 fMRI를 이용해 인간의 뇌를 이해하는 연구들이 상당한 진전을 보였다. 오늘날 자기공명영상은 임상환경에서 가장 강력하고 다양한 의학 영상방법이다. 이런 면에서 핵자기공명은 인류의 건강과 인류사회 전반에 매우 중요한 공헌을 한 것이다. 그리고 산학 협력이 이런 과학적 성공을 가능하게 했다고 하겠다. 사람과 아이디어의 교류 모두가 산학 협력에서는 결정적으로 중요하다.

성공적인 산학 협력을 위해서는 다음의 점들이 매우 중요하다고 하겠다.

- 대학에서는
  - 선도적이고 책임감 있는 지도자들의 교육
  - 산업을 위한 혁신적인 아이디어의 개발

- 산업계에서는
  - 협력적인 상호작용을 하려는 자세
  - 대학 연구를 지원하는 적절한 제도
  - 인적, 도구적, 재정적 지원을 제공할 제도

1998년 은퇴한 후에 나는 대학이 사회와 맺는 일반적 관계 또는 상호 협력관계에 대해 더 많이 생각해 볼 수 있었다.

3. (어려움이 많은) 우리 시대 학자의 책임

과학자의 입장에서 볼 때 우리 시대는 두 종류의 과학 세계로 나누어져 있는 것 같다. 끝없는 흥분과 흥미를 일으키는 과학 세계와 대체적으로 고통을 불러일으키는 과학 세계가 그것이다. 우리 지구는 인간의 활동으로 고통받고 있고 매우 심각한 질병에 걸린 것으로 진단받고 있다. 우리 시대는 끝없는 재해, 전쟁, 환경 파괴, 이기심, 탐욕, 타락, 범죄, 빈곤 등에 시달리고 있다. 타고난 인간에 대한 박애심이 없었더라면 아마도 우리는 절망에 빠지고 말았을 것이다.

이 상황에서 우리는 수피(Sufi) 교사 나와브 잔-피샨 칸(Nawab Jan-Fishan Khan)이 말한 것을 기억하여야 한다. "양초는 그 자체에 빛을 비추기 위해 그곳에 있지 않다." 이것은 전문가들의 또 하나의 학문적 책임을 의미한다. 우리는 참을성과 책임을 기반으로 하는 협력관계, 과학과 대중, 부자와 빈자, 선진국과 개발도상국, 그리고 오늘날에는 다소 어려워 보일 수 있는 종교들 간의 연결 통로를 구축하도록 소명받았다.

학자들의 책임으로 다음 세 가지를 생각해 볼 수 있다.

- 미래 지도자 교육
- 우리 시대의 큰 문제 해결을 위한 연구
- 유익한 미래 건설 기획

1) 미래 지도자 교육

학생들의 지도자 자질을 개발하는 것이 전문가를 키우는 것보다 더 중요하다. 이를 위해서는 다음이 필요하다.

- 기술
- 지식
- 이해력(지혜)
- 윤리와 책임감

이런 면에서 과학만으로 인류의 큰 문제들을 해결할 수는 없다. 우리에게는 공감, 연민, 통찰력 또한 필요하다. 지식과 지혜를 얻기 위해서는 실험에서 시작되어 측정하고, 자료를 얻는 과정이 필요하다. 자료를 해석하면서 얻은 지식은 인간의 뇌와 컴퓨터 기억장치에 저장된다. 하지만 가장 어렵고 가장 중요한 단계는 지혜로 이끄는 인지과정이다. 경험과 통찰력과 반추를 통해 얻어지는 능력인 지혜는 진실을 분별하고 선한 판단을 하게 한다. 하지만 지혜는 가르칠 수 있는 것이 아니다.

어떤 교육환경에서도 동기와 매력이 학생들을 이끄는 가장 중요한 힘이 된다. 동기와 매력을 충분히 지닌 학생은 지루한 수업 없이도 스스로 배울 수 있다. 따라서 프로젝트 중심의 학습은 특별히 매우 효과적이다.

2) 우리 시대의 큰 문제 해결을 위한 연구

연구에 대해서는 이 글의 첫 부분에서 충분히 말했으니 다시 설명하지 않겠다. 여기서는 과학자들이 자신들의 연구가 어떤 큰 문제들의 해결에 실마리를 제공할 수 있을지 스스로 정해야 한다는 것만 강조하겠다. 정부의 개입은 대부분의 경우 비효과적이다.

3) 유익한 미래 건설 기획

과학자들이 자신들이 열중하던 과학 기초연구 공간에서 나와 세상을 바라보면 다음과 같은 세상에 놀라게 된다.

- 아직도 기술에 대해 무한한 신뢰를 갖고 있다. 문제를 말하면 뭐든 해결할 수 있다고 말한다.
- 아직도 자유시장경제에 대해 무한한 신뢰를 하고 있다. 시장이 자유로울수록 더 많은 이윤을 만들 수 있다고 믿는다.
- 무한한 개인의 자유를 주장한다. 세금을 줄이고 국가의 개입을 축소시켜 우리 자신의 이익을 위해 '우리의' 돈을 쓸 수 있도록 하자고 한다.
- 빈부 격차는 눈에 띄게 커지고 있다.
- 지금까지 받아들여지던 윤리적 기초를 상실했다.
- 하나의 거대한 권력에 의해 통치되고 있다.

오늘날은 협력보다 경쟁이 강조되고 있고, 2005년 Nature 438/24권에서 지적했듯이 과학 분야에서도 여실히 경쟁이 강조되고 있다. "특별한 과학자들의 이야기와 그들의 영웅적인 발견이 권력과 성공에 도취되어 과학의 진실함을 덮어 버릴 수 있다."

성공하기 위해 우리는 매일 더 빨리 달려야 한다. 우리는 기업이 시장에 더 많은 소비자 상품을 던져 놓을 수 있도록 짧은 기간에 더 많은 연구 결과를 만들어 내야 하고, 소비자는 더 많이 소비하고 결국 더 많은 쓰레기들이 쏟아져 나온다. 그러고는 저녁이면 자문한다. 도대체 무엇을 위해서? 그러나 아무도 우리가 올바른 방향으로 가고 있는 것일까에 대해서는 묻지 않는다.

나는 2003년 11월 20일 당시 박호군 과학기술부 장관과 함께 여섯 명의 노벨상 수상자들이 만난 것을 기억한다. 당시 장관은 우리에게 '어떻게 하면 한국도 과학 분야에서 노벨상을 수상할 수 있을지'에 대해 물었고, 우리는 늘 같은 통상적인 답을 했다. 그다음 날 우리는 노무현 대통령을 만났을 때 똑같은 질문을 받았고 역시 같은 답을 했다. 이후 노무현 대통령의 지지를 받으면서 세계를 순회했던 서울대 황우석 교수에게 어떤 일이 일어났는가? 인간 복제가 거짓으로 판명되었다. 과학자들에게 성과를 최우선시하도록 독려하는 사회 분위기가 만든 아픈 결과이다.

우리는 오늘날 가치 상실을 경험하고 있다. 문화적 · 윤리적 가치가 사라졌다. 남아 있는 것이라고는 이기심, 가장된 순수함, 탐욕적인 권력 추구, 인종차별, 폭력으로 인한 금전만능주의이다. 객관성이 상실된 정체성의 위기에 사로잡혀 있다. 우리에게는 이제 진정 새롭고 광범위하고 영구적인 접근이 필요하다. 그러나 누가 우리가 탄 배가 가라앉지 않고 떠 있을 수 있도록 할 수 있겠는가? 정치가, 경제가, 아니면 학계가? 당연히 우리 모두 협력해야 한다. 그러나 확실하게 학자들은 정직성과 통찰력이라는 면에서 특별히 더 많이 공헌해야 한다.

교육과 연구만이 우리에게 중요한 과제는 아니다. 통찰력과 미래에 대한 기획 또한 똑같이 중요하다. 만약 우리가 세상을 변화시키고자 한다면, "우리 스스로가 성취하고자 하는 그런 변화 자체가 되어야 한다."라고 간디가 말했듯이 우리 자신이 먼저 변해야 한다.

따라서 비전을 세우고 다시 한 번 꿈을 가지도록 하자. 우리가 깨어

나서 우리가 창조했던 바로 그 이상적인 세계를 건설해 나가자! 우리는 우리의 생각을 말하는 법을 다시 배워서 가능한 한 많은 분야에서 할 수 있는 한 자유롭게 우리의 의견을 표현해야 한다. 개인의 의견을 솔직히 말하는 것이 실수를 피하는 것보다 더 소중하다.

독일 대통령을 역임했던 로만 헤어조크(Roman Herzog)는 "비판적인 야당이 없으면, 완고한 사상가의 헌신이 없으면 사회는 퇴보할 것이다. 우리는 번영하기 위해 당혹함, 반대, 무례함, 독립적인 사고가 필요하다."라고 말했다.

우리 연구자들은 두 가지 레벨에서 일하는 것을 배워야 한다. 세상을 이해하기 위해 기초과학과 자연을 파고드는 기초연구 레벨이 반드시 필요하다. 반면, 세계에 대한 전체적인 지식과 이해를 통해 다음 세대를 위한 장기적 필요까지 고려한 좀 더 수준 높은 사회적, 글로벌 연구 레벨도 똑같이 중요하다.

여태까지 우리는 자신의 이익에 따라 행동했다. 우리가 늘 하는 질문은 사회가 나로부터 원하는 것이 무엇이고, 내가 사회를 위해 할 수 있는 것이 무엇인가보다는 이 일을 통해 내가 얻을 수 있는 이득은 과연 무엇인가였다. 이런 면에서 우리는 이기심을 버리고 책임감 있게 행동해야 한다. 마찬가지로 이를 시장제도에도 적용하여 이익만을 추구하는 '자유시장제도' 대신에 장래를 대비하고 통찰력과 사회적 책임감이 동력이 되는 '책임적 시장제도'로 변화시켜 가야 한다.

나는 우리 세계를 두 바퀴 달린 승객을 태운 차로 비유하곤 한다. 승객들은 정치인들에 의해 호도되어 누구도 차에서 뛰어내리지 않는다. 산업은 방향과 상관없이 최고의 속도로 차를 전진시키는 매우 강력한 파워 바퀴로 비유할 수 있는데, 이때 차가 지옥을 향해 달려간다고 해도 그 장기적인 운명에 대해서는 전혀 상관하지 않는다. 중요한 것은 현 순간의 이익뿐이다. 마지막으로, 방향을 이끄는 바퀴는 다행

히도 조종기능을 가진 학계로 비유할 수 있는데, 학계의 중요한 활동은 내일을 위한 건전한 정신을 지닌 '책임감 있는 지도자교육'이다.

대학에는 당연히 다른 학문 분야가 서로 만나서 유익한 글로벌 미래를 생각할 수 있는 싱크탱크가 필요하다. 미래를 위한 대안을 제안하고 모델을 개발하는 우리의 조정기능은 간접적이다. 정치가들이나 비즈니스 지도자들이 매일의 문제를 해결하듯이, 우리는 장기적인 안목을 만들어 가야 할 자유와 임무가 있다.

대학에서 종종 잊는 매우 중요한 책무는 사회 구성원 모두에게 그들의 직업에 적절한 평생교육의 기회를 충분히 제공하는 것이다. 예를 들어, 2005년 취리히 연방공과대학은 150주년 기념에 맞추어 150명의 교수들을 대중강의를 위해 취리히의 거리로 내보냈는데 매우 성공적이었다. 사람들이 자주 찾는 장소에 세워진 도시의 작은 전시장에서 3주 동안 430여 가지 행사가 열렸다. 교수들이 자유롭게 선정한 주제가 파워포인트로 소개된 후에 교수들은 시민들과 자유로운 토론을 벌였다. 80~100명 정도가 들어갈 수 있는 전시장에는 늘 사람들로 꽉 찼고 매우 열띤 토론이 벌어지곤 했다. 교수들 또한 대중들만큼이나 많은 배움을 경험했다.

대학은 또한 취리히 중앙역 맞은편에 직접 체험할 수 있는 학습공원인 '과학의 세계'를 세웠고, 3주 동안 22만 명의 사람들이 방문했다. 대학은 이런 행사가 또 열릴 수 있기를 희망하고 있다. 사람들은 세계의 당면한 문제에 예민해지기 위해 되도록이면 어릴 적에 과학적 동기를 경험해야 한다. 어린이 대학은 그런 면에서 매우 특별한 행사였다.

이제 결론적으로 프랑수아 라블레(Francois Rabelais, 1494~1553)의 "양심 없는 과학은 영혼을 병들게 한다."라는 말을 떠올려 보고자 한다. 장기적인 비전을 가지고 책임감 있고 혁신적이면서 사회를 위해 봉사하고자 하는 지도자를 육성하는 것은 대학의 가장 중요한 책무로 남을 것이다. 우리 모두 사회를 위한 개척자가 되자!

그리고 마지막으로, 철학자 칼 포퍼(Karl Popper)가 1993년 베를린에서 "낙관적인 자세는 우리 모두의 의무이다. 우리 모두는 다가올 미래에 대해 함께 책임을 져야 한다."라고 한 말을 절대로 잊지 말았으면 한다.

찾•아•보•기

인 명

내 용

저자 소개(집필순)

- 김영길
  한국대학교육협의회 회장
  한동대학교 총장

- 김태완
  한국교육개발원 원장

- 김창경
  교육과학기술부 제2차관

- 이인식
  지식융합연구소 소장

- 이정모
  성균관대학교 심리학과 및
  인지과학협동과정 명예교수

- 이종각
  강원대학교 교육학과 교수

- 전상인
  한국미래학회 회장
  서울대학교 환경대학원 교수

- 조장희
  가천의과학대학교 석학교수 겸
  뇌과학연구소 소장

- 최상덕
  한국교육개발원 연구기획실장

- 박문호
  한국전자통신연구원 책임연구원

- 권오준
  포스코 부사장

- 유영만
  한양대학교 교육공학과 교수

- 이민화
  벤처기업협회 명예회장
  KAIST 초빙교수

- 이배용
  국가브랜드위원회 위원장
  이화여자대학교 사학과 교수

- 김현기
  예비역 소장
  전 육군3사관학교 교장

- 홍영복
  미국 인디애나 대학교 헤론예술디
  자인대학 교수

- Richard Ernst
  스위스 연방공과대학 교수
  노벨 화학상 수상

한국교육 미래 비전

2011년 12월 5일 1판 1쇄 인쇄
2011년 12월 9일 1판 1쇄 발행

엮은이 • 한국교육개발원 미래교육기획위원회
펴낸이 • 김진환
펴낸곳 • (주) 학지사
121-837 서울시 마포구 서교동 352-29 마인드월드빌딩 5층
대표전화 • 02-330-5114 팩스 • 02-324-2345
등록번호 • 제313-2006-000265호

홈페이지 • http://www.hakjisa.co.kr
커뮤니티 • http://cafe.naver.com/hakjisa

ISBN 978-89-6330-793-0 93370
정가 12,000원

파본은 구입처에서 교환해 드립니다.